말씀이 나를 의롭게 한다

절대 복음

김양재의 큐티노트 로마서1

두란노

절대 복음

지은이| 김양재
펴낸날| 2007. 8. 15
7쇄발행| 2008. 4. 14
등록번호| 제 3-203호
등록된 곳| 서울시 용산구 서빙고동 95번지
발행처| 사단법인 두란노서원
영업부| 2078-3333 FAX 080-749-3705
출판부| 2078-3477

▮책값은 뒤표지에 있습니다.
ISBN 978 - 89 - 531 - 0866 - 0 03230
ISBN 978 - 89 - 531 - 0865 - 3 03230(세트)

▮독자의 의견을 기다립니다.
tpress@duranno.com http://www.Duranno.com

두란노서원은 바울 사도가 3차 전도 여행 때 에베소에서 성령 받은 제자들을 따로 세워 하나
님의 말씀으로 양육하던 장소입니다. 사도행전19장 8-20절의 정신에 따라 첫째 목회자를 돕
는 사역과 평신도를 훈련시키는 사역, 둘째 세계선교(TIM)와 문서선교(단행본 · 잡지)사역,
셋째 예수문화 및 경배와 찬양 사역, 그리고 가정 · 상담 사역 등을 감당하고 있습니다. 1980
년 12월 22일에 창립된 두란노서원은 주님 오실 때까지 이 사역들을 계속할 것입니다.

말씀이 나를 의롭게 한다

절대복음

김양재의 큐티노트 로마서1

두란노

로마서 묵상을 시작하며…

하나님 아버지! 하나의 신전(神殿)에 천 명의 창녀가 있었다는 음행의 도시, 파벌의 도시이며 시기와 질투, 말할 수 없는 악이 팽배해 있었던 고린도에서 로마서가 쓰였습니다.

그랬음에도 바울의 복음이 고린도를 변화시키고, 로마를 변화시켰던 것처럼 죄 많은 저희도 로마서를 읽는 동안 변화되기 원합니다. 또한 저희가 복음의 정수인 로마서를 지식으로 읽지 않고 은혜로 읽기 원합니다.

2천 년 동안 수많은 신학자들과 믿음의 위인들이 로마서를 통해 변화되고, 종교개혁을 했습니다. 주님! 찾아오시옵소서. 로마서를 읽는 동안 저희에게 놀라운 은혜를 주셔서, 구원의 확신과 선교의 비전을 가질 수 있도록 무장시켜 주옵소서. 주의 말씀을 듣겠나이다.

예수님 이름으로 기도하옵나이다. 아멘.

차.례. 김양재의 큐티노트 로마서1

차.례. 김양재의 큐티노트 로마서2

part 1

절대 옳은 복음

01
자기소개

로마서 1:1

아버지, 하나님, 저희가 오직 주님의 이름으로 자신을 소개하기 원합니다. 학벌도, 미모도, 재력도 없지만 주님을 만났기에 스스로를 존귀히 여기는 사람이 되게 하소서. 예수님의 이름으로 기도하옵나이다. 아멘.

미국의 경제지 《포브스》가 미국의 400대 부자를 발표했습니다. 마이크로소프트사의 회장인 빌 게이츠가 1위를 차지했는데, 그의 재산은 460억 달러, 한국 돈으로 약 53조 8천 2백억 원이라고 합니다. 더욱이 그는 10년 동안 1위를 차지하고 있었습니다(2003년 9월 자료). 만일 그가 우리 가족이라면 얼마나 자랑하고 싶을까요?

자기소개를 할 때 자랑할 내용이 있나요? 집안이 자랑인가요, 학벌이나 외모가 자랑인가요? 아니면 자랑할 것이 아무것도 없어서 남들 앞에 설 때마다 항상 주눅이 드나요? 2천 년 전 사도 바울은 자신을 어떻게 소개했는지, 바울의 자기소개서를 한 번 보겠습니다.

 ## 자랑스러운 자기소개

예수 그리스도의 종 바울은 사도로 부르심을 받아 하나님의 복음을 위하여 택정함을 입었으니_롬 1:1

바울은 한 번도 만나 보지 못한 로마의 형제자매들에게 편지를 쓰면서 자랑스럽게 자기소개를 합니다. 바울이 자기 자신을 자랑하는 첫째 근거는 자신이 '예수 그리스도의 종' 이라는 것입니다.

어떤 성도는 자기는 예수님처럼 되고 싶지 않다고 합니다. 예수님은 장가도 못 갔고, 집도 한 칸 없었으며, 젊은 나이에 요절하셨습니다. 고생만 하시다가 비참하게 돌아가셨습니다. 그래서 훌륭한 분이긴 하지만 정작 그분처럼 살고 싶은 생각은 없다고 합니다.

때로는 목사인 저를 보고도 그렇게 말하는 사람들이 있습니다. 제가 말씀 전하는 것이 좋아 보이고 존경스럽기는 하지만, 남편도 없고 일주일 내내 설교 준비하느라 매여 있는 것을 보면 저처럼 살기는 싫다고 합니다. 심지어는 제가 하도 "고난이 축복" 이라고 외치니까 우리들교회가 무섭다는 분도 있습니다. 이런 분이라면 예수 그리스도의 종인 것이 자랑스러울 리 없겠죠. 그러나 바울 사도에게 예수님은 너무도 자랑스러운 분이셨습니다.

어느 유명 신학대학원 교수님 사모님의 이야기입니다. 한 번은 집을 찾아온 제자가 "자녀는 어떻게 두셨습니까?" 하고 물었더니, 사모님이 말씀하시기를 "큰아이는 주님을 영접하고 선교사로 헌신해서 너무나 자랑스럽고, 둘째도 거듭난 믿음으로 신앙생활을 하고 있습니다. 그런데 셋째가 아직 주님을 못 만났어요. 기도해 주세요." 하더랍니다.

이 사모님의 관심의 초점은 온통 예수 그리스도입니다. 예수님을 만났는가 안 만났는가가 모든 자랑 또는 염려의 기준인 것입니다.

내 마음 가운데 예수님을 자랑하고 싶은 마음이 있으면 전도의 기회가 열립니다. 목사가 된 후 개인 전도의 기회가 줄어들어서 안타까웠는데, 얼마 전 병원에 심방을 갔다가 전도할 기회가 있었습니다. 환자를 문병 오신 분들이 있기에, 그분들을 모아 놓고 복음을 전하고 영접 기도를 했습니다. 그리고 가깝게 지내는 다른 환자들이 있다고 해서 그 병실에도 찾아가서 복음을 전했습니다. 한 사람을 예정하고 갔다가 세 병실을 돌면서 만나는 사람마다 복음을 전하게 되었습니다. 이렇듯 나에게 복음이 준비되어 있으면 어디에서나, 누구에게나 예수님을 자랑하게 될 줄 믿습니다.

어느 자리에서나 그리스도인인 것을 자랑스럽게 소개합니까? 자녀를 소개할 때 "우리 애는 학교는 어디 나왔고, 직장은 어디고, 외모도 안 빠지고…." 하지는 않습니까? 면접과 맞선 자리에서 믿음으로 소개하고, 소개받는 것이 가장 중요한 기준임을 알고 있습니까?

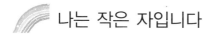 나는 작은 자입니다

예수 그리스도의 종 바울은_롬 1:1a

'바울' 이라는 이름은 헬라어 '파울로스(paulos: 작은 자)' 입니다. 바울의 자기소개 첫 번째 내용이 바로 '나는 작은 자' 라는 것입니다.

하나님을 만나기 전 바울의 이름은 '사울' 이었습니다. 사울(바울)은 이스라엘 초대 왕 사울왕을 배출한 베냐민 지파의 사람입니다. 지금으로 말하면 대통령을 배출한 집안인 것입니다. 아무리 비참하게 망했더라도 대통령 가문이라면 대단하지 않습니까? 우리나라에도 현존하는 대통령 가문이 있는데, 잘했든 못했든 대통령을 배출한 집안에서 자녀의 혼담이 들어온다면 자다가도 벌떡 일어나지 않겠습니까? 바울이 그러한 왕가의 후손입니다.

특히나 이스라엘은 혈통을 중시하기 때문에 사울(바울)은 어려서부터 베냐민 지파의 명예를 드높이도록 요구 받았을 것입니다. '사울' 의 뜻은 '희망' 으로 '하나님께 구한다' 는 것입니다. 똑똑했던 사울(바울)은 베냐민 지파의 희망이며 그 집안의 희망이었겠죠. 아마도 "너는 우리 집안의 희망이다. 그 옛날의 영화를 되찾아라!" 이런 소리를 듣고 자라지 않았을까요?

상처가 많은 사람일수록 이를 악물고 모든 것을 쟁취하려 합니다. 못 먹고 못산 것, 무시당한 것이 한이 되어 반드시 뭔가를 이루어 보겠다고 고시 공부에도 매달립니다. 그러나 올바른 가치관이 갖춰져 있지 않으면 아무리 성공을 해도 자기 상처로 다른 사람을 상처 주게 되어 있습니다.

사울(바울)도 이를 악물고 열심히 노력했습니다. 그래서 당시의 KS 마크라고 할 수 있는 가말리엘의 문하생, 다소시 출신, 로마의 시민권자가 되었습니다. 로마의 식민지 지배를 받고 있던 히브리 민족 중에서 로마의 시민권을 가진 사람은 대단히 출세한 사람입니다. 그렇게 대단한 것들을 자기 열심으로 다 구하고 갖추었지만, 그 결론으로 사울(바울)은 세계적인 설교자 스데반을 돌로 쳐 죽였습니다. 목적이 잘못되었기 때문에 내 열심이 다른 사람을 죽이는 열심이 된 것입니다.

그러나 감사하게도 하나님의 강권하심으로 주님이 사울(바울)을 만나 주셨고, 사울은 '못난 자', '작은 자'라는 뜻인 '바울'로 스스로 이름을 바꾸었습니다. 예수 그리스도를 만남으로 큰 자(사울)가 작은 자(바울)가 되었던 것입니다.

사울이 거듭난 다음 이름을 '큰 자'에서 '작은 자'로 바꾼 걸 보니, 이름은 좀 겸손하게 지어야겠다는 생각을 합니다. 우리나라 사람들은 이름을 지을 때 '큰 대(大)', '높을 고(高)' 이런 글자를 너무 좋아합니다. 하지만 믿는 사람의 복은 오복(五福)을 넘어선 팔복(八福)의 복 아닙니까? 가난하고, 애통하고, 온유하고, 의를 위하여 핍박을 받는 자가 누리는 복이 복 중의 복, 팔복입니다. 그렇다고 이가난, 한애통, 김핍박… 이렇게 이름을 지을 수는 없겠죠?

그래도 사울이 바울 된 것처럼 신앙고백이 담긴 겸손한 이름을 지어 보면 어떨까요? 외국에서는 부모의 이름을 이어서 쓰는 경우도 많지만 성경에 나오는 믿음의 조상 아브라함, 야곱, 다윗 등의 이름을 쓰는 경우도 많습니다. 이들은 다 고난당한 사람들인데, 그런 이름을 쓰는 것은 고난당했어도 아브라함처럼, 야곱처럼 살고 싶다는 신앙고백이 있기 때문이 아닐까요? 어쨌든 저는 이름은 평범하면서도 하나님 앞에서 겸손하게 짓는 것이 바람직하다고 생각합니다.

바울은 사울을 겪고 지나면서 인생이 헛된 것임을 깨닫게 되었습니다. 바울의 원어 'paulos(파울로스)'의 어근인 '파우어'에는 포기한다는 뜻이 담겨져 있습니다. 바울은 가말리엘의 문하생, 다소시 출신, 로마의 시민권자, 유대인이라는 기득권 등 자신이 가진 모든 것을 배설물로 여기고 포기했습니다.

자신 때문에 많은 사람들이 변화되고 많은 교회가 세워졌어도, 바울은 이 땅에서 큰 자 되는 것이 허무하다는 것을 알았기에 자신을 '작은 자'라고 소개합니다. 또한 살아 있었더라면 훌륭한 동역자가 되었을 스데반을 자신이 죽였다는 것을 생각하면서, 스스로 못난 자, 멸시받는 자 '바울'로 불리는 것을 당연히 여겼을 것입니다. 이런 신앙고백으로 나를 소개하는 것이 예수 그리스도를 자랑하는 것입니다.

예수 그리스도를 만남으로 벗어야 할 나의 사울은 무엇(누구)입니까? 작은 자가 되기 싫어서, 이미 망해 버린 집안 자랑을 하는 사울에 머물러 있지는 않습니까? 세상에서 큰 자로 아등바등 사는 것보다 하나님 안에서 작은 자로 사는 것이 성공한 삶임을 믿습니까?

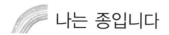# 나는 종입니다
예수 그리스도의 종 바울은_롬 1:1a

외국에서 집회를 마치고 돌아오는 길에 어떤 남자 성도를 만났습니다. 그는 처음 보는 제 앞에서 몸 둘 바를 몰라 하며 자신을 아파트 관리인이라고 소개했습니다. 그러고는 한국에서 대령으로 제대한 퇴역 장교였다는 것을 잊지 않고 덧붙였습니다.

우리 중 누구도 자신이 누군가의 종인 것을 자랑하는 사람은 없습니다. 대부분은 종을 부리는 사람이라야 자신을 자랑스럽게 소개할 수 있다고 생각합니다. 그러나 바울은 자신을 종이라고 소개하고 있습니다.

종은 노예입니다. 과거 우리나라에서도 백정이나 광대가 천민 대우를 받았지만, 2천 년 전 로마의 노예는 그보다 훨씬 더 비참했습니다. 로마 인구의 절반인 약 6천만 명이 노예였는데, 그들은 시장에 반나체로 진열된 채 흥정을 통해 팔려 가는 짐승과 다름없는 신분이었습니다. 그런 다음 집에 데려와서 주인이 자신의 이름을 새긴 귀걸이를 달아 주면 그때부터 그 집의 소유입니다. 우리나라의 백정은 그래도 자기 식구들끼리 살았지만 노예는 이름도 없고, 생각도 없고, 꿈을 가질 수도 없는 존재였습니다.

노예가 많다 보니 차등이 있어서 '집사'라고 부르는 종은 자유가 조금 있었습니다. 급여를 받는 종도 있었고, 주인과 함께 짐을 지고 가는 종도 있었습니다. 그런데 바울이 자신을 표현한 '둘로스(doulos)'는 그중에서도 가장 신분이 낮은 종입니다. '둘로스'는 생사여탈권이 주인에게 있으며 자유가 전혀 없는 사람입니다. 빚지고 갚지 못한 자, 중죄인으로 사형시키지 않고 평생 부려먹을 수 있는 사람, 배 밑창에서 노를 저으면서 전혀 바깥을 볼 수 없는 종입니다. 게다가 그 값이 새 한 마리 값도 안되었기 때문에 주인은 노예를 바다에 버리든지 산에 버리든지 마음대로 할 수 있었습니다.

당대의 엘리트이고 로마 시민권자인 바울이, 자신을 목수의 아들 나사렛 예수의 종이라고 소개한 것은 당시 사람들에게 충격이었을 겁니다. 그러나 바울은 둘로스보다도 더한 비참함은 영원히 죄에 매여 종노릇하는 것임을 알았습니다. 죄에서 나를 자유하게 해 주신 분이 예수님이라는 것을 알았기에 스스로 예수님의 소유가 되기로 결정한 것입니다.

사실 둘로스보다도 더 비참한 것은 바로 예수님을 안 믿는 사람입니다. 죽기를 무서워하여 일생에 매여 종노릇하는(히 2:15) 자들에게는 어떠한 자유함도 없습니다. 세상 신분을 떠나 예수 그리스도의 종이 되는 것만이 진정한 노예 해방, 자유를 누리는 길입니다.

예수 그리스도의 종이 된다는 것은 내 주인이신 예수님이 십자가에 못박히셨으니 나도 십자가를 지겠다는 삶의 결단입니다. 우리가 예수님의 종이라면 상대방에게 무엇을 못 참겠습니까? 내가 예수 그리스도의 종이 되어 죄에서 해방되었다면 상대방도 그 자유함을 누려야 하지 않겠습니까?

예수 그리스도의 종이 된다는 것은 내가 전도해야 할 상대방의 종이 되는 것입니다. 내가 죽고 사는 것이 예수님을 믿어야 할 부모, 자식, 상사, 부하에게 달려 있습니다. 나의 생사여탈권이 내가 전도하려는 부인, 남편에게 달려 있는 것입니다. 그 사람이 무서워서가 아니라 내가 예수 그리스도의 종이기 때문입니다. 죽든지 살든지 나는 예수 안에서 자유를 누리는 신분이기 때문입니다. 그래서 "나는 당신의 종입니다."하고 고백하는 것은 기가 막힌 구원의 언어입니다.

예수님의 종으로서 복음을 전하기 위해 가족과 동료를 섬기는 종으로 자처합니까? 복음 때문이 아니라 배우자의 경제력에 기대기 위해, 또는 자식의 성공을 위해 육신의 정욕에 매여 종노릇하지는 않습니까?

나는 사도입니다
예수 그리스도의 종 바울은 사도로 부르심을 받아_롬 1:1a

작은 자로서, 감당할 길 없는 은혜로 예수 그리스도의 종이라는 고백을 통해 바울은 마침내 사도가 되었습니다. 사도는 원어로 '아포스톨로스'라고 합니다. 부르심을 받은 자, 보냄 받은 자를 의미합니다.

당시에는 이런저런 전쟁이 많았는데 전쟁이 나면 사도를 보내서 분쟁의 원인을 알아보고 타협점을 찾곤 했습니다. 사도로 보내진 사람이 타협을 잘하면 전쟁을 막을 수 있었습니다. BC 490년 그리스의 사도가 42.195km를 뛰어서 승전보를 전해 준 것이 마라톤의 기원이 되었다는데, 그때 외친 '유앙겔리온(기쁜 소식)'이 복음의 어원입니다. 승리의 소식, 죽음에서 살아

나는 소식을 전해 주는 자가 바로 사도인 것입니다.

그러나 타협이 안 되면 그 자리에서 적군의 사도를 죽였습니다. 사도로 가면 죽어서 돌아오는 경우가 대부분이었습니다. 사실 '사도'는 참으로 끔찍한 직분입니다. 타협이 안 되면 전쟁을 할 수밖에 없습니다. 그러니 좋은 사도를 보내야 전쟁을 막을 수 있습니다.

생사의 소식을 가지고 달려오는 사도는, 있어도 그만 없어도 그만인 사람이 아닙니다. 반드시 있어야 합니다. 더욱이 옛날에는 하나님의 소식을 전하는 사도나 제사장이 따로 있었지만 지금은 만인 제사장, 만인 사도 시대이기 때문에 우리 전부가 사도 역할을 해야 합니다. 내가 그리스도의 종인데, 생사여탈권이 주님께 있는데, 우리가 감히 한다, 안 한다 말할 수 있겠습니까? 믿는 자에게는 선택권이 없습니다.

작은 자, 종, 사도. 이 세 가지가 바울의 자기소개 내용입니다. 자신이 작은 자임을 깨닫고 나니까 종으로 자처하게 되고, 종으로 자처하다 보니까 사도로 뽑혔습니다. 복음의 길은 그렇게 저절로, 저절로 가는 길입니다.

하나님의 부르심으로 보내진 가정과 직장에서 복음을 외치고 있습니까? 혹시 체면 때문에, 열등감과 죄의식 때문에 사도직을 버리는 비겁한 신앙생활을 하고 있지는 않습니까?

복음 속으로 나를 밀치신 하나님의 손길

예수 그리스도의 종 바울은 사도로 부르심을 받아 하나님의 복음을 위하여 택정함을 입었으니_롬 1:1

바울이 자신을 작은 자, 종, 사도로 소개한 이유는 그가 "하나님의 복음을 위하여 택정함을 입었"기 때문입니다. 이 문장을 원어로 보면 '복음을 위하여' 보다 '복음 속으로' 가 맞습니다. 복음을 위하여 택정함을 입었다는 것은 내가 복음 속으로 뚫고 들어가졌다는 뜻입니다. 내가 예수님을 믿는 것은 불가항력적인 일입니다. 내가 하나님의 일을 하는 것도 불가항력적인 일입니다. 배후에 나를 복음 속으로 밀치신 하나님의 손길이 있기 때문입니다.

자기 열심으로 달려가는 사울(바울)을 다메섹 도상에서 쓰러지게 하신 것이 하나님의 밀치심입니다. 사울을 바울 되게 하여 예수 그리스도의 종으로, 사도로 세우신 것이 하나님의 밀치심입니다. 그의 전도로 수많은 교회가 세워지고 2천 년 동안 수많은 사람들이 복음을 듣게 된 것이 하나님의 밀치심입니다. 왜 고난이 축복이라고 하겠습니까? 너무나 열심히 죄에 매여 종노릇하는 인생을 살고 있을 때, 고난을 통해 하나님이 제동을 걸어 주시기 때문입니다.

그리고 '택정함' 보다는 '구별됨' 이 맞는 해석입니다. 성경에서 '구별'의 어원은 "죽이기로 작정한 자같이 미말에 두셨으매"(고전 4:9) 와 같은 어원입니다. 예수님을 믿고 구별된 삶을 산다는 것은 땅 끝까지 내려가서 죽는 것을 뜻합니다. 또 '택정함을 입다'는 '바리새인'의 '바리새'와 같은 어원으로 '분리되다'라는 뜻입니다. 그러므로 복음을 위하여 택정함을 입은 나는 하나님에 의해 구별된 영적 바리새인인 것입니다.

육적인 바리새인들은 하나님의 택정하심이 아니라 스스로 구별되어서 영적 교만으로 치달은 결과, 세상이 아닌 하나님과 분리된 삶을 살았습니다. 그러나 영적 바리새인들은 기쁜 소식인 복음을 위하여 죽기로 작정한 사람들입니다.

복음 때문에 세상과 구별되게 사는 것이 부름 받은 자의 목표입니다. 그리고 이것을 사랑으로 깨닫는 자만이 분명한 삶의 목표를 가질 수 있습니다. 한 바둑 기사는 좋은 바둑 한 판을 두기 위해 목숨을 걸고 바둑 판 앞에 앉는다고 합니다. 야구 선수는 타율을 높이기 위해 하루에 수천 개의 공을 때리면서 연습합니다. 골프를 치는 사람은 프로가 아닌데도 좀 더 잘 치기 위해서 집과 사무실에 연습장까지 만들어 놓고 연습합니다. 밤이나 낮이나 모든 게 다 골프공으로 보일 정도라고 합니다. 골프 애호가인 한 부인이 남편이 너무나 미워서 병원에 상담을 하러 갔는데, "골프공을 남편 머리라고 생각하고 치라."는 의사의 처방을 받고는 골프가 더 잘되더라는 이야기도 들었습니다.

우리는 무엇을 위해 그렇게 열심히 노력합니까? 바울은 죽을 각오로 복음을 위해서 자기 삶을 드리는 자라고 자신을 소개했습니다. 그것이 바울의 삶의 이유이고 목적이었던 것입니다.

1장 1절에서 원어를 좀 읊었습니다. 작은 자 '파울로스', 종 '둘로스', 사도 '아포스톨로스'.

헬라어 성경을 보면 로마서 1장 1절에 이 세 단어 작은 자, 종, 사도를 쭉 연결해서 자기소개를 합니다. 그런데 여기에 '예수 그리스도'의 이름이 빠진다면 얼마나 충격적인 자기소개이겠습니까!

초기 그리스도인들이 로마의 핍박을 피해 살았던 카타콤은 지하 감옥과 같은 곳인데, 토양이 부드러운 응회암으로 되어 있어서 쉽게 파낼 수 있었습니다. 일단 파내고 난 후에는 공기에 노출되면 즉시 딱딱해져서 수백 년이 지나도 견고하다고 합니다. 그래서 초기 그리스도인들은 이 흙을 파내 로마 시내에 건축 자재로 판매할 수 있었습니다. 더욱 신기한 것은 그 흙이 시체 썩는 냄새까지도 흡수했다는 겁니다. 이런 기막힌 섭리로 300년 동안 600만 명의 사람들이 카타콤 안에서 죽고 시신으로 묻혔는데도 그리스도인들이 발각되지 않고 살 수 있었습니다.

둘로스로, 작은 자 파울로스로 비참하게 산 것 같아도 내가 복음을 위해서 살 때 하나님은 지하 감옥에서도 살 수 있도록 형편을 마련해 놓으십니다. 오늘 내가 힘들어서 곧 죽을 것 같아도 사도 바울처럼 내 자신을 소개할 때 하나님은 반드시 나를 지키십니다.

카타콤에 살던 사람 중에 기가 막힌 자기소개서를 가진 한 여인이 있었습니다. 세실리아라는 이름의 이 여인은 로마의 귀족으로, 예수님을 믿고 난 뒤 남편을 전도했습니다. 그래서 부부가 헌신된 그리스도인으로 신앙생활을 하다가 마르크스 아우렐리우스 황제의 박해 때 순교했습니다.

이들이 로마의 귀족이라는 자기소개서를 포기하고 예수 그리스도의 종이라는 자기소개서를 제출했을 때 로마는 분노했습니다. 그래서 그들은 세실리아 부부를 끓는 기름에 던졌는데 죽지 않자 다시 꺼내서 목을 베어 죽였습니다.

2천 년이 지나 카타콤에서 세실리아의 시신이 발굴되었을 때, 시신은 하나도 썩지 않았고 손가락 셋을 하늘로 향한 채 죽어 있었다고 합니다. 하늘로 향한 손가락 셋은 무엇을 뜻하는 것일까요?

나는 작은 자, 못난 자다.

나는 예수 그리스도의 종이다.

나는 구원을 위해 우리 집안에 보내진 사도다.

저는 이 세 가지의 자기소개가 세실리아의 세 손가락에 담겨진 뜻이라고 생각합니다.

우리 중에 자신이 원해서 못난 자가 되고 노예가 되고 사도가 되는 사람은 아무도 없습니다. 세상 헛된 것을 좇는 '사울'을 겪으며 하나님이 뚫고 들어오셔서 내 죄를 보게 하시고, 그 은혜로 내가 작은 자, 종, 사도가 되는 것입니다. 우리의 힘든 환경과 유혹의 환경에 예수 그리스도의 복음이 뚫고 들어오시기를, 그리하여 바울과 같은 자기소개서를 가진 우리 모두가 되기를 주님의 이름으로 축원합니다.

아버지 하나님! 바울 사도의 자기소개서를 묵상하며 하나님의 복음이 얼마나 대단한지를 다시 한 번 느꼈습니다. 모든 것을 버리고, 모든 것을 포기하며 배설물로 여겼던 바울에 비해 아직도 나는 너무나 많은 것을 버리지 못하고 있음을 고백합니다.

예수 그리스도의 종이라고 입으로만 부르짖습니다. 생사여탈권이 주님께 있는데도 내 주장이 너무나 많습니다. 새 한 마리 값도 못되는 주제에 내 값이 꽤나 나가는 줄 알고 착각하고 있습니다. 죽이든지 살리든지 주님 마음인데 나 스스로 죽고 사는 것을 결정하려는 마음이 있습니다.

아버지! 아직도 허황된 꿈을 못 버리고 사울 속에서 빠져나오지 못하는 저를 불쌍히 여겨 주옵소서. 아직까지도 내 열심으로 믿음 좋은 스데반을 죽이는 사울의 모습이 나에게 있습니다. 하나님! 강권적으로 찾아오셔서, 이 시간 내 속의 사울이 변하여 바울이 되게 도와주옵소서. 나의 의지의 대상을 주님께로 옮기기를 원합니다.

돈의 종, 남편의 종, 아내의 종, 자식의 종, 세상의 종이 아니라 예수 그리스도의 종인 것을 선포하는 내가 될 수 있도록 인도하여 주옵소서. 내 죄를 볼 때 나는 작은 자가 될 수밖에 없고, 예수 그리스도의 종이 될 수밖에 없습니다.

내가 내 인생을 선택하는 것이 아니라 구원을 위해 보냄 받은 사도로서 살기를 원합니다. 내가 있는 곳에서 기쁜 소식(복음)을 전하며, 가정과 직장과 공동체를 말씀으로 살리게 하옵소서. 로마 카타콤에 묻힌 세실리아처럼 마지막 순간에 저의 손이 하늘로 향할 수 있도록 축복하여 주옵소서.

주님, 내 힘으로는 그렇게 될 수 없습니다. 주님이 뚫고 들어오셔야 되겠습니다. 내 안에, 사랑하는 식구들 마음 가운데 주님이 뚫고 들어오셔야 되겠습니다. 강권적으로 들어오셔야 되겠습니다. 우리 식구들을 불쌍히 여기시고 살려 주옵소서. 주님의 백성이 되게 도와주옵소서. 주님의 종이 되게 도와주옵소서.

주께서 이 모든 기도 제목에 이미 역사하시고 이루어 주실 것을 믿습니다. 예수님 이름으로 기도하옵나이다. 아멘.

02
복음은 누구에게나 필요하다

로마서 1:2~7

하나님 아버지, 환난당하고 빚지고 원통한 자에게도, 강남의 대치동에 사는 사람에게도, 이 땅의 모든 사람에게 복음이 필요한 줄 압니다. 당시 최대 강국인 로마에 있는 교회에 보내는 사도 바울의 편지를 읽으며 우리가 복음의 참된 가치를 알기 원합니다. 예수님 이름으로 기도하옵나이다. 아멘.

언젠가 어느 집사님의 자조 섞인 이야기를 들었습니다. 학교 다닐 때 성적도 그만그만하고 인물도 별로였던 친구가 있었는데, 동창회에서 그 친구를 보는 순간 마음이 우울해졌다고 합니다. 어딜 봐도 자기보다 못했던 그친구가 재력 있는 남편을 만나서 좋은 집과 좋은 차와 좋은 옷으로 분위기를 압도했기 때문입니다. 더군다나 이야기를 들어 보니 부부 금실도 좋은 것 같았고, 아이들도 공부를 잘해서 명문 학교에 보냈다고 합니다.

그러니 그리스도인으로서 친구에게 복음을 전하긴 해야겠는데 "너나 잘 믿어라." 할 것 같아서 못 전했다는 것입니다.

모든 것을 다 가진 듯한 그 친구에게도 과연 복음이 필요할까요?

왜 복음이 필요할까?

로마에 있어 하나님의 사랑하심을 입고 성도로 부르심을 입은 모든 자에게 하나님 우리 아버지와 주 예수 그리스도로 좇아 은혜와 평강이 있기를 원하노라_롬 1:7

인류가 세운 나라 중에서 가장 강력한 나라로 평가되는 나라가 바로 로마입니다. 강한 군사력과 정비된 도로와 법률을 갖추었고, 식민지 사람을 그곳의 왕으로 세우는 대단한 포용력을 가졌고, 예수님을 믿는 히브리 민족보다도 여성 차별이 없었던 민주화된 나라였습니다. 그래서 사람들은 모두가 로마의 시민권자가 되기를 꿈꾸고 원했습니다. 그 로마에 무슨 복음이, 무슨 기쁜 소식이 더 필요하겠습니까?

그러나 로마에도 복음이 필요합니다. 바울은 태어날 때부터 로마의 시민권을 가졌던 사람입니다. 그런 그가 예수 그리스도의 종 둘로스와 죽음을 각오한 사도로 스스로 자처했던 것은 복음의 위력을 알았기 때문입니다. 강대국 로마일지라도 절실하게 복음이 필요하다는 것을 알았기 때문입니다.

이것을 바울이 어떻게 알았습니까? 그다지도 자랑하던 로마 시민권과 뛰어난 학식으로 예수님 잘 믿는 스데반을 죽이고 나서 깨달았습니다. 나의 자랑인 권세와 학벌과 능력으로 나도 모르게 많은 사람을 죽일 수 있다는 걸 경험했기 때문에 진정으로 필요한 것은 복음이라는 사실을 깨달았습니다.

이 땅은 눈물과 고통으로 가득한 세상입니다. 왜 인생을 고통의 바다라고 표현하겠습니까? 왜 사랑은 눈물의 씨앗이라고 하겠습니까? 해 보니까 실체가 없는 그림자뿐이기 때문입니다. 그 어떤 것도 만져지는 것이 없기 때문입니다.

피할 수 없는 인생의 고통이 축복이 되기 위해서는 자기 죄를 알아야 합니다. 내 죄를 깨닫고 나면 '나 같은 죄인 살리신 주 은혜' 때문에 무엇을 하든 영혼 구원이 목적이 됩니다. 그때 필요한 것이 복음입니다.

복음만이 사람을 살릴 수 있습니다. "하나님 우리 아버지와 주 예수 그리스도로 좇아"(롬 1:7)서만 은혜와 평강이 있기 때문입니다. 예수 그리스도의 복음만이 우리에게 은혜와 평강을 주기 때문입니다.

복음을 전해야 할 나의 로마는 누구입니까? 겉으로 보아서는 도움이 필요 없을 것 같은 형제나 친구에게도 복음을 전함으로 은혜와 평강을 빌어 주고 있습니까?

복음이 무엇이기에

이 복음은 하나님이 선지자들로 말미암아 그의 아들에 관하여 성경에 미리 약속하신 것이라 이 아들로 말하면 육신으로는 다윗의 혈통에서 나셨고 성결의 영으로는 죽은 가운데서 부활하여 능력으로 하나님의 아들로 인정되셨으니 곧 우리 주 예수 그리스도시니라_롬 1:2~4

바울은 1장 1절 한 절로 자기소개를 끝내고 복음에 대해서는 2절부터 6절까지 설명하고 있습니다. 우리는 자식, 남편, 집안 자랑에는 목소리를 높이다가도 정작 복음을 전할 때는 딱 뒤로 숨습니다. 게다가 친구의 자식 자랑, 남편 자랑에 위축되어서 전도하러 갔다가도 '예수님'의 '예'자도 못 꺼내고 그냥 올 때가 많습니다. 사도 바울처럼 예수님만 소개하려고 하면 저절로 목소리에 힘이 들어가고 자랑하고 싶어지는 열정이 우리에게도 있기를 바랍니다.

우리는 내가 좋은 것을 복음이라고 합니다. 좋은 학교 들어가는 게 복음이고, 취직하는 게 복음입니다. 병이 낫고 시집 잘 가는 게 복음입니다.

그런데 성경 말씀을 보니 '이 복음'은 '하나님의 아들' 곧 '예수 그리스도'라고 합니다. 복음, 기쁜 소식은 하나님의 아들 예수 그리스도입니다. 이 세상 모든 사건에 그리스도를 대입하면 기쁜 소식입니다.

성경에 미리 약속하셨다고 하시니 약속을 알아야 기쁜 소식을 누릴 수 있습니다.

하나님은 창세기부터 시작해서 구약의 모든 말씀을 통해 '죄에서 구원

할 자 예수님'에 대해 말씀해 주셨습니다. 약속의 말씀으로 내 죄를 깨닫고 나를 구원하실 예수 그리스도를 믿을 때 약속이 성취됩니다. 돈, 자식, 건강, 상사가 나를 괴롭혀도 내 죄가 보이기 시작하면 예수님을 믿는 나에게 약속이 성취됩니다. 다른 사람은 상관없습니다. 하나님이 약속을 이루시는 대상은 예수님을 믿는 나이기 때문입니다.

복음을 전할 때 나는 감추어지고 예수님만 나타나기를 기도합니까? 주보에 이름을 싣고 나를 드러내기 위한 '총동원' 전도에만 주력하지는 않습니까?

믿음의 혈통

이 아들로 말하면 육신으로는 다윗의 혈통에서 나셨고_롬 1:3

인성(人性)과 신성(神性)을 모두 지니신 예수님은 육신의 가문으로는 유다 지파 다윗의 혈통에서 나셨습니다.

유명한 목사님의 아들과 '짝을 했던' 아이가 있었는데, 자기 아버지가 유명한 목사인 것도 아니고 유명한 목사님의 아들이 자기 짝이었던 걸 그렇게 자랑한다고 합니다. 어떤 유대인을 만났는데 그 사람이 유다 지파라고 하면 왠지 존경스러울 것 같지 않습니까? 저는 그럴 것 같습니다. 육신적으로나마 예수님의 후손이 이 자리에 와 있다고 한다면 반갑고 가슴이 뛸 것 같습니다.

이 말씀을 보며 배우자를 선택할 때 믿음의 가계(家系)를 선택할 수 있도록 기도하시기 바랍니다. 모태신앙을 '못해' 신앙이라고도 한다지만 저는 그래도 때가 되면 빨리 돌이켜서 '할 수 있다' 신앙으로 바뀌는 것이 모태신앙의 저력이라고 생각합니다.

믿음의 집안에서 보고 자란 것이 얼마나 중요한지 모릅니다. 사랑으로 다 극복할 것 같아도 가치관이 다른 믿음 없는 집안에 시집 장가를 가면 문화의 차이 때문에 힘들기 마련입니다. 쉬운 예로 안 믿는 가정에서는 대부분 집안 행사를 주일에 치릅니다. 결혼식, 추도식, 가족 나들이 등도 다 주일에 모여서 하죠. 배우자 집안에 재력까지 있으면 거절도 못하고 열심히 쫓아다닐 수밖에 없습니다. 그래서 잘사는 불신앙 집안에 시집을 가는 건 정말로 좋지 않습니다.

이미 안 믿는 집안에 시집장가를 가서 그런 문제에 부딪친다면 이제부터라도 그 가정의 구원을 위해 영적 싸움을 싸워 가십시오. 물론 시간이 걸릴 것입니다. 약속이 이루어지기까지 기다림이 필요합니다. 그래도 약속을 붙잡고 지금 나부터라도 믿음의 혈통을 이어 가야 합니다. 우리들 각자의 믿음 행전을 치열하게 써 가야 합니다.

하지만 아직 결혼하기 전이라면 청첩장까지 다 돌렸다고 해도 없던 일로 할 수 있습니다. 처음에는 몰라서 안 믿는 사람을 만났다고 해도 이제 깨달았다면 결혼 일주일 전, 아니 하루 전이라도 취소해야 합니다. 결혼하고 나서는 어쩔 수가 없기 때문에 결혼 전에 상대방의 믿음을 확인해야 합니다. 믿음은 어떤 것과도 타협의 대상이 될 수 없습니다.

눈에 보이는 좋은 조건보다 믿음의 혈통을 택할 수 있도록 말씀으로 자녀를 양육합니까? 자녀가 안 믿는 의사, 변호사 신랑감은 거절하고 전도사나 목사와 결혼하겠다고 한다면 어떻겠습니까? 말로는 믿음, 믿음 했는데 결정적인 순간에 욕심을 놓지 못해서 자녀에게 혼란을 주고 있지는 않습니까?

혈통보다 '내 믿음'이 먼저입니다

성결의 영으로는 죽은 가운데서 부활하여 능력으로 하나님의 아들로 인정되셨으니 곧 우리 주 예수 그리스도시니라_롬 1:4

원어를 보면 '죽은 자들'이라고 복수가 쓰였습니다. 복수로 쓰인 것은 하나님이 우리 모두의 부활을 다 보장하신다는 뜻입니다.

신기하게도 성경 어디에서도 예수님의 외모에 대해서는 다루지 않았습니다. 예수님을 직접 목도한 제자나 동생들에 의해 성경이 기록되었는데도, 신약 7,957절 가운데 어디 한 군데서도 예수님의 외모를 언급하지 않았습니다. 놀랍지 않습니까? 단지 예수님이 오시기 전 이사야 선지자에 의해

"고운 모양도 없고 풍채도 없은즉 우리의 보기에 흠모할 만한 아름다운 것이 없도다"(사 53:2)라는 기록만 있습니다.

그러므로 혈통을 보라는 것이 외모를 보라는 뜻은 결코 아닙니다. 아무리 믿음의 가문이 훌륭하고 모태신앙이라도 자기 죄에 대한 고백과 하나님과의 만남이 없으면 소용없습니다. 육신의 혈통보다 중요한 것은 "성결의 영으로 죽은 가운데서 부활"한 사실이 있는가 하는 것입니다.

하나님의 아들이신 예수 그리스도는 죄가 없으셨지만, 나의 죄를 대신해 죽어 주셨습니다. 죽어짐의 십자가를 경험해야 복음이 이해됩니다. 내 죄를 모르면 평강의 복음이 찾아올 수 없습니다. 우리가 어떤 사건과 고난을 가졌다고 해도 오늘 중요한 것은 죄를 깨닫는 것입니다. 죽어짐의 경험이 없는 사람은 이 말을 이해하지 못할 것입니다. 나에게 십자가의 경험이 없어서 자기 죄를 모르고 원망과 불평만 한다는 걸 알아야 합니다.

"여호와께서 아브람에게 이르시되 너는 정녕히 알라 네 자손이 이방에서 객이 되어 그들을 섬기겠고 그들은 사백 년 동안 네 자손을 괴롭게 하리니"(창 15:13), 나와 내 자손이 고생한 후에야 약속의 땅에 돌아오리라고 하셨습니다. 이 말씀이 축복의 말씀으로 들려지기 바랍니다. 그냥은 안 됩니다. 어려운 임무를 완수한 뒤에야 "과연 내 아들이다."라는 확증을 받게 됩니다.

내 능력이 아닌 그리스도 십자가의 능력으로 죽은 가운데서 다시 살아나야 하나님의 아들로 인정됩니다. 아들이 아니었는데 아들로 인정되는 것이 아니라 만세 전부터 하나님의 아들이었는데, 그리스도의 십자가를 통해서 확증되는 것입니다. 비행기에 탑승할 때도 미리 예약한 것을 다시 한 번

확인하는 절차가 필요한 것처럼 말입니다.

내 삶에 불확실하고 혼란스럽던 것들이 예수 그리스도를 통해 확실해지는 것이 바로 복음입니다. "나는 하고 싶은 게 없어. 비전도 없어. 뭘 해야 될지 모르겠어." 그렇게 불확실하던 인생이라도 복음이 들어오면 눈이 뜨여지고 모든 것이 확실해집니다.

자녀와 그들의 장래 배우자를 위해 어떤 기도를 합니까? 어려서부터 성결의 영이 임하기를, 예수 그리스도와의 인격적인 만남이 있기를 기도하고 있습니까?

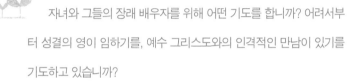 복음은 나를 통해 전해져야 합니다

그로 말미암아 우리가 은혜와 사도의 직분을 받아 그 이름을 위하여 모든 이방인 중에서 믿어 순종케 하나니_롬 1:5

오늘날을 만인 사도 시대라고 합니다. 하나님이 예수 그리스도를 통해 우리에게 은혜와 사도직을 주셨습니다. 십자가와 부활을 거치고 구원 받은 자라면 누구도 "나는 못해. 아무것도 할 줄 몰라." 이런 변명을 할 수 없습니다. 복음 때문에 '믿어 순종' 해야 합니다.

나의 능력이 아니라 '믿음' 이 내가 순종하도록 밀어붙입니다. 기차의 기관차에 시동이 걸리면 뒤의 객차들은 그 힘에 끌려서 따라가듯이, 내 힘으로 순종하는 것이 아니라 믿음이 나를 끌고 가는 것입니다. 기도했기 때문에 충만한 것이 아닙니다. 말씀을 읽었기 때문에 충만한 것이 아닙니다. 예수 그리스도를 '믿어' 충만케 되고, '믿어' 순종하는 것입니다.

"이방인 중에서"는 '유대인을 포함한 모든 국가 중에서'로 번역하는 것이 맞습니다. 믿는 사람은 모든 국가에서 믿어 순종케 하는 일을 해야 합니다. 무엇에 대한 순종입니까? 바로 하나님 말씀에 대한 순종입니다. 매일 내게 주어지는 말씀에 대한 순종 없이는 내게 주어지는 환경에 결코 순종할 수 없습니다. 말씀에 불순종하기 때문에 사건에도 불순종하게 됩니다. 하나님의 말씀에 관심이 없기 때문에 환경과 사건을 받아들이지 못하고 하나님께 대들고 원망하는 것입니다.

베드로가 예수님께 3년 동안 교육을 받았어도 예수님이 "너희의 구원을 위해 십자가에 못 박혀 죽고 삼 일 만에 살아나리라." 하시니까 "주여, 그리하지 마옵소서."라고 했습니다. 그런 베드로에게 주님은 "사단아 뒤로 물러가라."고 정확하게 분별하셨습니다(마 16:21~23). 날마다 말씀에 순종하지 않으면 즉시 사단이 되는 걸 아시기 바랍니다. 하루라도 말씀을 안 보면 "뒤로 물러가라"는 주님의 음성을 들을 수밖에 없습니다. 아침에는 성령충만했다가 저녁에는 사단의 역사에 휘둘리는 이유가 거기에 있습니다.

복음을 통해 믿음이 순종이 되도록 밀어붙여야 합니다. 그러나 내 힘으로 못합니다. "싫은 사람 사랑해야지." "매일 말씀 봐야지." "술 끊어야지." "담배 끊어야지." "여자 끊어야지." 수없이 결심해도 실패하는 이유는 이 모든 일에 믿음이 먼저이기 때문입니다. 나는 도저히 사랑할 수 없습니다. 도저히 끊을 수 없습니다. 믿음에 이끌려 순종한 경험이 있어야 합니다. 성경공부를 아무리 열심히 하고 제자훈련을 받아도, 믿음에 이끌려 순종한 경험이 없으면 성경 지식조차도 남을 찌르는 칼밖에 안됩니다.

너희도 그들 중에 있어 예수 그리스도의 것으로 부르심을 입은 자니라_롬 1:6

나를 통해 복음이 전해지려면 내 신분을 인식해야 합니다. 존재 인식이 확실치 않으니까 부자 친구 앞에서 복음을 못 전하고 주눅 드는 겁니다.

어떤 집사님에게 예쁜 중학생 딸이 있는데 자기는 커서 축구 선수 아무개에게 시집간다고 하더랍니다. 그래서 집사님이 "얘, 유명해지기 전이라면 몰라도 네 차례 오기는 틀렸다."고 하셨답니다. 그런데 유명한 아무개가 찾아와서 "넌 내 거!" 한다면 우리는 다 황홀해서 따라가지 않겠습니까?

주님은 나를 '예수 그리스도의 것'으로 부르셨습니다. 유명 축구 선수가 와서 "넌 내 거!" 해도 두 손 두 발 다 들고 쫓아갈 텐데 창조주 하나님이 "넌 내 거!" 해 주셨으니 얼마나 대단한 영광입니까! 왜 부자 친구 앞에서 주눅이 듭니까? 내 남편 예수님이 훨씬 더 부자인데요. 신랑 되신 예수님의 재산 목록을 진짜 안다면 주눅들 일이 없습니다.

저의 시아버지는 나름대로 큰 사업체를 가진 분이었습니다. 그런데 시어머니는 남편이 얼마나 부자인지를 잘 모르셨습니다. 모든 살림을 아버님이 도맡아 하시고 생활비만 주셨기에, 살림만 하셨지 경제 개념이 없으셨습니다. 그래서 아버님하고 다투시면 방문을 걸어 잠그고 들어가서는 "천만 원 내 놔라!" 하는 것이 어머님의 주제가였습니다. 남편이 얼마나 부자인지도 모르고 고작 '천만 원'만 내놓으라고 하시니 속으로 웃음이 나올 때도 많았습니다.

우리가 그렇습니다. 내 남편 예수님이 엄청난 부자인데도 "빵 한 개, 집한 채만~!" 하면서 눈물을 흘리며 간구합니다. 그러니 하나님 보시기에 얼마나 우스울까요?

제 친구 중에는 소위 말하는 재벌 부인이 있습니다. 저는 그 친구를 만나서 다섯 시간 동안 복음을 전했습니다. 성경 말씀, 내 남편 예수님의 재산 목록을 가지고 전하니까 줄 것이 너무나 많았습니다.

나를 예수님의 것으로 부르시고 약속해 주신 영광은 재벌 부인과는 비교도 할 수 없는 것입니다. 온 세상 만물의 주인이신 예수님이 "넌 내 거!" 하고 나를 부르셨다니 자다가도 벌떡 일어날 일 아닙니까!

내가 누구의 것으로 부름 받기를 원하십니까? 잘생긴 애인이나 남편, 명문대, 대기업의 것으로 부름 받고 싶습니까? 창조주 예수님의 것인 내 신분을 인식하며 스스로를 귀하게 여깁니까?

사도는 '보냄 받은 자' 이고 성도는 '구별된 자' 입니다. 하나님이 사도보다 더 귀하게 여기시는 것이 성도입니다. 하나님과 예수님 앞에만 붙는 거룩함(聖)의 의미가 나에게 붙었습니다. 내가 예수님과 한 지체가 된 것입니다.

죄 가운데 있던 내가 사도로 부르심을 '받고' 택정함을 '입고'(1절), 은혜와 사도의 직분을 '받고'(5절), 예수 그리스도의 것으로 부르심을 '입고'(6절), 하나님의 사랑하심을 '입고' 성도로 부르심을 '입은'(7절) 자가 되었습니다.

'받고', '입고' 입니다. 내가 한 것이 아무것도 없습니다. 모든 것을 은혜로 입고 받았습니다. 이 말할 수 없는 은혜를 깨달으면 어떤 상황에서도 믿음으로 순종케 됩니다. 그런 자에게 은혜와 평강이 있습니다.

저의 책《복 있는 사람은》에 간증이 실린 김 선생님은 남편에게 기막힌 배신을 당하고 남편이 진 빚까지 대신 갚아야 했습니다. 남편이 사업에 필요해서 대출을 받는다기에 아무 생각 없이 서류에 서명을 했는데 이혼 후에 고스란히 김 선생님의 빚이 된 것입니다.

중학교 교사로 일하면서 아이 둘을 키웠는데, 월급의 대부분을 압류당하고 어렵게 살았습니다. 8년 동안 빚을 갚았지만 5억 원이라는 빚은 김 선생님이 평생 갚아도 다 갚을 수 없는 액수였습니다. 그런데 얼마 전 학교 감사에서 김 선생님의 빚 문제가 걸렸습니다. 김 선생님의 사정을 잘 아는 학교 측에서 압류된 월급을 법원에 공탁하지 않고 보관해 두었는데 당장 공탁을 하라는 명령이 떨어진 것입니다.

급박한 중에 온 교회가 함께 기도를 하고 밝은교회 주명수 변호사님을 찾아가 해결 방법을 의논했습니다. 방법은 단 한 가지, 채권자에게 매달리는 것밖에 없었습니다.

채권자를 만나러 가는 날, 얼마나 간절히 기도했는지 모릅니다. 우리들교회의 중보기도팀과 홈페이지를 본 모든 사람들이 하나님이 채권자의 마음을 주장하시도록 눈물로 기도했습니다.

어떤 기도 응답을 받았을까요? 놀랍게도 하나님은 기적을 보여 주셨습니다. 채권자가 그동안 압류된 7천만 원만 받고 나머지 빚은 모두 탕감해 주기로 한 것입니다. 5억 원의 빚이 하루아침에 7천만 원으로 줄었습니다!

김 선생님이 부럽습니까, 로마인처럼 잘 먹고 잘살고 편안해서 복음을 모르는 사람이 부럽습니까?

인생은 길지 않습니다. 김 선생님에게는 지나온 8년이 너무 길었을지도 모릅니다. 하지만 칠십 평생 가난하고 아프게 산다 해도, 그것 때문에 복음을 알고 예수님 믿었다면 그것이 최고의 복입니다.

우리들교회는 환난당하고 원통하고 빚진 자들이 모이고, 그런 분들을 초청하는 교회입니다. 사도 바울의 복음에 맨 처음 반응했던 곳들도 힘들고 어려운 지역이었습니다. 그러다 3차 전도여행 후 마지막에야 강대국 로마를 향해 복음을 전하게 하셨습니다.

저도 힘들고 어렵고 환난당한 자들을 초청했는데, 공간적으로는 강남 대치동에서 교회를 하고 있습니다. 여기에도 하나님의 뜻이 있다고 생각합니다. 하나님이 복음은 잘나건 못나건 누구에게나 필요하다는 것을 보여주십니다.

그 일을 위해 바울을 부르신 하나님, 김 선생님을 부르시고 우리를 부르신 하나님입니다. 복음을 위해 로마의 성도들에게 은혜와 평강을 약속하신 하나님이 복음을 받은 우리에게도 동일한 약속을 주십니다. 우리를 통해서, 나를 통해서 복음이 전해지기를 원하십니다.

로마인에게도, 지식인에게도, 재벌에게도, 박사에게도 복음이 필요합니다. 복음만이 우리를 평강으로 인도하기 때문입니다.

아버지 하나님! 참으로 어떤 사람에게도 복음이 필요합니다. 로마에 있는 사람에게도, 지식인에게도, 부자에게도, 환난을 당하고 원통하고 빚진 자에게도 복음이 필요합니다. 우리들에게 이 복음이 평강의 복음으로 다가오기를 원합니다. 그러기 위해 약속의 말씀을 믿고 기다리기 원합니다.

특별히 우리 가정이 믿음의 혈통이 되기 위해서 기도합니다. 성결의 영으로 십자가에서 죽어짐이 있는, 성령으로 거듭난 가정이 되기를 원합니다. 우리 자녀가 그런 배우자를 만날 수 있도록 지금부터 기도하기를 원합니다.

날마다 성경 말씀을 하나님의 약속으로 믿고 기도할 때 아무리 힘들어도 나를 통해 그 말씀이 성취될 줄 믿습니다. 믿음으로 순종케 된다고 하셨습니다. 내가 할 수 있는 것은 아무것도 없습니다. 오직 믿음으로 순종케 되는 놀라운 역사가 일어나게 도와주옵소서.

내가 예수 그리스도의 것이라는 신분의식이 있을 때 모든 영적 전쟁에서 승리할 수 있습니다. 오늘 어떤 환경에 있어도 주님이 "너는 내 것이다." 하십니다. 아무리 힘든 사람이 옆에 있어도 주님이 "너는 내 것이다." 하십니다.

우리가 이 음성을 듣기 원합니다. 너무 힘들어서 삶을 포기하고 싶고 어찌할 줄 모르는 상황이라도 주님이 오셔서 "너는 내 것이다." 하시는데 내가 무슨 말을 할 수 있겠습니까!

"로마에 있어 성도로 부르심을 입은 자들에게 은혜와 평강이 있을지어다" 하셨는데, 나는 성도로 부르심을 받은 인생이오니 은혜와 평강을 누리기 원합니다. 복음이 나에게 왕 노릇하게 하옵소서. 예수님이 나를 위해 십자가에 죽어 주신 그 죽어짐의 경험을 통해, 온 땅의 사람들에게 복음이 왕 노릇하기를 간절히 원합니다. 주님, 함께해 주옵소서. 예수님 이름으로 기도하옵나이다. 아멘.

03
복음은 로마를 이겼다

로마서 1:8~15

하나님, 2천 년 전에 로마를 변화시켰던 복음이 오늘 이 시대에 우리들을 변화시키게 하옵소서. 저희를 복음으로 살려 주옵소서. 예수님 이름으로 기도하옵나이다. 아멘.

마음껏 쓸 수 있는 시간과 돈과 건강이 있다면 어디에 가고 싶으십니까?

몇 년 전 집회 때문에 영국에 가 보니 유명한 유적지는 거의 다 공동묘지더군요. 특별히 기독교 국가들이 더 그렇습니다. 제가 하도 묘지만 찾아다니니까 동행했던 아들이 묘지만 나오면 차를 세우고 소개하기도 했습니다. 저는 예수님을 믿는 사람은 관광하는 태도도 좀 달라야 한다고 생각합니다.

초대교회 당시 그리스도인들은 로마 식민 치하에서 많은 핍박을 받았습니다. 로마 군대의 추적을 피해서 외곽으로, 더 외곽으로 가다가 지하 공동묘지에 숨었습니다. 그곳이 카타콤입니다. 묘지는 누구라도 가기 싫어하는 곳이었기 때문에 군대의 추적을 피할 수 있었습니다.

앞 장에서도 말씀드렸듯이 카타콤 지역은 응회암 토질로 무른 땅이라서 파기도 너무 편했고, 일단 판 후에 집을 만들어 놓으면 끄떡없이 견고했습니다. 그래서 지하 5층까지 지어 놓고 살았다고 합니다. 총 120개의 카타콤이 있었고, 총 길이는 900km 정도였습니다. 거의 2천 년 동안 드러나지 않고 있다가 1854년 지오반니 로시라는 사람에 의해 본격적으로 발굴되면서 그 안에서 시신 600만 구가 발견되었습니다.

저는 카타콤만 생각해도 은혜를 받습니다. 지하 공동묘지에서 한평생을 보내고, 그곳에서 300년 동안 아이를 낳고 할아버지, 아들, 손자로 대를 이었습니다. 1장 1절에서 바울은 자신을 예수 그리스도의 종, 새 한 마리 값보다 못한 천하디 천한 종으로 소개했는데, 그 종보다 더 비참하게 산 사람들이 카타콤에서 300년을 살았던 그리스도인들입니다.

우리들의 고난이 아무리 길다 해도 300년 가겠습니까! 믿음 때문에 핍박을 받을 때, 끝이 보이지 않는 고난 중에 있어도 이렇게 큰 역사가 이루어집니다. 하나님이 나에게 힘든 것을 요구하시는 것은 나를 통해 이루실 역사가 크기 때문입니다.

카타콤 가까운 곳에는 5만 석 규모의 원형 경기장이 있었습니다. 로마 황제는 경기장 한 가운데 일주일 굶은 사자를 데려다 놓고 그리스도인을 내몰았습니다. 그리고 옆에 황금마차를 대기시켜 놓았습니다. 그 마차는 황제나 귀족이 타고 온 것이 아니었습니다. 로마 황제는 굶주린 사자 옆에 그리스도인들을 세워 놓고 이렇게 말했다고 합니다.

"네가 지금이라도 예수가 주(主)인 것을 부인하고 로마의 황제를 주로 고백하면 이 황금마차에 태워져서 영원히 안락한 삶을 보장받을 것이다. 황제가 너의 주라는 한마디만 하면 너의 인생은 보장된다."

그런데 300년 동안 황금마차를 탄 그리스도인은 한 명도 없었습니다. 수많은 그리스도인들이 원형 경기장에서 사자의 밥이 되거나 말뚝에 묶여 화형을 당했습니다. 그 모습을 지켜보면서 흔들리는 성도는 없었을까요? 당연히 있었겠죠. 형제의 시신이 카타콤으로 돌아오는 것을 볼 때마다 얼마나 회의가 들었겠습니까! 빈곤은 상대적인 것이기 때문에 세계 최대 강국인 로마에서 지하에 숨어 비참하게 사는 것은 더 힘든 일이었을 것입니다.

그렇게 300년이 지난 뒤 AD 313년 콘스탄틴 대제가 기독교를 로마의 국교로 공표하면서 그들은 땅 위로 올라왔습니다. 그런 날이 오기까지 지하에 묻혀 살았던 300년 동안 로마를 저주하지는 않았을까요? 그러나 그들은 반로마 세력을 조성하거나 자신들의 힘으로 대항하지 않았습니다.

박해받는 중심에 로마 교회가 있었습니다. 로마 교회에 보낸 바울의 서신, 복음의 위력이 있었습니다. 하나님이 바울을 통해 복음의 사랑으로 로마 교회를 찾아가셨습니다. 그 사랑이 300년 동안 그들을 붙들어 주고, 결국 로마를 손들게 한 힘이 되었습니다.

카타콤의 그리스도인들은 자신들을 핍박하는 로마도 구원 받아야 할 대상이라는 것을 알았습니다. 로마 사람들도 사랑받기 위해 태어난, 복음이 필요한 자들이라고 생각했던 것입니다.

내일 일은 난 몰라요 하루하루 살아요
불행이나 요행함도 내 뜻대로 못해요
험한 이 길 가고 가도 끝은 없고 곤해요
주님 예수 팔 내미사 내 손 잡아 주소서
내일 일은 난 몰라요 장래 일도 몰라요
아버지여 날 붙드사 평탄한 길 주옵소서

좁은 이 길 진리의 길 주님 가신 그 옛길
힘이 들고 어려워도 찬송하며 갑니다
성령이여 그 음성을 항상 들려 줍소서
내 마음은 정했어요 변치 말게 하소서
내일 일은 난 몰라요 장래 일도 몰라요
아버지여 아버지여 주신 소명 이루소서

로마의 카타콤을 생각하며 이 찬양이 생각났습니다. 내 인생이 힘들다고 느껴질 때 로마의 카타콤, 지하 공동묘지에서 300년을 지낸 믿음의 선조들을 생각하십시오.

카타콤의 그리스도인들은 로마를 부러워하지 않았습니다. 미워하지도, 저주하지도 않았습니다. 다른 이방인 중에서와 같이 로마에서도 복음이 열매 맺기를 원했습니다. 그것이 로마의 성도들뿐 아니라 자신을 핍박하는 로마를 향한 바울의 사랑이었고, 하나님의 사랑입니다.

고난 받는 당신으로 인해 감사합니다

첫째는 내가 예수 그리스도로 말미암아 너희 모든 사람을 인하여 내 하나님께 감사함은 너희 믿음이 온 세상에 전파됨이로다_롬 1:8

바울은 "너희 믿음이 온 세상에 전파됨"으로, 로마의 성도들로 인해 감사하다고 합니다. 그리스도인들이 로마와 잘 싸워서 감사한 것이 아니고, 그들 중에 로마 장관이 나와서 감사한 것이 아닙니다. 내가 사업을 잘하고 대박을 터뜨려서 감사한 것이 아닙니다. 서울대, 하버드대에 들어가서 감사한 것이 아닙니다. 로마가 온갖 박해를 했음에도 로마 교회가 믿음 가운데 굳건히 서 있다는 소식을 들었기 때문에 감사한 것입니다.

"첫째는"이라고 했지만 그 다음에 둘째, 셋째가 없는 것으로 봐서 그 무엇보다도 하나님께 감사하다는 것을 말합니다. 무엇보다도 "너희 믿음" 때문에, "예수 그리스도로 말미암아" 감사하다는 것이 바울의 감사 조건이었습니다.

제가 바울처럼 대단해서가 아니라 복음을 전하다 보니 바울 사도의 마음이, 그 감사와 기쁨이 저에게도 전해졌습니다.

삼십대 중반에 남편이 세상을 떠난 것도 고난이었지만 남편이 떠나고 나서 아이들 교육 문제도 걱정이었습니다. 남편은 교육열이 대단해서 학군을 좇아 강남으로 이사 왔는데 결국 아이들 교육은 저 혼자의 몫이 되고 말았습니다. 게다가 안타깝게도 아이들은 공부를 잘 안 했습니다.

그러나 한편으로는 하나님이 저의 큐티 나눔과 모임을 통해 사람들이 변화되고 이혼하려던 가정이 합쳐지는 일들이 있게 하셨습니다. 그런데도 제가 우리 애들만 가르치고 있어서야 되겠습니까? 제가 공부를 가르치면 얼마나 가르치겠습니까?

"남편도 없는데 두 팔 걷어붙이고 애들 공부를 시켜야지. 성경만 본다고 주님의 일인가?" 하는 사람들도 있겠지만 로마를 변화시킨 것은 지하 공동묘지에서 300년을 지낸 그리스도인들이었다는 것을 기억하시기 바랍니다.

제가 아이들 교육에 열심을 내지 않았다고 해서 밖으로 나다닌 것은 아닙니다. 엄마의 자리를 지키기 위해 집에서 전화로 전도하고 상담하고, 모임을 가졌습니다. 집회 요청이 와도 하루라도 자고 오는 것은 거절하고 당일에 마치는 곳만 다녔습니다.

그렇게 자식의 성적이나 입시보다 다른 사람들을 돕고자 했을 때 하나님은 저에게 어떤 역사를 보여 주셨을까요?

저의 딸도 아들도 열심히 대학에 떨어져 주었습니다. 내 자식이 대학 입시에 계속 실패하는데 다른 사람들의 믿음 때문에 기뻐만 할 수 있겠습니까? "저렇게 큐티하더니 애들은 대학에 떨어지네." 하는 소리를 들을까 봐

"하나님, 좀 붙여 주셔야 되지 않아요?" 이런 마음도 들었습니다.

하지만 제가 전도한 사람이 이혼을 안 하고 가정이 회복되었을 때 그 어떤 소식을 들었을 때보다 기뻤습니다. 재수, 삼수를 해서 딸과 아들이 대학에 들어간 것도 감사했지만, 그에 비교할 수 없이 말씀 때문에 살아난 사람이 있다는 소식이 그렇게 감사할 수 없었습니다.

전도를 해 본 분들은 그 마음을 알 것입니다. 전도에는 관심도 없고 오늘 우리 애가 중간고사 성적 오른 것만 감사하다면 스스로 구원의 확신을 점검해 봐야 합니다.

힘든 가운데서도 우리들교회 식구들의 믿음의 소식이 온 세상에 전파되니까 "너희 모든 사람을 인하여" 저도 기쁘고 감사합니다. 말할 수 없는 고난을 겪으면서도 홈페이지에 나눔과 기도제목을 올리는 지체들의 믿음의 소식으로 인해 감사합니다. 공동체에서 함께 예배를 드리고 삶을 나누면서 여러 사람들이 변화되는 것에 참 감사합니다.

얼마 전만 해도 전파되기가 쉽지 않았는데 이제는 인터넷 홈페이지를 통해 저의 믿음, 우리들교회의 믿음이 전 세계에 전파되고 있습니다. 우리가 카타콤과 같은 고난 속에 있기 때문에, 우리를 사용하시는 하나님 때문에 전파되고 있습니다. 그 하나님께 감사와 찬양을 드립니다.

무엇보다 하나님께 감사하는 조건은 무엇입니까? 내가 전도한 사람이 믿음으로 성장하는 것에 감사와 기쁨이 있습니까? 전도한 사람은 변화되는데 내 남편과 자녀는 변화되지 않아서 낙심한 적은 없습니까?

고난 받는 당신을 위해 기도합니다

내가 그의 아들의 복음 안에서 내 심령으로 섬기는 하나님이 나의 증인이 되시거니와 항상 내 기도에 쉬지 않고 너희를 말하며_롬 1:9

당시 로마 사회는 황제 중심이었고 끝없는 물질과 쾌락을 추구했습니다. 세계의 길은 로마로 통한다는 그 시대에 로마 제국은 극도로 타락하고 있었습니다. 그곳에서 그나마 그리스도인들이 깨끗하게 본을 보였기 때문에 313년이 걸렸어도 로마가 복음화될 수 있었습니다.

모든 그리스도인들이 카타콤에 산 것은 아니었습니다. 히브리인 중에는 로마인과 결혼한 여인들도 있었습니다. 로마가 타락하다 보니 로마 여자의 순결을 믿을 수 없어서 순결한 히브리 처녀들을 데려다가 결혼한 것입니다.

로마인에게 시집간 히브리 여인들은 남편은 변화시키지 못하더라도 자식이나마 그리스도인으로 키우기 위해 애썼습니다. 그리고 300년이 지나면서 그 여인들의 기도와 양육으로 로마가 조금씩 무너졌습니다. 마침내 콘스탄틴 대제가 그 영향을 받고 기독교를 인정하고 로마가 복음화되었습니다.

로마가 변하기까지는 시간이 걸립니다. 하루아침에 된 것이 아닙니다. 예수 그리스도를 믿는 것 자체가 기적이던 그 시대에 모든 것을 포기하고 300년 동안 그리스도인들이 본을 보였기 때문에 온 로마가 칭찬하지 않을 수 없었습니다.

카타콤의 그리스도인들처럼 핍박 가운데 믿음으로 영적 전쟁을 치르는 이들을 우리는 칭찬하고 격려해 줘야 합니다. 기도와 격려 없이는 영적 전쟁을 싸울 수 없습니다.

암에 걸려도 말씀을 들으며 감사함으로 간증을 하지만 육신의 아픔은 어쩔 수가 없습니다. 견디기 힘든 진통과 두려움으로 힘들 수밖에 없습니다. 남편이 여자 문제로 집을 나가고 생활비가 떨어져도 말씀을 보며 감사할 수 있지만 당장 먹고 사는 문제는 어쩔 수 없습니다. 외로움도 피할 수 없습니다. 그래서 하루는 괜찮다가도 또 하루는 흔들리고 날마다 전쟁을 치릅니다.

그렇게 힘든 가운데서도 치열한 영적 전투를 하는 모습을 보면 저절로 기도가 됩니다. 또 그런 사람들이 저의 설교를 듣고 제일 은혜 받았다고 하는 것도 사실입니다. 본문 순서를 따라 설교를 해도 자신을 위해 메시지를 준비했다고 기뻐합니다. 기도를 해도 구구절절이 자신을 위한 기도라고 합니다. 항상 고난 가운데 있는 분들이 저를 보면 제일 반가워합니다. 만나면 서로 손을 안 잡을 수가 없습니다. '주고받는 미소 속에 싹트는 믿음' 이 됩니다. 그래서 고난이 축복입니다.

내가 쉬지 않고 기도하는 기도의 제목은 무엇입니까? 아프고 힘든 지체들을 기도로 돕고 있습니까? 내 기도에 바빠서 다른 사람들을 위해서 기도하는 데 소홀하지는 않았습니까?

고난 받는 당신에게 나아갑니다

어떠하든지 이제 하나님의 뜻 안에서 너희에게로 나아갈 좋은 길 얻기를 구하노라_롬 1:10

병으로 힘든 지체들을 위해 자꾸 기도하다 보면 암도 정복됩니다. 미운 사람을 위해 자꾸 기도하다 보면 미움도 정복됩니다. 아무리 미워해도 기도하면서 "하나님, 저 미운 인간을 죽여 주세요." 하고 기도하는 사람은 없습니다. 밉지만 기도하다 보면 하나님이 나의 상한 마음을 바꿔 주십니다. 미운 너보다 너를 미워하는 나의 죄를 회개하게 하십니다.

기도하면 하나님의 사랑에 감사하게 되고, 내가 전도해야 할 상대방의 수준과 형편을 생각하게 됩니다. 힘든 사람들에게 "나아갈 좋은 길"은 그 사람의 수준으로 내려가는 것입니다. 예수님이 우리를 위해 육신을 입고 내려오신 것처럼 아픈 사람, 미운 사람, 전도해야 할 그 사람의 수준으로 내려가는 것입니다.

시집살이할 때 저는 시어머니에 대해 속으로 불평이 많았습니다. '어쩜 이렇게 외출도 못하게 하고, 걸레 검사를 하면서 나를 야단치실 수 있는가!' 미울 때도 있었습니다.

그런데 거듭난 후 내가 만난 예수님을 어머니도 만나야겠다고 생각하니까 어머니의 입장을 헤아리게 됐습니다. 소학교도 안 나오신 어머님이 대학까지 나온 며느리 넷을 보려니 얼마나 외로우실까 이해가 됐습니다. 살림 실력으로 며느리보다 나은 모습을 보여 주고 싶으셨다는 것을 나중에야 알았습니다.

거듭나기 전에는 앉아도 무릎 꿇은 자세로 앉고, 항상 눈을 내리깔고 "네. 네."만 했습니다. 거듭나고 나서야 어머니하고 놀기(?) 시작했습니다. 같이 방에 누워서 뒹굴기도 하고 잠도 함께 자고, 그만큼 편안해졌습니다. 어머니도 서서히 저에게 아버님 흉도 보시고, 저를 따라서 함께 기도하면서 마음을 열어 주셨습니다.

상대방의 수준으로 내려가면 지혜가 생깁니다. 상대방을 이해하려는 노력도 없고 기도도 안 하기 때문에 몇십 년을 '도저히 이해 못할 인간'이라고 욕하면서 사는 겁니다. 저의 큐티 사역이 지금까지 온 것은 하나님이 제게 상대방의 수준으로 이야기할 수 있는 은혜를 허락해 주셨기 때문입니다. 아마도 무학(無學)이신 시어머니를 섬기면서 공부가 되었나 봅니다. 나이 드신 어머니를 전도하는데 "로마 역사가 어쩌고저쩌고, 무조건 성경을 보세요." 이러면 은혜를 받겠습니까? 상대방에 맞게, 그 사람이 이해할 수 있는 수준으로 내려가야 합니다. 좋아하는 음식도 대접하고, 주물러도 드리고, 같이 누워서 뒹구는 것도 해야 합니다.

나의 전도 대상자, 나를 힘들게 하는 사람에게 어떻게 나아가야 할까요? 내가 편해지기 위해서가 아니라 상대방의 구원이 목적이 될 때 지혜가 생깁니다. 어떤 언어와 섬김으로 찾아가야 할지 큐티 말씀에서 방법을 찾아봅시다.

보고 싶고 주고 싶은 너희

내가 너희 보기를 심히 원하는 것은 무슨 신령한 은사를 너희에게 나눠
주어 너희를 견고케 하려 함이니_롬 1:11

바울은 로마의 성도들을 심히 보고 싶어했습니다. 이때는 바울이 로마
에 가기 전입니다. 바울은 한 번도 만나 본 적이 없는 로마의 성도들을 왜
보고 싶어했을까요? 그 사람들이 선교 후원금을 많이 보내 주어서일까요?

전혀 아닙니다. 정말 잘살고 잘 나가던 로마였지만 '비단 치마 속의 넝
마' 라고 그리스도인들은 지하 공동묘지에 숨어 살고 있었습니다. 그런 로
마 성도들을 그냥도 아니고 '심히' 보고 싶어한 바울의 마음은 어떤 것이
었을까요?

바울은 황제 숭배에 정면 도전하는 로마 성도들로 인해 감사하면서도
그들의 믿음을 더욱 견고케 하려는 열망을 가지고 있었습니다. 그래서 바
울이 주후 56~57년 무렵 로마서를 썼고, 그 후 313년에 로마가 복음화되어
기독교가 국교로 인정됐습니다.

결국 로마서는 로마 성도들이 로마를 변화시킬 것을 믿음으로 바라보고
쓴 편지입니다. 로마 성도들을 향한 바울의 '보고 싶음' 은 온 세상의 중심
인 로마가 변화되어, 그들이 온 세상을 변화시킬 것을 믿음으로 본 '보고
싶음' 입니다.

이 세상 만남은 서로 덕을 보려고 합니다. 사업을 하면서 무슨 덕을 볼까 하고 교회에 온 사람도 있습니다. 그러나 성도들은 덕을 보기 위해서가 아니라 덕을 나눠 주려고 만나야 합니다.

바울은 "무슨 신령한 은사를 나눠 주기 위해" 성도들을 보고 싶어했습니다. 우리가 나눠 줄 수 있는 신령한 은사는 하나님이 나에게 주신 시간입니다. 나의 건강과 물질입니다. 하나님이 깨닫게 하시는 말씀이고, 나의 고난입니다. 돈, 시간, 건강을 나누는 것보다 귀한 것은 나의 고난을 나누는 것입니다. 고난을 통해 어떻게 하나님을 알게 되고 어떻게 내 죄를 보게 되었는지, 그래서 '고난이 축복'임을 나누는 것이야말로 세상이 줄 수 없는 신령한 은사입니다.

스티븐 코비의 《성공하는 가족들의 일곱 가지 습관》을 보니 하루 열두 번의 포옹이 우리에게 필요하다고 합니다. 신체적으로 포옹할 뿐만 아니라 말이나 눈빛, 분위기로도 포옹해 주라고 합니다. 다른 사람에게 여러 가지 정서적 영향을 받는 것도 포옹이고, 명상과 기도를 통해서 영적 자양분을 공급받는 것도 포옹이라고 했습니다. 포옹은 서로의 가슴을 맞대어 끌어안고, 서로의 체온을 느끼고 숨소리를 나누는 것입니다. 인간의 행위 가운데 가장 따뜻한 것이 포옹인데 그는 하루 열두 번의 포옹도 부족하다고 말합니다.

그러니 우리는 말씀으로 서로를 포옹했으면 좋겠습니다. 기도로 포옹해 주고, 나눔으로 포옹해 주고, 악수로 포옹했으면 좋겠습니다. 그렇다고 부부가 아닌 남녀가 포옹을 하는 문자적인 적용은 참으시기 바랍니다.

이는 곧 내가 너희 가운데서 너희와 나의 믿음을 인하여 피차 안위함을 얻으려 함이라_롬 1:12

바울은 나눠 주는 것은 '피차' 안위함을 얻으려는 것이라고 합니다. 사랑은 일방적인 것이 아닙니다. 바울도 격려를 받아야 합니다. 나눠 줄 때 내게도 나눔이 돌아옵니다. '너희에게' 나눠 주는 것이 '내가' 안위함을 얻는 비결인 것입니다.

남들을 위해 중보기도를 열심히 하면 그 기도가 누구에게 돌아갈까요? 중보기도 사역을 하는 분들은 남을 위해 드리는 기도가 곧 자신이 복을 받는 비결임을 누구보다도 잘 압니다. 누가 어려움이 있어서 나를 찾아왔을 때 그 사람을 돕는 것이 내가 복을 받는 비결이라는 것을 알아야 합니다. 줄 것이 하나도 없는 것 같아도, 우리에게는 끊임없이 포옹해 줄 것이 있습니다. 나눠 줄 것이 있습니다.

떨어져 있어도 함께 열매 맺는 우리

형제들아 내가 여러 번 너희에게 가고자 한 것을 너희가 모르기를 원치 아니하노니 이는 너희 중에서도 다른 이방인 중에서와 같이 열매를 맺게 하려 함이로되 지금까지 길이 막혔도다_롬 1:13

바울이 로마의 성도들에게 가고자 했지만 길이 막혔었다고 합니다. 그렇게 로마에 가고 싶어했어도 못 갔는데, 그토록 가고 싶은 로마에 바울은 죄수의 몸으로 가게 되었습니다. 할렐루야!

왜 '할렐루야'일까요? 죄수의 몸으로 갔으니 공짜로 가게 됐습니다. 자기 돈 안 쓰고, 교회 돈 안 쓰고, 로마 정권의 돈으로 배를 타고 로마에 갔습니다. 그뿐입니까? 죄수의 몸이었기 때문에 나중에 아그립바 왕 앞에서 변론하고 복음을 전하게 됐습니다.

공짜로 왕 앞에서 복음을 전할 기회를 주시려고 하나님은 바울이 로마로 가는 것을 막으셨습니다. 하나님의 길과 내 길은 다릅니다. 하나님의 생각과 나의 생각은 다릅니다.

지금 어떤 길이 막혔습니까? 선교의 길, 신학의 길, 사역의 길, 봉사의 길이 막혔습니까? 그 일이 주의 일이라면 막으신 것도 하나님의 뜻임을 믿습니까? 놀랍고 절묘한 하나님의 계획을 기대합니까?

사도행전에서 보듯이 바울은 로마서를 기록한 다음 예루살렘으로 가야만 했습니다. 그런데 그곳에 가면 결박당하고 죽임당할 것을 성령님이 가르쳐 주셨습니다. 그러니 어쩌면 로마에는 영영 못 갈 수도 있겠다는 생각이 들었을 것입니다. 그래서 더 가고 싶었는지도 모릅니다.

바울은 인간적으로 가고 싶어한 것이 아닙니다. 당시 로마 교회 소식을 들어 보니 성도들의 믿음이 상당한 경지에 올라 있었습니다. 사자 밥이 되는 것도 전혀 두려워하지 않고 믿음으로 승리하고 있었습니다. 바울이 로마 교회에 거는 기대가 대단했기 때문에 로마서를 썼고, 한 번도 본 적 없는 그들과 하나님의 사랑으로 동역자가 되기를 원한 것입니다.

진정한 사랑은 하나님의 사랑을 직접 느끼고 받게 하는 것이라고 생각합니다. 자녀들에게 아무리 돈을 주고, 좋은 학교를 다니게 하고, 맛있는 음식을 해 줘도 예수 그리스도를 전하고 성경을 읽게 하는 것보다 더 큰 사랑은 없습니다. 그래서 "너희 중에서도 다른 이방인 중에서와 같이 열매를 맺게 하는" 것이 진정한 자식 사랑입니다.

로마 카타콤에서 많은 부모들이 자식을 남겨 놓고 죽어 갔습니다. 그러나 말씀 때문에 자녀들은 자립 신앙을 가졌고, 그 믿음을 300년 동안 지켜서 마침내 로마의 국교가 기독교로 바뀌는 역사가 일어났습니다. 지금 고난을 당하고 있다면 이유 없이 당하는 게 아닙니다. 나의 고난을 통해 자녀들이 믿음으로 변하고, 우리 집안이 변하고, 나라가 변할 것을 믿으십시오.

그 역사가 일어나기 위해 우리의 자녀들, 청년들 가운데서 목사와 선교사뿐 아니라 훌륭한 대통령과 국회의원을 비롯해 각계각층의 일인자가 나와야 합니다. 그들이 말씀을 가지고 이 사회를 변화시켜야 합니다. 말씀이왕 노릇하는 자녀를 키우기 위해서 지금 여러분이 고난을 감당하고 있다는사실을 기억하시기 바랍니다.

가정과 직장, 친척, 이웃 중에 열매를 맺기 원하는 로마는 누구입니까?
나의 고난이 그 열매를 위한 축복의 통로임을 믿고 감사합니까?

바울이 로마 교회에 편지를 쓸 때가 주후 56~57년이니까 예수님 부활하신 지 20여 년이 지났을 무렵입니다. 당시 로마 성도들이 워낙 박해를 받을때라 믿음이 더 뜨거울 수도 있었겠지만, 환경이 바뀌지 않은 채로 20년이흐른 뒤라서 오히려 구원의 감격이 식을 수도 있었습니다. 원망, 불평이 터져 나올 수 있었습니다.

오래된 교회, 전통적인 교회에 가 보면 도리어 복음에 민감하지 못한 경우가 많습니다. 새 신자가 더 이상 늘지 않습니다. 새 신자가 늘지 않고 오래된 교인들만 있으니까 섬기려는 사람은 없고 섬김을 받으려는 사람만 있어서 교회에 비판이 팽배해집니다. 십자가 복음을 전하면 알레르기 반응을 보이고, 구원 이야기를 하면 왕년에 다 받았던 거라고 합니다. "목사님은 만날 똑같은 이야기만 하네." 이럽니다.

그런데 로마 교회는 어떻게 300년 동안 믿음을 유지할 수 있었을까요? 바울이 로마서를 통해 올바른 복음을 전해 놓았기 때문입니다. 로마서는 구원론, 인간론, 죄론, 성령론, 이방 선교에 대한 것까지 기독교의 모든 것을 담고 있습니다. 정확한 복음을 가졌기 때문에 로마 성도들은 300년이 지나도 믿음을 지킬 수 있었습니다.

그래서 올바른 복음이 위대하고 로마서가 위대합니다. 우리 각 사람과 교회에 이 위대한 복음이 늘 펼쳐지기를 기원합니다. 한 번 구원 받고 끝나는 복음이 아니라 말씀이 살아 움직이는 교회가 되기를 바랍니다. 그래서 전통만 살아 있는 교회가 아니라, 전통과 구원과 복음이 살아 움직이는 교회가 되기를 주님의 이름으로 축원합니다.

아버지 하나님! 300년 동안 지하 공동묘지에서 자녀를 낳고 살며 죽어 간 믿음의 선조 이야기를 들었습니다. 하나님이 택하신 히브리 민족이 그렇게 300년을 살면서도 로마인들을 미워하지 않았고, 도덕적으로 본을 보여 그들에게 칭찬을 받았습니다. 그래서 약소민족의 종교가 세계의 종교가 되었습니다.

나의 상황이 어떠하든지 온 세상에 믿음이 전파되는 것만을 가장 큰 감사의 조건으로 삼기 원합니다. 앉으나 서나 내 자녀를 믿음으로, 말씀으로 키우기 원합니다.

로마처럼 부족한 것 없는 사람들이 내 옆에 있습니다. 또한 카타콤의 로마 성도들처럼 힘든 사람들이 내 가정과 공동체에 있습니다. 바울은 내 심령으로 사랑하는 하나님이 나의 증인이라고 하면서 너희를 위하여 기도를 쉬지 않는다고 했습니다. 그렇게 기도하지 못하는 나를 불쌍히 여겨 주옵소서. 로마가 변화되기를 원하고, 힘든 지체들이 살아나기를 원하면서도 기도가 부족함을 고백합니다.

내가 전도해야 할 사람뿐 아니라 나를 힘들게 하는 사람, 내가 미워하는 사람도 보고 싶어지기를 원합니다. 보고 싶어질 때까지 기도하기 원합니다. 그들이 열매를 맺어 자립 신앙을 가질 때까지 기도 쉬는 죄를 범치 않게 하옵소서.

하나님이 주신 모든 것을 나눠 주기 위해 상대방의 수준으로 내려가야 하는데 어떤 사람에게는 내려가고, 어떤 사람에게는 내려가지 못합니다. 카타콤의 성도들은 지하 공동묘지에 살아도 줄 것만 있는 인생을 살고 로마를 변화시켰는데, 저는 받을 것만 생각합니다. 주님! 이 순간, 어떤 상황에서도 줄 것만 있는 인생을 살도록 작정하기 원합니다. 그리하여 로마를 이긴 복음이 우리 가정과 교회의 모든 악한 세력을 이

길 수 있도록, 구원의 열매를 맺을 수 있도록 역사하여 주옵소서.

예수님 이름으로 기도하옵나이다. 아멘.

04
복음만이 죄를 이긴다

로마서 1:14~17

하나님 아버지, 로마를 이긴 복음의 능력이 무엇인지 그 능력의 복음을 알기 원합니다. 능력의 복음이 저희에게 꽂히기를 원합니다. 예수님 이름으로 기도하옵나이다. 아멘.

수혈을 통해서 사람의 생명을 구하게 된 것은 1901년 이후부터입니다. 병리학자 칼란트 슈타이너가 혈액형을 발견하면서 피를 공급받지 못해 죽어 가는 사람들을 살릴 수 있게 된 것입니다. 1, 2차 세계대전에서 수백만 명의 목숨을 살린 것은 전적으로 그의 공로였습니다. 이렇게 지난 100년 동안 수혈은 참으로 큰 능력을 발휘했습니다.

사람을 살리는 능력은 모든 이들의 관심의 대상입니다. 그렇다면 인류 역사에 존재했던 가장 큰 능력은 무엇일까요?

복음은 능력이다

내가 복음을 부끄러워하지 아니하노니 이 복음은 모든 믿는 자에게 구
원을 주시는 하나님의 능력이 됨이라_롬 1:16a

히틀러 치하에서 행해진 아우슈비츠 대학살에서 살아남은 에힐 다이누
라는 사람이 있었습니다. 1961년 유대인 학살을 총지휘했던 전범 아이히
만이 재판을 받을 때 에힐 다이누도 참석했습니다. 그런데 재판장에서 다
이누가 흐느껴 울면서 실신을 하고 말았습니다. 대부분의 사람들은 그가
수용소에서 경험했던 죽음의 공포를 떠올리고 실신했을 거라고 짐작했습
니다. 그러나 나중에 에힐 다이누가 기자회견을 하면서 밝힌 이유는 너무
나도 놀라운 것이었습니다.

그는 아이히만이 악마와 같은 인간일 것이라고 생각했다고 합니다. 그
런데 재판이 진행되는 동안 다이누는 그가 평범한 한 남자라는 사실에 충
격을 받았습니다. 음악을 좋아하고 손자손녀의 재롱을 좋아하고 황혼에 강
가를 산책하는 걸 좋아하는, 자신과 다를 바 하나 없는 아이히만을 보면서
이런 평범한 인간 속에 600만 명의 생명을 죽이는 악마성이 존재한다는 것
을 보고 놀랐다는 겁니다. 그리고 아이히만뿐 아니라 자신과 모든 인간의
내면에 존재하는 악을 생각할 때 너무나도 두렵고 절망적인 마음이 들어
쓰러졌다는 것입니다.

그렇습니다. 인간은 100% 죄인입니다. 이런 인간을 누가 치료할 수 있
겠습니까? '팍스로마나(Pax Romana:로마 지배에 의한 평화)' 가 치료하겠습니까? 아

메리칸 드림의 미국이 치료하겠습니까? 학벌이 치료합니까, 돈이 치료합니까, 능력 있는 남편이 치료합니까?

세계정세에서 미국이 제시하는 해법은 더 큰 전쟁과 테러로 이어지고 있는 것을 봅니다. 어떤 권력도 불안과 공포를 이길 수 없습니다. 모든 것의 치료자는 오직 예수 그리스도뿐입니다. 그래서 바울은 로마인들에게 능력의 복음을 전합니다.

복음은 능력입니다. 구원을 주시는 능력입니다. 성경은 인간이 병에서 놓이는 것부터 시작해서 모든 잘못된 상황에서 풀려나는 것을 구원이라고 말합니다. 인간의 육체만을 구원하는 것이 아니라, 모든 상황과 자연과 만물을 구원하는 능력이 바로 복음입니다.

복음의 능력 중에서도 가장 중요한 것은 죄 사함의 능력입니다. 아파서, 돈이 없어서, 자녀와 남편이 속을 썩여서 고통스러운 것이 아닙니다. 모든 고통은 자기 죄로부터 시작됩니다. 어떤 상황에서도 내 죄 때문에 고통이 시작됩니다. 누구도 죄의 문제를 해결할 수 없었고, 앞으로도 해결할 수 없습니다. 복음만이 죄의 문제를 해결할 수 있는데, 이 복음은 예수 그리스도의 죽음과 부활에 관한 복된 소식입니다.

복음의 능력은 '복음을 전하는 사람'의 능력이 아닙니다. 우리들은 "저 사람은 정말 믿음이 좋아!" 하면서 사람을 우러러보는 경향이 있지만 사실은 그 가운데 역사하시는 하나님의 능력을 볼 수 있어야 합니다.

특별히 로마서는 1장 1절에서 "하나님의 복음"이라고 시작하고 있습니다. 로마서에는 '하나님'이라는 단어가 153회 나오는데, 성경 66권 중에서 가장 많이 쓰였습니다. 하나님의 마음을 모르고는 예수 그리스도의 복음을 알 수 없기 때문입니다.

우리는 흔히 "저런 인간이 어떻게 예수를 믿어!" 하거나, 또는 "저 사람은 예수님을 안 믿지만 천국이 있다면 저런 사람이 가야 해." 이런 말을 합니다. 이것은 복음과 전혀 관계없는 이야기입니다. 복음의 능력이란 하나님과 예수 그리스도를 알고 성도로 부르심 받는 것입니다. 착하고, 안 착하고의 문제가 아닙니다.

복음은 구원의 가능성을 제시하거나 설명한 것이 아닙니다. 전적으로 하나님 쪽에서 우리를 구원하시는 하나님의 손길이고, 방법입니다.

우리는 다만 예수님을 '믿으라'고 합니다. 저도 예수님을 믿기만 하면 구원에 이른다고 결단을 요구하는 말을 날마다 합니다. 어떤 사람들은 제시된 복음을 듣고 내가 반응해서 믿음을 선택했다고 생각합니다. 그러나 1절에서도 말씀드렸듯이 '복음이 내게 뚫고 들어온 것' 입니다.

내가 주님을 영접한 것은 복음이 나를 뚫고 들어온 결과입니다. 내가 선택한 것이 아닙니다. 시체는 결코 자기 의지로 살아날 수 없습니다. 99%는 하나님이 하시고 1%는 내 힘으로 하는 것이 아닙니다. 전적으로 하나님의 능력입니다. 내가 선택하는 것이 아니고 복음이 뚫고 들어와서 내 죽은 심령을 살리고, 귀를 열고, 눈을 여는 것입니다. 이것이 복음의 능력입니다.

"네가 만일 네 입으로 예수를 주로 시인하며 또 하나님이 그를 죽은 자 가운데서 살리신 것을 네 마음에 믿으면 구원을 얻으리니 사람이 마음으로 믿어 의에 이르고 입으로 시인하여 구원에 이르느니라"(롬 10:9~10).

입으로 시인해야 하는 것은 맞습니다.

그런데 좀 더 살펴보면 "누구든지 주의 이름을 부르는 자는 구원을 얻으리라 그런즉 저희가 믿지 아니하는 이를 어찌 부르리요 듣지도 못한 이를 어찌 믿으리요 전파하는 자가 없이 어찌 들으리요"(롬 10:13~14)와 같이 믿음 없이는 우리가 주를 부를 수 없다는 것을 알 수 있습니다.

예수 그리스도가 나를 위해 죽으셨다는 것을 믿는 것은 도저히 내 힘으로 할 수 없습니다. 학벌이 있고 권세가 있어서 아는 게 아닙니다. 누군가 가르쳐 줘야 하고, 누군가 가르칠 사람을 보내 줘야 합니다. 그래서 기독교는 계시의 종교입니다. 하나님이 예수 그리스도를 보내시고 성령님이 내 안에 계셔서 복음을 받아들이도록 역사하십니다. 내가 하는 것이 아닙니다. 내 운명과 신분은 나에 의해 결정되는 것이 아니라 오직 하나님에 의해서 결정됩니다. 이것이 구원을 주시는 '하나님의 능력'입니다.

도덕의 능력, 양심의 능력이 아닌 복음의 능력만이 죄를 이길 수 있다는 것을 믿습니까? 남편(부인)의 외도, 자녀의 방황이 결국 복음이 없기 때문이라는 것을 인정합니까? 나와 내 가정의 죄를 무너뜨리기 위해서 복음의 능력을 구해야 하는데 "나는 너를 믿었는데 네가 어떻게 그럴 수 있어?" 하면서 인간적으로 호소하지는 않습니까?

모든 믿는 자에게 주어지는 능력

그러므로 나는 할 수 있는 대로 로마에 있는 너희에게도 복음 전하기를
원하노라 내가 복음을 부끄러워하지 아니하노니 이 복음은 모든 믿는
자에게 구원을 주시는 하나님의 능력이 됨이라 첫째는 유대인에게요 또
한 헬라인에게로다_롬 1:15~16

복음은 능력일 뿐 아니라 "모든 믿는 자에게" 주어지는 능력입니다. 헬
라인이나 유대인이나 믿는 자라면 누구나 이 능력을 경험할 수 있습니다.
믿는다는 것이 무엇입니까? 믿는다는 것은 전적으로 하나님을 의지하는 삶
입니다. 그분을 주인으로 모시고 사는 것입니다.

불신자에게 복음을 전하는 것이 전도인데, 바울은 "로마에 있는 너희"
에게도 복음 전하기를 원한다고 했습니다. 교회에는 다니지만 안 믿는 사
람들, 하나님을 삶의 주인으로 두지 않는 사람들이 있기 때문입니다.

복음은 불신자에게도 전해야 하지만 교회에 다니면서 그리스도 밖에 있
는 사람에게도 전해야 합니다. 우리는 전도 대상을 제한해서는 안 됩니다.
이미 교회에 다니는 사람에게도 신령한 은사인 큐티를 전해야 하고, 성경
읽기를 전해야 하고, 중보기도를 전해야 합니다.

어떤 분은 결혼한 지 20년이 지났는데 그동안 혼자만 교회에 나가고 다
른 식구들이 안 믿는데도 잘살았다고 합니다. 그런데 큐티 모임에 와서 말
씀을 듣고는 갈등이 충만해졌습니다. 나 혼자 믿는 걸로 족한데 자꾸만 복
음을 전하라고 하니까 막막하고 답답해졌습니다. '지금까지도 복음 없이

잘살았는데 왜 자꾸 복음을 전하라고 하는가?' 그렇게 힘들어하더니 결국 큐티 모임을 떠났습니다. 복음 없이도 잘사는 것이 평안한 걸까요, 환경이 힘들어도 복음만이 살 길이라고 하는 분들이 평안한 걸까요?

천국과 지옥은 반드시 있습니다. 하나님을 모른 채 자기 뜻대로 사는 것은 이미 이 땅에서 형벌을 받는 것입니다. 복음 없이 잘 산다는 것은 있을 수 없는 일이기 때문입니다.

교회 출석을 잘한다는 이유로 구원의 복음을 전해야 할 사람을 놓치고 있지는 않습니까? 하나님을 삶의 주인으로 모시고 복음의 능력을 경험합니까? 복음의 능력을 모르는 것은 내가 하나님 대신 돈, 남편, 자식, 건강을 주인으로 삼기 때문은 아닐까요?

복음에는 하나님의 옳으심이 나타난다

복음에는 하나님의 의가 나타나서 믿음으로 믿음에 이르게 하나니 기록된 바 오직 의인은 믿음으로 말미암아 살리라 함과 같으니라_롬 1:17

복음에는 하나님이 어떤 분인지가 나타나 있습니다. 바로 하나님의 옳으심, 하나님의 의(義)입니다. 저는 하나님의 의는 공의(公義)보다는 '옳으심'이라고 표현하고 싶습니다. 영어로 말하면 공의의 심판인 'justice'가 아니라 'righteousness' 라고 할 수 있겠습니다.

그런데 의문이 하나 있습니다. 하나님은 무조건 옳으신데 왜 믿는 사람들이 고통 속에서 살까요? 열심히 믿고 섬기는데도 왜 가난하게 살까요?

그런 질문 때문에 "하나님이 불공평하시다."는 원망이 우리 가운데 많이 있습니다. 구약의 하박국 선지자도 "의인이 고난당하는데 왜 가만히 계시는가?" 하고 하나님께 따졌습니다. "여호와께서 내게 대답하여 가라사대 너는 이 묵시를 기록하여 판에 명백히 새기되 달려가면서도 읽을 수 있게 하라 이 묵시는 정한 때가 있나니 그 종말이 속히 이르겠고 결코 거짓되지 아니하리라 비록 더딜찌라도 기다리라 지체되지 않고 정녕 응하리라 보라 그의 마음은 교만하며 그의 속에서 정직하지 못하니라 그러나 의인은 그 믿음으로 말미암아 살리라"(합 2:2~4).

그 질문에 대한 하나님의 답은 "의인은 그 믿음으로 말미암아 살리라"입니다. 이 세상은 교만하고 정직하지 못하지만, 의인은 그 가운데서도 믿음으로 산다는 것이 하나님의 답입니다.

그뿐입니까? 하나님은 또 이렇게 말씀하십니다. "너희는 열국을 보고 또보고 놀라고 또 놀랄찌어다 너희 생전에 내가 한 일을 행할 것이라… 보라 내가 사납고 성급한 백성 곧 땅의 넓은 곳으로 다니며 자기의 소유 아닌 거할 곳들을 점령하는 갈대아 사람을 일으켰나니"(합 1:5~6).

"뭘 그걸 가지고 놀라니? 이제 더 흉악한 갈대아 사람을 일으킬 텐데." 하시는 겁니다. 자식 때문에, 돈 때문에, 실연 때문에 하나님 앞에 힘들다고 악을 쓰며 기도했더니 "그건 아무것도 아니야. 이제 지진이 온다."고 하십니다.

생각해 보십시오. 자식이 학교를 안 가고, 실연을 당하고, 남편이 무능력하고, 바람을 피우고… 이러고 있는데 지진이 났습니다. 온 사람과 건물이 땅으로 꺼져 들어가는 일이 터졌습니다. 그러면 지금까지의 모든 문제가 사치스럽게 여겨지지 않겠습니까?

이 세상이 아무리 흉악하고 썩어 간다고 해도 의인은 믿음으로 말미암아 살 수 있습니다. "믿음으로 살리라"는 믿음으로 '견디는' 게 아닙니다. 어떤 사건도 하나님의 옳으심으로 인정하는 것입니다. 하나님은 의롭고 옳으시기 때문에, 이 세상의 어떤 세력에게도 방해받지 않고 하나님이 택하신 나를 지키신다는 것입니다. 믿으십니까?

지진이 와도 의인은 살아납니다. 육적으로 안 죽는다는 이야기가 아닙니다. 백화점이 무너질 때, 지하철 화재 참사가 날 때 믿는 자와 믿지 않는 자의 반응은 완전히 다릅니다. 육적으로는 다치고 죽는다 해도 거기에서 하나님의 뜻을 생각하는 것이 "믿음으로 말미암아 살리라"입니다. 똑같은 사건일지라도 믿지 않는 자에게는 심판이요, 믿는 자에게는 "믿음으로 말미암아 살리라"의 역사가 일어나는 것입니다.

유계준 장로님 이야기를 하려고 합니다. 그분은 평양 출신의 깡패였습니다. 과격했고, 방탕했고, 자식도 못 낳고 가정이 편할 날이 없었습니다. 그런데 예수님을 믿고 철저히 변화됐습니다. 예수님을 믿은 후 자녀도 허락하셨습니다. 자신의 전 재산을 교회에 헌납하고 집을 교회로 삼아 미림교회를 세웠습니다.

그 뒤 산정현교회에서 주기철 목사님을 섬기게 되었고 장로님이 되었습니다. 온 교회와 목사님을 희생적으로 섬기고 온 집안이 한마음으로 헌신했습니다. 교회와 주님의 종과 그 가족을 위해 일생을 살았다고 해도 과언이 아닙니다. 그러다가 주기철 목사님이 신사참배에 불복하여 고문당할 때 모든 고문을 같이 받고, 주 목사님과 함께 순교했습니다.

평생 재물을 바치고, 마음을 바치고, 헌신하고, 자녀들도 그런 마음을 가지도록 진심으로 섬겼는데 장로님은 돌아가셨습니다. 사모님 혼자 8남매를 데리고 남쪽으로 내려와서 이루 말할 수 없는 고생을 했습니다. 이때 "하나님이 살아 계신가?" 하는 생각이 절로 들지 않겠습니까?

그런데 하나님은 이들을 어떻게 보호하고 지키셨을까요? 1970년대 통계를 보니 유계준 장로님 가정에서 박사가 153명 나왔고, 장로가 30명이었습니다. 예수님을 믿은 뒤 허락하신 8남매의 약력을 살펴보니 장남, 차남, 삼남, 오남, 육남이 다 의사입니다. 사남이 서울대학교 총장을 지냈고 칠녀는 병원 원장이고, 팔녀는 뉴욕 생화학연구소 박사입니다. 사위는 부총리를 했습니다.

이는 하나님이 살아 계심을 보여 주는 결과라고 말할 수밖에 없습니다. 미국의 영적 대각성을 주도했던 조나단 에드워드 계보만 유명한 것이 아니라 우리나라에도 이런 믿음의 계보가 있다는 것을 감사하게 생각합니다.

"의인은 믿음으로 살리라"의 결과가 이렇게 육적인 축복으로도 이어진다는 것을 믿으십시오. 어떤 일에도 하나님의 옳으심을 인정하고, 하나님이 보호하고 지키실 것을 믿음의 눈으로 바라보는 것이 "믿음으로 살리라"입니다.

믿음으로 산다는 것이 불가능한 일을 밀어붙이고 힘든 일을 견디는 것이라고 오해하지는 않습니까? 나의 모든 환경과 사건에서 하나님의 옳으심을 인정함으로 믿음으로 사는 복을 누립니까?

 ## 복음은 빚이다

헬라인이나 야만이나 지혜 있는 자나 어리석은 자에게 다 내가 빚진 자라_롬 1:14

복음의 능력을 경험한 모두에게 복음은 빚입니다. 값없이 받았지만 받고 보니 빚인 것을 바울은 깨달았습니다. 성도는 다 복음에 빚진 자입니다. 복음의 능력을 아는 자는 반드시 전할 수밖에 없습니다. 전하지 않으면 화(禍)가 됩니다.

몇 해 전 전염병 사스(SARS) 때문에 전 세계가 놀란 적이 있었습니다. 이때 누군가가 사스를 치료할 수 있는 약을 가지고 있었다고 가정해 봅시다. 그런데 그 약을 아무에게도 주지 않고 자기 식구들끼리만 먹고 나았다면, 그는 가족에게는 영웅일지 몰라도 다른 사람들에게는 만고의 죄인입니다. 누구든 치료약을 가졌으면 그 약으로 많은 사람을 살려야 할 책임이 있습니다. 이런 관점에서 바울은 복음을 갚아야 할 빚이라고 표현했습니다.

우리는 구약(舊約)과 신약(新約)으로 많은 사람을 살리는 복음의 약(藥)을 가진 사람입니다. 그 복음의 약을 가지고 앉으나 서나 내 식구, 내 자식만 고치고 있다면 바로 내가 만고의 죄인입니다. 나만 성경을 알아야 하고, 내 자식만 은혜 받아야 하고, 내 남편만 변화되면 되고, 자동차 주차를 해도 좋은 자리는 우리가 차지해야 한다면 내가 바로 만고의 죄인이라는 사실을 알아야 합니다.

빚진다는 것은 비참한 일입니다. 빚지고도 비참함을 모르는 사람이 더 문제입니다. 물질적으로 누군가에게 빚을 진다는 것은 생활의 어려움 정도를 넘어서는 비참함이고, 갚아야 한다는 절박함이 있습니다.

어떤 사람은 3천만 원을 대출 받았는데 2년 만에 그 빚이 3억 3천만 원이 됐다고 합니다. 3천만 원을 갚기 위해 사채를 끌어 쓰고, 그 돈을 갚기 위해 또 빚을 지고 그러다 보니 금세 눈덩이처럼 불어나서 3억 3천만 원이 됐습니다.

작거나 크거나 빚은 갚아야 하는데 우리는 빚이 너무 작아도 안 갚고, 너무 커도 못 갚습니다. 빚이 크면 엄두가 안 나서 못 갚고, 작으면 '그까짓 것' 해서 안 갚습니다. 갚을 생각을 하는 것까지도 큰 결정이지만, 막상 갚아 가려면 과정이 쉽지 않기 때문에 중도에 포기합니다.

그렇더라도 빚은 갚기로 결정해야 합니다. 우리들교회의 유명한 표어 중 하나는 "있으면 먹고, 없으면 금식하고, 죽으면 천국 가자!" 입니다. 내가 굶을지언정 빚은 절대 지지 말아야 하고, 졌으면 갚기로 결정을 해야 합니다.

우리는 빚진 자의 절박한 마음으로 부모자식, 형제자매, 배우자, 좋은 식구, 나쁜 식구, 나를 괴롭히는 누구에게라도 복음의 빚을 갚아야 합니다. 반대로 너무나 착하고 완벽하고 나한테 잘해 주는 사람이라도 예수님을 안 믿으면 엄청난 부담으로 다가와야 하는 것이 복음의 빚입니다.

제 인생에서 저를 가장 힘들게 한 사람은 바로 남편이었습니다. 돈 벌어다 주고, 자가용 태워 주고, 남들이 보기에는 버젓한 신랑이었지만 제가 생명을 내놓고 기도할 만큼 복음의 빚을 진 사람이 남편이었습니다. 그만큼 힘들었습니다.

구원의 복음이 나를 뚫고 들어오기 전에는 저도 이혼할 생각을 했었습니다. 그런데 복음이 뚫고 들어와서 주님이 저를 만나 주시니까 제 인생이 달라졌습니다. 주님은 제 영을 살리고, 눈을 열고, 귀를 뚫어 주셨습니다. '나처럼 교만한 사람이 누구를 만나야 예수를 믿을 수 있었겠는가? 누가 나를 손보아야 내가 형편없는 인간이라는 것을 알 수 있었겠는가? 저 남편 때문에 내가 이렇게 대단한 예수님을 만났구나!'

그것을 깨닫고 나니 저를 힘들게 한 남편이 고마웠습니다. 제 인생에서 가장 잘한 것 가운데 하나가 제 남편과 결혼한 것이라고 말할 수 있게 됐습니다. 그래서 저는 남편의 구원을 위해 생명을 내놓았습니다. '제 생명을 거두어 가셔서라도 남편을 구원해 주세요.' 하고 기도하기 시작했습니다.

시편에서는 "원수를 멸망시켜 달라"는 기도가 반복해서 나옵니다. 예수님은 "원수를 사랑하라"고 하셨습니다. 그렇다면 내 원수가 누구인지를 알아야 하는데, 성령님이 도와주시지 않으면 우리는 평생 '원수 찾아 삼만리'를 합니다.

누가 내 원수입니까? 주기철 목사님, 유계준 장로님을 고문한 고문관이 원수입니까? 그리스도인들을 300년 동안 카타콤 공동묘지에 살게 한 로마가 원수입니까? 나를 힘들게 하는 시댁, 남편, 자식이 원수입니까?

나를 괴롭히고 힘들게 한 사람은 내 원수가 아니라 나를 예수님 믿게 한 공로자입니다. 그러므로 내가 가장 큰 빚을 진 사람이 바로 내 '원수'라는 사실을 알아야 합니다. 나한테 너무 잘해 주는 사람 때문에 예수님을 믿게 되는 경우는 거의 없습니다. 우리는 평생 나를 괴롭히는 부모형제, 배우자, 직장 상사 때문에 예수님을 믿게 됩니다.

누구 때문에 믿는다고요? '평생 웬수!' 바로 그 평생 '웬수'가 내가 복음의 빚을 갚아야 할 대상입니다. 그들이야말로 미워서 버리고 떠나야 할 대상이 아니라 내 생명을 내놓고라도 복음의 빚을 갚아야 할 대상입니다.

빚진 자의 비참함과 절박함을 경험해 보았습니까? 그 절박함을 가지고 전도에 힘쓰고 있습니까? 나를 너무 괴롭혀서 예수님을 믿게 만든 배우자, 자녀, 시댁 식구에게 복음의 빚을 갚기로 작정합니까?

부끄러움이 없어야 빚을 갚는다

내가 복음을 부끄러워하지 아니하노니 이 복음은 모든 믿는 자에게 구원을 주시는 하나님의 능력이 됨이라 첫째는 유대인에게요 또한 헬라인에게로다_롬 1:16

바울이 복음을 전할 당시 로마는 헬라의 문화와 철학이 압도하던 시기였습니다. 때문에 목수의 아들 예수님을 전하는 복음은 당연히 무시를 받을 수밖에 없었습니다.

그런데도 바울이 복음을 부끄러워하지 않았던 것은 모든 믿는 자에게 구원을 주시는 하나님의 능력, 예수 그리스도를 경험했기 때문입니다. 아담과 하와가 선악과를 먹고 부끄러움을 가리려고 무화과 잎으로 가렸지만 곧 말라 버렸습니다. 죄를 짓고 자신의 힘으로 서 보려고 했지만 실패했습니다. 그때 하나님이 짐승의 가죽으로 옷을 지어 입히신 것이 예수 그리스도의 상징입니다.

20년 이상 평신도 사역을 하면서 제게도 부끄러움이 있었습니다. 집사로서 말씀을 전하려고 하니 뭔지 모르게 부끄러웠습니다. "부끄러워하지 아니하노니"의 고백은 부끄러움의 유혹을 받았지만 이에 승리한 자가 할 수 있는 고백입니다. '내가 무엇인데 복음을 전할 수 있을까? 저 사람이 저렇게 대단한데 내가 어떻게 복음을 전할까?' 하는 부끄러움을 복음의 능력으로 이긴 자가 하는 고백입니다.

빚 갚는 것은 부끄러운 것이 아닙니다. 빚을 져 놓고도 갚을 마음이 없는 것이 부끄러운 것입니다. 갚을 마음이 없기 때문에 빚을 숨기게 되는데, 빚은 숨기고 있으면 더 불어나게 되어 있습니다. 일단 내가 빚을 졌다고 선포하고 나면 빚지고 사는 주제에 마음대로 입고, 먹을 수 없기 때문에 생활을 절제하게 되고, 차츰차츰 빚을 갚아 가게 됩니다.

능력의 복음, 부끄러움이 없는 복음을 당당하게 선포할 때 내 삶의 어려움을 이길 수 있습니다. 우리들교회와 큐티선교회를 통해서 얼마나 많은 믿음의 사연들이 부끄러움 없이 전해졌는지 모릅니다. 환경이 어려워도 복음의 빛을 갚기 위해 부끄러움 없이 전했을 때 빛이 탕감되고, 암에 걸려도 "할렐루야!"를 외치며 살아났습니다. 남편이, 자녀가 돌아오고 가정이 회복되었습니다.

내 문제가 해결되지 않는 것은 복음에 대한 감격도 없고, 갚을 마음도 없이 날마다 부끄러워서 숨기고 있기 때문입니다. 우리가 부끄러움을 벗고 당당하게 복음의 빛을 갚아 갈 때 능력의 복음이 나와 내 가정을 구원으로 인도할 것입니다.

전도할 때 부끄러움을 느끼는 이유는 무엇입니까? 나의 처지와 과거 때문에, 상대방이 너무 대단해서 부끄러워합니까? 내 간증을 부끄러워하지 않는 것이 복음을 부끄러워하지 않는 것임을 알고 있습니까?

하나님 아버지! 복음은 모든 믿는 자에게 구원을 주시는 하나님의 능력이라고 하셨습니다. 하나님의 능력이기 때문에 내 힘으로 되는 것이 아무것도 없습니다. 울어도 안되고, 힘으로도 안되고, 능으로도 안됩니다. 주님이 뚫고 들어오시옵소서.

나뿐만 아니라 내 사랑하는 식구들에게도 복음의 능력이 뚫고 들어오기를 기도합니다. 구원의 능력인 복음은 차별이 없다고 하셨으니 '저 사람은 안돼.' 라고 생각되는 사람에게도 뚫고 들어가기를 원합니다. '차차, 조금 있다가…' 하는 사람에게도 뚫고 들어가기를 원합니다.

복음에는 하나님의 옳으심이 나타납니다. 나의 당하는 모든 상황이 옳다고 하십니다. 하나님은 무조건 옳다고 하십니다. 하나님의 옳으신 사건 때문에 나를 믿음으로 믿음에 이르게 하십니다. "오직 의인은 믿음으로 말미암아 살리라" 하셨으니 힘든 상황을 견디고만 있는 것이 아니라, 아무리 힘든 상황에서도 하나님이 나를 끝까지 지키고 인도하실 것을 믿기 원합니다. 고난 가운데서도 평강을 누리기 원합니다. 유계준 장로님 가정에 임한 축복이 내 가정에도 임하기를 원합니다. 믿음으로 그것을 바라보게 하옵소서.

나는 복음에 빚진 자입니다. 참으로 비참하고 절박한 빚진 자의 마음을 가지고 빚을 갚게 하옵소서. 내가 빚을 갚아야 할 대상 앞에서 썩어지고 죽어지는 밀알이 되어 복음을 전하기 원합니다. 내가 복음의 빚을 갚아야 할 사람이 누구입니까? 너무 힘들어서 예수님을 믿게 했던, 그 사람을 찾아가서 빚 갚기를 원합니다. 지금까지 너무나 미워했던 그 사람, 그 사람을 위해서 복음의 빚을 갚기로 결정하는 제가 되기를 원합니다.

복음은 부끄러움이 없다고 하셨습니다. 주님의 능력으로 복음이 뚫고 들어와서 내가 능력의 사람이 되었는데 무엇이 부끄럽겠습니까? 저의 인생을 주님께 드리며 나머지 인생을 빚 갚는 데 사용할 수 있도록 인도해 주옵소서. 하나님의 옳으심을 믿고 나아가게 하옵소서. 예수님 이름으로 기도하옵나이다. 아멘.

part 2

절대 죄인인 나

05
차별이 없는 진노

로마서 1:18~23

아버지 하나님, 교회가 이 땅에 세워진 것은 하나님의 진노 가운데 있는 이들을 주님 앞으로 인도하기 위해서입니다. 주님을 몰라서 진노의 대상이 될 수밖에 없는 심령들을 불러 주시옵소서. 예수님 이름으로 기도하옵나이다. 아멘.

헝가리에서 미국으로 이민 온 라즐로라는 사람이 있었습니다. 라즐로는 유명한 변호사인 자랑스러운 딸 앤과 함께 행복하게 살았습니다.

그런데 2차 세계대전의 비밀문서가 공개되면서 라즐로는 악명 높은 전범으로 고발되었습니다. 고발 내용은 라즐로가 2차 세계대전 중 나치와 연결된 헝가리 비밀경찰의 일원으로 양민을 무참히 학살하고 강간했다는 것이었습니다. 그가 그 사실을 숨기고 이민 서류에 거짓 사인을 하고 불법 이민을 왔기 때문에 헝가리 정부의 처벌을 받아야 했습니다.

일류 변호사인 딸은 그것을 인정할 수 없었습니다. 그녀는 자기 아버지처럼 가정적이고 따뜻한 사람이 그럴 리가 없다고 생각했기 때문에 아버지의 누명을 벗기기 위해 최선을 다해 법정에서 변호를 했습니다. 혼신의 힘을 다한 결과 마침내 라즐로는 무혐의 판결을 받았습니다.

무혐의 판결을 받은 뒤 앤은 아버지의 옛 친구를 찾아갔다가 그의 뮤직 박스에서 비밀경찰 제복을 입은 아버지의 사진을 발견합니다. 수십 장의 사진 속에는 사람들을 학살하는 아버지의 모습이 생생하게 담겨 있었습니다.

진실을 알고 난 앤은 아버지를 찾아가 사실을 밝히자고 했지만, 라즐로는 이 제안을 거부합니다. 그러고는 정원에서 무혐의 판결을 받은 것에 대한 축하 파티를 하며 외손자와 평화로운 시간을 보냅니다. 그 모습을 지켜 보던 앤은 눈물을 머금고 아버지의 혐의를 입증하는 사진 수십 장과 편지를 검사에게 보내 아버지를 고발합니다.

이상은 코스타 가브라 감독의 〈뮤직박스〉라는 영화의 줄거리입니다.

아버지 라즐로는 앞에서 말씀드렸던, 유대인 600만 명을 학살한 전범 아이히만과 같이 자식을 사랑하고, 손자들을 사랑하고, 음악을 사랑하는 평범한 사람이었습니다. 그러나 그는 살인을 하고도 평생 그것이 죄인 줄 몰랐습니다. 딸이 자신을 변호하기 위해 애쓰는 것을 보면서도 끝내 침묵한 채 무혐의 판결을 받아 냈습니다. 그는 끝까지 하나님을 속이고 사람을 속일 수 있다고 생각한 '진노의 자식'이었습니다.

'진노의 자식'은 무엇이 죄인지를 모르는 사람입니다. 라즐로는 "끔찍한 전쟁의 광기 속에서 살인할 수밖에 없었다."고 핑계를 댑니다. 부도가 나서, 이 시대의 관행이어서 죄를 지을 수밖에 없었다고 하는 겁니다.

여기서 고발된 것은 '라즐로' 개인이 아니라 인간 자신입니다. 인간 속에 있는 진노의 대상인 죄입니다.

로마서 1장 1절부터 17절까지 오면서 복음은 차별이 없다고 했습니다. 그만큼 공정한 사랑의 복음이지만, 똑같은 복음이 '진노의 복음' 이기도 하다는 것을 오늘 말씀하십니다.

내 자식이 잘못된 길로 가고 있는데 사랑만 외친다면 그것은 책임 있는 사랑이 아닙니다. 하나님의 공의와 사랑은 반드시 공존합니다. 따라서 하나님의 진노를 알지 못하면 하나님의 사랑도 결코 알 수 없습니다.

하나님이 우리를 너무나 사랑하신다는 사실을 가장 뚜렷하게 보여 주신 것은 십자가입니다. 죄를 싫어하시는 하나님의 공의를 가장 뚜렷하게 보여 주신 것도 십자가입니다. 범죄한 인류에게 사랑만 말해서는 복음의 진가(眞價)를 알지 못하기 때문에 하나님의 진노를 설명하는 것입니다.

불의로 진리를 막는 사람들

하나님의 진노가 불의로 진리를 막는 사람들의 모든 경건치 않음과 불의에 대하여 하늘로 좇아 나타나나니_롬 1:18

하나님의 진노는 '하나님에 대해 경건치 않음과 불의' 때문입니다. '경건치 않음' 은 종교적인 범죄입니다(하나님을 모르는 것을 종교적인 범죄라고 합니다). 또 하나님은 사람들과의 관계에서 '불의' 한 도덕적 범죄에 대해서도 진노

하십니다.

하나님을 모르는 '경건치 않음'에는 사람에 대한 '불의'가 따라옵니다. 하나님과 올바른 관계를 갖지 못하면 사람에 대해서도 바른 시각을 가질 수 없기 때문입니다. 불경건과 불의는 나뉠 수 없는 죄의 본질입니다.

경건치 않음은 불신자의 죄이지만, 불의는 신자들도 지을 수 있는 죄입니다. 하나님과의 올바른 관계를 위해서는 무엇이든 해도 된다는 이상한 논리를 가지고 가정생활, 사회생활을 엉망으로 하는 성도들이 많이 있습니다. 그들은 교회에 열심히 나가면서도 부부 관계에 문제가 생기면 이혼을 하겠다고 굳게 결심합니다. 교회를 다니는 부모형제도 이혼을 권유합니다. 주위에 이혼해서 잘된 케이스가 있다고 합니다. 더욱이 배우자가 안 믿는 경우에는 이혼이 하나님의 뜻일지도 모른다고 위험한 권고를 합니다.

이런 분들과 상담을 하며 먼저 말씀을 들으라고, 예배에 참석하고 공동체에 들어가라고 아무리 권해도 듣지 않습니다. 이혼은 하나님의 뜻이 아니라고 해도 "목사님은 잘 몰라서 그런 소리한다."고 하면서 전혀 안 듣습니다. 그렇게 말 안 듣는 사람이 집에 가서 남편(부인) 이야기는 듣겠습니까? 부인이 어떻고 남편이 어떻고 하느라고 하나님 말씀이 들리지 않습니다. 하나님 말씀이 들리지 않을 때는 사람의 말도 안 들리게 되어 있습니다.

우리가 하나님을 불의하다고, 불공평하다고 하는 것은 하나님 말씀에 순종하기 싫어서입니다. 하나님이 거룩하시기에 우리도 거룩을 위해 삶에서 죽어지는 순종을 해야 하는데 그러기 싫으니까 하나님이 옳지 않다고 하며 진리를 막는 것입니다. 그래서 신자이건 불신자이건 차별 없이 진노가 임하는 것입니다. 이 진노는 하늘로 좇아 임하기에 피할 자가 없습니다.

하나님의 진노는 오늘도 현재진행형입니다. 불의한 일이 있으면 날마다 진노하십니다. "하나님은 의로우신 재판장이심이여 매일 분노하시는 하나님이시로다"(시 7:11). 어제 분노하셨으면, 오늘도 내일도 분노하십니다. 어제 내가 배우자를 잘못 선택했으면 오늘 진노 가운데 있고, 그렇게 말려도 이혼하면 내일도 진노 가운데 있을 수밖에 없습니다.

> 교회를 다니면서도 내가 행하는 불신과 불의의 죄는 무엇입니까?
> 혹시 하나님을 불신하고 사람을 의지하며, 잘못된 관계와 사업에 엮여
> 불의를 행하고 있지는 않습니까?

아담과 하와의 범죄 이후 모든 인간은 피할 수 없는 죄의 공장이 되었습니다. 19절부터 23절까지 말씀은 경건치 않음에 대한 죄를, 24절부터 32절까지는 불의한 죄에 대해 언급했습니다. 이 가운데 근원이 되는 죄는 먼저 언급한 경건치 않음의 죄, 즉 하나님을 모르는 것입니다.

창세기 39장에서 요셉은 주인인 보디발의 아내에게 성적인 유혹을 받습니다. 요셉이 유혹을 거절하면서 그것이 사회적인 죄악이라서 행할 수 없다고 했습니까? "주인이 나한테 너무 잘해 줬는데 내가 어떻게 그의 아내를 범하겠는가?" 그러지 않았습니다. 요셉은 "내가 어찌 이 큰 악을 행하여 하나님께 득죄하리이까"(창 39:9)라고 했습니다. 요셉의 행실의 기준은 사회도

덕, 규례, 법이 아니라 하나님을 향한 경건에 있었습니다.

죄의 기준이 하나님이 아니라 인간이기에 우리는 나보다 좀 나은 사람 앞에서는 열등감을 느끼고, 조금 못한 사람에 대해서는 잘난 척을 합니다.

테레사 수녀는 정말 훌륭한 분입니다. 돌아가시기 전 마지막 입원했을 때도 자신을 최소한의 치료밖에 받을 수 없는 가난한 사람하고 똑같이 취급해 달라고 부탁했습니다. 그 외에도 너무 훌륭한 점이 많아서 다 언급할 수 없을 정도입니다. 우리는 따라갈 엄두도 못 냅니다. 그러면 훌륭한 일은 그분이 다 해 주시니까 우리는 마구 존경만 하면 됩니까?

위대한 일은 위대한 사람이 하게 놔 둔 채 존경만 하고, 우리는 우리대로 마구 죄를 짓고 사는 것은 기준이 인간에게 있기 때문입니다. 어떤 죄인이라도 사용하시는 하나님께 기준을 둬야 하는데 매사에 인간의 행위를 잣대로 삼으니까 훌륭한 사람은 훌륭해서 엄두가 안 나고, 부족한 사람은 부족해서 무시를 하는 것입니다.

하나님이 원하시는 것은 나는 말할 수 없는 죄인이고, 말할 수 없이 교만한 인간인데 하나님의 은혜로 남을 도울 수 있다는 고백입니다. 나 같은 죄인 살리신 주님의 은혜 때문에 나도 테레사 수녀와 같은 삶을 살 수 있다고 고백할 때 우리도 그분을 따라갈 엄두를 낼 수 있습니다.

사람의 행위를 기준으로 '나는 저 사람보다는 낫지.' 하거나 '죽어도 저 사람만큼은 못되니까 내 멋대로 살자.' 라고 생각한 적은 없습니까? 하나님의 진노를 기준으로 삼고 나의 경건치 않음과 불의를 회개합니까?

핑계 대는 사람들

이는 하나님을 알 만한 것이 저희 속에 보임이라 하나님께서 이를 저희에게 보이셨느니라 창세로부터 그의 보이지 아니하는 것들 곧 그의 영원하신 능력과 신성이 그 만드신 만물에 분명히 보여 알게 되나니 그러므로 저희가 핑계치 못할찌니라_롬 1:19~20

하나님을 모른다고 핑계 댈 수 있는 사람은 없습니다. 우리 주위의 자연, 우주 만물을 봐도 하나님의 살아 계심은 명백하게 나타납니다. 사계절, 햇빛, 자전과 공전 등 이루 말할 수 없는 정보와 지식을 통해서도 하나님의 존재를 알 수 있습니다. 누구도 자신의 불신앙을 핑계 댈 수 없습니다. 하나님을 몰랐다고 변명할 수 없습니다. "하나님이 가라사대 우리의 형상을 따라 우리의 모양대로 우리가 사람을 만들고"(창 1:26)라고 하셨습니다. 무엇보다도 내 자신이 하나님의 형상입니다. 나는 하나님의 아이콘[icon, 상(像)], 하나님의 붕어빵입니다. 그렇기 때문에 하나님을 알 수 있습니다.

남북 이산가족들이 반세기 만에 만나는 장면을 보셨을 겁니다. 수십 년 만에 만났어도 혈육끼리는 금세 알아봅니다. 본질적으로 끌리는 게 있습니다. 하나님이 나를 자녀로 지으셨기 때문에 우리는 내 아버지이신 하나님을 모른다고 핑계 댈 수 없는 것입니다.

"하나님을 알 만한 것"을 직역하면 '하나님의 지식'입니다. 그런데 '하나님의 지식'과 '하나님에 관한 지식'은 다릅니다. 오히려 반대의 개념이라고 할 수 있습니다. 우리에게 필요한 것은 '하나님에 관한 지식'이 아니라 '하나님의 지식'입니다. 하나님의 지식을 갖는 것은 죄가 죄인 줄 아는 것입니다. 내가 얼마나 죄인인가를 알고 할 말이 딱 없어지는 것입니다.

평계와 구실은 타락한 인간의 특징적인 언어입니다. 바울이 왜 여기서 이런 말을 했겠습니까? 불의한 자들이 하나님을 모른다고 자꾸 평계를 댔기 때문입니다.

다윗은 믿음의 인물이었지만 간음하고, 거짓말하고, 살인을 했습니다. 그러나 나단 선지자가 와서 자신의 죄를 지적하고 고발했을 때 변명하지 않았습니다. 그 자리에서 자기 죄를 실토했습니다.

불의한 자는 자신의 죄를 순순히 실토하는 법이 없습니다. 앞에서 이야기한 영화 속 라즐로도 끝까지 자기 죄를 실토하지 않았습니다. 가족에게 잘하고, 모든 사람에게 칭찬받는 사람이었지만 죄가 무엇인지 몰랐습니다. 전쟁의 광기 속에서 어쩔 수 없었다고 살인과 강간의 죄를 합리화하고 평계를 댔습니다.

선악과를 먹고 들킨 아담도 하나님이 주신 하와 때문이라며 하와에게 모든 책임을 떠넘겼습니다. 모세의 형 아론도 모세가 십계명을 받는 동안 금송아지를 섬기고는 백성들이 부추겨서 그랬다고 백성들에게 책임을 돌렸습니다. 이렇게 타락한 인간의 특징은 평계를 잘 대는 것입니다.

> 끊지 못하는 죄에 대해 어떤 평계를 대고 있습니까? 환경을 탓하거나 나는 원래 이런 사람이라고 본성을 탓하며 나를 지으시고 만물을 지으신 하나님을 부인하지는 않습니까?

전문가들은 수천 년이 지난 작품이라도 그 작품의 작가를 알아냅니다. 마찬가지로 하나님이 만드신 자연 만물을 보고 하나님에 대해 알 수 있는 것이 우리의 능력입니다. 만일 자연의 섭리를 보면서도 하나님을 못 느낀다면 그것은 나의 이기심과 욕심 때문입니다.

무신론자라도 그랜드캐니언의 웅장함을 보면 창조주 하나님을 생각한다고 합니다. 말로 표현하기 힘든 신비로운 광경을 보면 불교의 스님이라도 "아이고 부처님!" 하지는 않는다고 합니다. 인간은 누구나 극한 상황에 가면 "Oh, my God! 하나님 살려 주세요!"가 절로 나옵니다.

그랜드캐니언을 보고서도 하나님을 부인하는 사람이 과연 있을까 했는데, 제 친구 중에 그런 사람이 있었습니다. 어려서부터 착하고 공부 잘했던 친구인데 도무지 복음을 받아들이지 않아서 기회만 노리고 있던 차에 같이 여행을 갔습니다. 그랜드캐니언을 보고 '이렇게 어마어마한 장관을 보면 이 친구도 창조주에 대한 생각을 하겠지.' 하는 생각이 들었습니다. 의도적으로 그랜드캐니언을 본 소감이 어떠냐고 물었습니다.

그랬더니 너무 교양 있는 목소리로 "장엄하더군." 이러고 그만입니다. 하나님의 손길이 느껴지지 않냐고 이야기를 진행시키려 해도 도무지 듣기 싫어합니다. 가슴이 정말 답답했습니다.

이 세상 모든 것이 하나님의 예술품입니다. 이 세상 모든 것이 하나님의 인격입니다. 하나님을 알아야 자연도 감상할 수 있습니다. 예술가의 아름다운 작품도 하나님을 알아야 제대로 감상이 됩니다. 하나님을 알아야 사람도 이해할 수 있습니다.

하나님의 지식이 들어 있는 자연 만물은 모두가 서로를 위해 기쁘게 희생합니다. 비는 내려서 더러운 것을 씻어 주고, 햇볕은 비쳐서 곡식을 자라게 해 주고, 바람은 불어서 꽃씨를 날려 주는 생명의 일들이 일어납니다.

햇빛이 곡식을 자라게 해 줬다고 나한테 뭔가를 요구합니까? 비가 더러운 걸 씻어 줬다고 대가를 요구합니까? 《아낌없이 주는 나무》라는 유명한 동화가 있습니다. 작은 나무가 자라서 그늘을 만들어 주고 그네를 매는 기둥이 되어 주고, 낙엽을 떨어뜨려서 거름이 되어 줍니다. 더 우람해져서는 집을 짓는 재목이 되어 주고, 다 베어 주고 남은 그루터기는 앉아서 쉴 수 있는 의자가 되어 줍니다. 우리가 자연 만물을 보고 하나님의 능력과 신성을 알 수 있는 것은 바로 자연 만물에 십자가의 정신, 무조건적인 사랑이 깃들어 있기 때문입니다.

눈을 뜨자마자 마주치는 환경에서 당신은 어떤 하나님을 발견했습니까? 그랜드캐니언까지 안 가더라도 내 자신이야말로 기막힌 하나님의 창조물임을 알고 있습니까? 하나님의 형상인 나를 보며 우리 가족들이 하나님을 알아 가고 있습니까?

어두운 사람들

하나님을 알되 하나님으로 영화롭게도 아니하며 감사치도 아니하고 오히려 그 생각이 허망하여지며 미련한 마음이 어두워졌나니 스스로 지혜 있다 하나 우준하게 되어 썩어지지 아니하는 하나님의 영광을 썩어질 사람과 금수와 버러지 형상의 우상으로 바꾸었느니라_롬 1:21~23

스위스의 정신과 의사이자 프로이트의 수제자인 칼 융은 "우리 시대의 중추적인 신경 질환은 공허(空虛)"라고 했습니다.

프랑스의 사상가 파스칼은 "사람의 마음속에는 하나님이 만드신 공백이 있다. 이것은 어떤 피조물로도 채워질 수 없고 오직 예수 그리스도를 통하여 하나님에 의해서만 채워질 수 있다."고 했습니다.

2천 년 전 사도 바울의 말과 똑같은 내용입니다. 그런데 인간은 하나님을 거부하고 공허를 채우기 위해서 우상을 만들어 냅니다. 하나님을 알면서도 하나님이 아닌 다른 것으로 잘살아 보겠다고 합니다.

우상은 하나님을 부인하고 자기를 높이는 것입니다. 우리가 섬기는 우상이 하루아침에 만들어지는 게 아닙니다. 아이가 공부를 못할 때는 우상이 안 되죠. 열심히 공부시켜서 좋은 학교에 들어가면 학벌이라는 우상이 만들어지기 시작합니다. 내가 열심히 애쓰고 노력한 만큼 우상은 더 거대해지고, 학벌을 이용한 돈과 출세의 우상이 만들어지는 것입니다.

그래서 우상의 첫 번째 형태는 사람입니다. 사단이 하와를 유혹할 때 "너희 눈이 밝아 하나님과 같이 되어"(창 3:5)라고 했습니다. 이것은 '현명하게 되어' 라는 뜻입니다. 스스로 지혜롭게 되어서 영원히 살고 싶어하고, 썩어질 사람이 하나님보다 높아지고자 하는 생각이 바로 우상 숭배입니다.

현명하고 지혜롭게 된다는 가치가 가장 추앙되고 주목받았던 때는 솔로몬 통치 시대입니다. 성경 역사에서 보면 이스라엘 백성이 가장 부강하고 모든 걸 갖추었을 때가 다윗과 솔로몬 시대였습니다. 그렇게 모든 걸 갖추고 살다 보니 영원히 살고 싶어졌습니다. 죽지 않고 영원히 잘사는 것이 가장 중요한 관심사가 되었습니다. 왕을 알현할 때 '만수무강'을 빌어 주는 인사도 그때부터 시작되었습니다.

이 땅에서 모든 걸 갖추면 영원히 살고 싶죠. 모든 수단과 방법을 다 동원해서라도 더 즐겁게, 더 오래 살고 싶어합니다. 그러다 보니 "지극히 높으신 하나님께 영광"에는 관심이 없어지고 지극히 높으신 황제에게 영광, 지극히 높으신 지위와 돈과 학문을 가진 사람에게 영광을 돌리는 것입니다.

톨스토이의 《인생론》을 보면 인간의 4단계가 나오는데, 최하위인 가장 육적인 인생은 철저하게 먹고 마시는 것밖에 모릅니다. 학식이 있고 없고 상관이 없습니다. 짐승하고 똑같습니다.

이 말을 짐승이 들으면 기분 나빠서 데모를 하지 않을까요? 그래도 짐승은 배부르면 끝입니다. 쌓아 두지는 않습니다. 물론 개미는 쌓아 두지만 개미는 짐승이 아니라 벌레입니다. 짐승은 강간도 하지 않습니다. 새끼를 위해서는 목숨도 내놓습니다. 사람은 배가 불러도 먹을 것을 쌓아 두고, 곤비해서 쓰러질 때까지, 눈이 멀 때까지 욕망을 채우려고 합니다. 소돔의 남색하는 자들처럼 무조건 욕망을 채우려고 하는 것이 사람입니다.

그렇게 금수(禽獸)와 버러지만도 못하기 때문에, 역설적으로 인간은 금수와 버러지 형상을 우상으로 만들기도 했습니다. 그 대단한 '팍스로마나'

시대에도 독수리 상을 만들어 우상숭배를 했습니다.

신약 시대 최대 강대국이 로마라면 구약 시대에는 애굽이 최고 영화를 누렸는데, 애굽의 우상은 버러지 형상입니다. 이집트의 비석이나 조각을 보면 이나 파리, 개구리 등을 신으로 섬긴 것을 알 수 있습니다. 사람들은 파리 한 마리가 무서운 병균을 옮겨서 죽는다고 생각하고 파리 대왕을 섬겼습니다. 이스라엘 백성이 출애굽할 때 하나님이 이, 파리, 개구리, 메뚜기 재앙을 주신 것은 애굽의 우상들과 싸우기 위함입니다.

우습지 않습니까? 사람들은 명예와 권세와 돈의 최고봉인 바로왕을 우상으로 여기고, 그 바로는 파리를 우상으로 여깁니다. 우리나라는 어떻습니까? 유교나 불교 문화의 영향을 받아 짐승을 우상화합니다. 태어난 해의 띠를 따지면서 무슨 띠는 무슨 띠끼리 잘 어울리고, 호랑이띠는 성격이 어떻고, 교회를 다니면서도 그런 말을 하고 있습니다.

"하나님의 지으신 들짐승 중에 뱀이 가장 간교하더라"(창 3:1), "여호와 하나님이 뱀에게 이르시되 네가 이렇게 하였으니 네가 모든 육축과 들의 모든 짐승보다 더욱 저주를 받아 배로 다니고 종신토록 흙을 먹을지니라"(창 3:14)고 하셨습니다. 히브리 원전을 보면 1절과 14절은 동일한 문체로 쓰였습니다. '간교하다'는 것은 '지혜롭다'는 뜻인데 가장 지혜로운 뱀이 모든 육축과 들의 모든 짐승보다도 더욱 저주를 받았습니다.

세상적인 지혜와 현명함이 가장 큰 저주의 대상이 되는 것입니다. 그래서 하나님 없이 똑똑하고 지혜로운 사람이야말로 가장 무서운 진노의 대상이라고 할 수 있습니다.

성경에서 솔로몬은 지혜의 왕으로 유명한 사람인데 그 많은 지혜로 천 명의 후궁을 거느리고 살았습니다. 자신이 누리는 부귀와 영예로 수많은 이방 여인들을 사랑하고 그들을 위해 이방신의 신전을 지어 주고 쾌락으로 치달았습니다. 전도서에 나온 솔로몬의 결론은 무엇입니까? "헛되고 헛되며 헛되고 헛되니 모든 것이 헛되도다 사람이 해 아래서 수고하는 모든 수고가 자기에게 무엇이 유익한고"(전 1:2~3). 이 고백이 지혜의 왕 솔로몬의 결론입니다.

솔로몬이 세워지기 전 다윗의 후계자로 지목된 사람 중에 암논이 있었습니다. 다윗에게는 부인이 많다 보니 배다른 자녀들도 많았는데, 맏아들인 암논이 이복누이 가운데 한 명인 다말을 뜨겁게 사랑했습니다. 어떻게 해서라도 다말을 자기 소유로 만들고 싶어했습니다. 그래서 책략을 짜내어 꾀병을 부리고 누워서는 다말이 문병을 오도록 합니다. 다말은 그 사실을 모른 채 문병을 갔는데, 이때 암논이 다말을 강간했습니다.

기가 막힌 것은 한 번 동침을 하고 나자 암논이 다말을 심히 미워하게 되었다는 것입니다. "그리하고 암논이 저를 심히 미워하니 이제 미워하는 미움이 이왕 연애하던 연애보다 더한지라 곧 저에게 이르되 일어나 가라"(삼하 13:15). 다말을 차지하자마자 "너 보기도 싫어! 당장 나가!" 이렇게 됐습니다. 안색이 파리해질 정도로 다말을 사랑했다는데 그토록 깊었던 사랑의 감정이 어쩌면 이렇게 격렬한 미움과 증오로 변할 수 있을까요?

또 기가 막힌 것은 그 전까지는 암논을 미워하고 거절하던 다말이 그런 일이 있고 난 뒤 암논에게 매달리게 된 것입니다(삼하 13장).

저는 이 이야기야말로 인간의 죄성을 탁월하게 묘사하고 있다고 생각합니다. 하나님의 진노 가운데 있을 때는 사랑을 모릅니다. 정욕과 탐심으로 눈이 어두워져서 서로 사랑한다고 생각하지만 하루아침에 무섭게 돌변합니다. 내가 우상처럼 숭배했던 여자가 결혼해서 살아 보니 말도 안 통하고 피곤하게 여겨집니다. 내가 우상처럼 의지했던 남자가 결혼하고 보니 말도 안 들어 주고 나를 경멸합니다. 내가 우상으로 여겼던 그 사람에게서 원하는 것을 전혀 얻지 못합니다.

그런데도 우리는 사랑에 목숨을 겁니다. '저 사람을 차지하기만 하면 내 인생의 모든 것이 채워질 것 같다.' 라고 생각합니다. 다말과 암논을 통해 사랑이라는 이름으로 속고 속이며, 진노 가운데 있는 우리의 죄를 봅니다.

이렇듯 하나님을 믿어도 변하고 흔들릴 수밖에 없는 것이 인간의 사랑인데, 하물며 안 믿는 사람과 어떻게 견고한 사랑을 할 수 있겠습니까? 안 믿는 사람과 교제하면서 "결혼해서 믿게 한다. 결혼하면 같이 교회에 가 주기로 했다." 이러는데, 이 말에 청년들이 흔들리지 않았으면 좋겠습니다. 안 믿는 사람과 결혼해서 배우자 한 사람을 변화시키려고 일생 동안 수고하기엔 우리 인생이 너무 짧습니다. 우리들교회만 보더라도 교회 다니겠다고 약속해서 결혼했는데 교회에 같이 가 주기는커녕 교회도 못 나가게 한다는 간증이 날마다 쏟아지고 있습니다.

정략적으로 이방 여인을 아내로 맞은 솔로몬의 불신 결혼이 이스라엘의 우상숭배와 타락으로 이어진 것처럼, 불신 결혼은 인간의 정욕과 탐심의 총체적인 악입니다. 아무리 말려도 지나침이 없습니다.

교회를 다녀도, 목회자 가정에서도, 욕심 때문에 불신 결혼을 하고 이혼도 쉽게 합니다. 하나님의 뜻이 아닌 인간의 행위에만 기준을 두니까 불신 결혼을 말려도 분을 내고, 이혼을 말려도 분을 냅니다. 나의 경건치 않음과 불의로 하나님의 진리를 거스르고는 "하나님이 계시면 어떻게 나한테 이러실 수가 있느냐!" 며 말도 안 되는 원망을 합니다. 순종할 마음이 없기 때문에 말씀을 들을수록 마음이 어두워져서 스스로 더 깊은 허망함에 빠져듭니다.

이렇게 하나님이 아닌 썩어질 사람, 썩어질 돈, 썩어질 감정을 우상으로 두고 있으면 날마다 진노 가운데 있을 수밖에 없습니다. 그래서 진노의 복음입니다.

> 내 욕심으로 키워 놓고 날마다 좋아서 쳐다보는 자녀 우상, 남편(아내) 우상, 돈 우상, 건강과 외모의 우상이 있습니까? 쳐다보기만 해도 좋았던 그 우상에게 배신당하고 어두움과 슬픔에 처했습니까? 세상에서 성공하기 위한 지혜가 가장 큰 저주인 것을 압니까?

출애굽기 7장부터 12장까지 보면, 애굽의 종 되었던 이스라엘을 구원하시기 위해 하나님이 열 가지 재앙을 내리시는데 바로는 재앙이 올수록 마음이 더 강퍅해집니다. "강퍅해지고 완강해져서 듣지 않았다"라는 말씀이 몇 번씩 나옵니다. 아무리 사건을 주셔도 회개하지 않고 죄가 죄인 줄 모르고 죽어 가는 바로 같은 사람이 내 옆에도 있습니다. 하나님보다 우상을 의지해서 살고 싶은 세상 애굽의 욕망이 내 속에도 있습니다.

그러나 열 가지 재앙이 바로에게는 심판이고 이스라엘에게는 구원의 통로가 된 것처럼, 진노의 사건도 믿는 자에게는 구원의 사건입니다. "일의 결국을 다 들었으니 하나님을 경외하고 그 명령을 지킬지어다 이것이 사람의 본분이니라"(전 12:13). 어떤 경우에도 하나님의 옳으심을 인정하고 그 명령을 지킬 때, 모든 믿는 자에게 구원을 주시는 차별 없는 복음의 능력이 우리를 건지고 살리실 것입니다.

아버지 하나님! 복음에는 차별이 없습니다. 그런데 하나님의 진노도 차별이 없다고 하십니다. 하나님은 감추인 분이 아니신데, 내 주위에 있는 자연과 우주 만물을 보아도 하나님을 알 만한 것들이 모두 나타나 있는데, 아직도 내게는 핑계가 많습니다. 라즐로처럼 죄를 합리화하고, 세상의 지혜와 행복만을 구하며 허망한 생각에 빠져 있습니다.

내 인생에서 무엇이 잘못되었는지도 모른 채 썩어질 우상을 향해 달려가는 저를 불쌍히 여겨 주옵소서. 하나님의 자리에 자녀, 배우자, 썩어질 사람과 돈을 놓고 있는 나를 불쌍히 여겨 주옵소서. 애굽의 왕 바로는 재앙이 올수록 더 강퍅해졌다고 했는데, 나도 진노를 경험하면서도 바로처럼 마음이 어두워질까 두렵습니다. 내 식구들이 라즐로처럼 끝까지 죄를 인정하지 않고 영원한 진노 가운데 죽을까 두렵습니다.

주님, 더 늦기 전에 내 속에 있는 진노의 부분을 회개하기 원합니다. 내가 우상으로 삼고 있는 것들을 내어 놓습니다. 하나님의 옳으심을 인정하지 못하는 부분을 회개합니다. 어떤 경우에도 하나님은 옳으십니다. 내가 하나님이 틀렸다고, 하나님이 불의하다고 진리를 막는 일이 없도록 불쌍히 여겨 주옵소서.

죄가 보이지 않고 죄가 무엇인지 몰라서 진노 가운데 있는 가족과 지체를 위해 기도합니다. 그들을 불러 주옵소서. 하나님을 알 만한 것이 그 속에 파고 들어가도록, 복음이 뚫고 들어갈 수 있도록 역사하여 주옵소서. 자연 만물을 보고도 하나님의 인격을 경험할 수 있도록 우리 모두의 귀와 눈과 마음을 열어 주옵소서.

재앙이 올수록 강퍅해지는 바로가 되지 않게 하시고, 내 죄를 보고 회개함으로 진노의 사건에서 구원으로 살아나는 저와 가정과 교회와 나라가 되게 하옵소서. 예수님 이름으로 기도하옵나이다. 아멘.

06
21가지 죄의 목록

로마서 1:24~32

하나님 아버지, 우리가 차별이 없는 진노 가운데 내어버려 둠을 당할까 두렵습니다. 말씀을 통해 주께 더욱 나아갈 수 있도록 마음 문을 열어 주옵소서. 예수님 이름으로 기도하옵나이다. 아멘.

어느 성도의 집에 심방을 갔습니다. 들어서는 입구부터 온 집안이 번쩍번쩍하고 보기에도 부족한 것이 없어 보였습니다. 가족 중에 부인 혼자서 예수님을 믿는데 부인이 하는 말이 모든 것이 너무 감사하다고 합니다. 남편의 사업이 잘돼서, 아이들이 공부 잘하고 착하게 자라 줘서, 건강해서 감사하다고 합니다. 마지막에 "가족들이 언젠가는 교회에도 나가겠죠." 합니다.

저는 마음이 참 무거웠는데 무조건 감사하다는 그분 앞에서 다른 말을 하기가 어려웠습니다. 자신은 예수님을 믿는다고 하면서 내 남편, 내 자녀가 어떤 상태인지도 모르는 그분에 대해 어떻게 생각하십니까?

우리 주위에는 하나님 없이 살면서 교만한 사람들이 참 많습니다. 아쉬울 것이 없어서, 하나님을 안타까이 부르짖을 이유가 없어서 끝까지 하나님을 떠나 산다면 그 사람보다 더 불쌍한 사람은 없습니다.

네 멋대로 살아라

그러므로 하나님께서 저희를 마음의 정욕대로 더러움에 내어 버려두사 저희 몸을 서로 욕되게 하셨으니_롬 1:24

정욕대로 내어 버려두는 것은 인간이 타락해서 모욕을 받는 상태가 계속 되는 것입니다. 하나님의 형상을 부여받은 인간이 인간으로서의 존엄성을 잃어버린 상태인데 하나님은 그대로 두신다고 합니다. 왜 그대로 내어 버려두실까요?

이는 저희가 하나님의 진리를 거짓 것으로 바꾸어 피조물을 조물주보다 더 경배하고 섬김이라 주는 곧 영원히 찬송할 이시로다 아멘_롬 1:25

아무 문제없이 잘 먹고 잘사는 것 같아도, 집안 식구들은 물론 가구까지 기름기가 좔좔 흐르고 어려움이 없어 보여도, 속 썩이는 사람도 없고 사랑과 효도를 받으며 호강을 하더라도, 하나님을 경배하는 마음이 없기 때문에 그냥 내어 버려두십니다. 모든 것을 지으시고 모든 것의 주인이신 하나님 대신 썩어질 사람과 돈과 지위를 경배하니까 내어 버려둠을 당합니다.

우리가 섬기는 첫 번째 우상이 사람이라고 했는데 현대 사회에서는 연예인, 스포츠 선수 등 소위 '스타'를 우상으로 삼는 사람들이 많습니다. 인터넷과 개인 홈페이지가 상용화된 요즘은 정치 스타, 왕족 스타뿐 아니라 평범한 사람이 스타 대접을 받기도 합니다.

중국의 영화배우 장국영이 홍콩 만다린 호텔에서 투신자살했을 때 많은 팬들이 그를 따라서 죽겠다고 했습니다. 장국영은 500년 만에 한 번 나올까 말까 한 인물이라고 칭송하면서, 가족도 아닌 팬들이 위패를 모시고 두고 두고 경배를 합니다. 영국의 다이애나 왕비가 파파라치에게 쫓기다 교통사고로 죽었을 때도 온 세계가 슬퍼했고 아직도 그를 추모하는 행렬이 줄을 잇고 있습니다. 엘비스 프레슬리는 죽은 지 30년이 되었지만 지금도 그가 살아 있다고 믿으면서 기다리는 사람들이 있습니다.

다이애나 왕비가 불륜을 저질렀다든지, 장국영이 동성애자였다든지, 엘비스 프레슬리가 마약을 했다든지 그런 것은 전혀 문제가 안됩니다. 인간은 하나님을 섬기지 않으면 그 어떤 것이라도 경배하고 섬길 수 있는 존재이기 때문입니다.

사람이 아니면 돈에 빠지고, 쾌락에 빠지고, 적당히 즐겨야 할 골프와 낚시와 등산에 열광하면서 스스로를 소모시키는 사람도 많습니다. 더욱이 요즘은 강아지, 고양이, 도마뱀, 원숭이 등 온갖 동물을 애완용으로 키우면서 남편이나 자식보다도 더 낫다며 숭배하고 있습니다.

모든 것을 만드시고 모든 것의 주인이신 하나님을 뒤로 하고, 만들어진 피조물에만 목을 매는 것은 진리를 거짓으로 바꾸는 행위입니다.

아름다운 그림을 보면 그 그림을 그린 화가를 칭송합니다. 아름다운 노래를 들으면 그 노래를 만든 작곡가나 가수를 칭찬하고 좋아합니다. 그렇다면 아름다운 배우, 아름다운 왕세자비, 사랑스러운 동물을 보면서 그 모든 것을 만드신 하나님을 떠올려야 하지 않겠습니까? 하나님의 솜씨가 얼마나 오묘하고 훌륭하신지 그분께 영광을 돌리는 것이 마땅하지 않습니까?

가정의 행복도, 사업도, 자녀 교육도 하나님이 허락하시지 않으면 얻을 수 없습니다. 그것에 감사한다고 하면서 식구들이 하나님을 몰라도 된다는 것은 엄청난 거짓이고 모순입니다.

구원의 진리를 무조건 잘되기만을 바라는 기복(祈福)적인 거짓으로 바꾸고 있지는 않습니까? 자녀 우상, 남편(아내) 우상, 다이어트 우상, 부동산 우상을 섬기느라고 하나님과 멀어진 것을 깨닫습니까?

정욕대로 살아라

그러므로 하나님께서 저희를 마음의 정욕대로 더러움에 내어 버려두사 저희 몸을 서로 욕되게 하셨으니_롬 1:24

썩어지지 아니 할 하나님의 영광을 썩어질 사람과 금수와 버러지 형상으로 바꾼 결과(롬 1:23), 마음의 정욕이 육체의 방탕으로 갑니다. 신전(神殿)이라고 하면 굉장히 경건하고 거룩한 곳 같지만 신구약 시대에는 신전마다 창기들이 있었습니다. 우상에 빠진 자들이 육체적 타락과 음란으로 가는 것은 당연한 순서입니다.

로마서 1장의 이 본문부터 인간의 21가지 죄의 목록이 언급됩니다. 설교 준비를 하다가 다른 분들은 어떻게 설교를 했나 찾아봤더니 이 부분을 다룬 설교가 거의 없었습니다. 죄 이야기는 다들 껄끄러워하니까요. 그래도 저는 본문에 따라서 듣기도 싫고, 하기도 싫어하는 죄 이야기를 하겠습니다.

몇 년 전, 당시 사회적 충격을 주었던 스와핑에 대한 기사를 읽은 적이 있습니다. 스와핑을 경험한 다섯 부부의 인터뷰가 시사 전문지에 실렸습니다. 스와핑(swapping)이란 부부가 서로 상대를 맞교환해서 성관계를 가지는 걸 말합니다. 그들은 인터뷰에서 "스와핑은 좋은 부부 관계를 유지하는 방법이다. 자연으로 돌아가는 것이다. 남들이 놀이공원에 가듯이 우리는 스와핑을 게임으로 즐긴다. 탄압받을 일이 아니다."라고 했습니다. 기자가 아내가 다른 남자와 관계를 갖는 걸 보면 질투가 나지 않느냐고 물었더니 '나 몰래 하는 건 열 받지만 내 눈앞에서 하는 건 괜찮다.'고 합니다.

다섯 쌍의 부부가 한 방에서 서로를 지켜보면서 스와핑을 하기도 하는데, 그렇게 스와핑을 하는 동료(?)가 1인당 100명쯤 있다고 하더군요. 이상한 사람들 이야기가 아닙니다. 그들의 직업은 교수나 의사로 평범하거나 평범 이상인 사람들이었습니다. 우리는 그런 사람들이 나와서 비정상적인 혼외 관계에 대해 인터뷰를 하고, 자신들을 비난하는 시선에 대해 당당히 '탄압'이라고 말하는 시대에 살고 있습니다.

하나님이 그들을 내어 버려두십니다. 그들이 굉장히 옳은 일을 하는 것처럼 이야기해도 옳다 그르다 하지 않으시고 그냥 두고 보십니다. 그렇다고 해서 그게 옳은 일이 되는 걸까요? 그렇게 사는 인생이 행복한 걸까요?

가족 중 누군가가 상습적으로 가출을 한다고 가정해 봅시다. 처음 가출했을 때는 온 식구가 발을 동동 구르면서 찾아다니다가 자꾸 반복되면 "그래, 네 맘대로 해라. 어디 가서 안 죽고 살아 있겠지." 이렇게 됩니다.

마찬가지로 언덕에서 수레가 굴러 떨어지는데 붙잡지 않고 두는 것, 이것이 내어 버려두는 진노입니다. 하나님이 나를 내어 버려두신다는 것은 무서운 말입니다. 잘못을 하면 야단치고 때려야 사랑인데 그냥 두는 것은 "너한테 두 손 두 발 다 들었다. 넌 이제 내 자식이 아니다." 하는 겁니다.

자식이 하고 싶은 대로 내어 버려두는 게 자유를 주는 걸까요? 자녀를 앉혀 놓고 요즘 제일 하고 싶은 게 뭔지 물어 보십시오. "공부하고 싶어요. 시험 보고 싶어요." 이럴 애들이 몇이나 될까요? 누구라도 하기 싫은 것이 시험이고 공부입니다. 그래도 억지로 하게 하는 것은 반드시 필요한 과정이고 장래를 위한 준비이기 때문입니다. 아이들이 당시에는 그 중요성을 못 느껴서 하기 싫다고 투덜대지만 고등학교 3학년 때 후회를 하기도 하고, 더 나중에는 회사에 들어가서 후회합니다. 부모는 그것을 미리 알기 때문에 억지로라도 공부를 시키고 가르치는 것입니다.

예배를 드리고, 큐티하고, 기도하고, 성경 읽는 것도 저절로 하고 싶어서

하게 되는 건 아닙니다. 규칙적이고 지속적인 큐티와 기도는 스스로의 정욕을 다스리는 영적 싸움입니다. 공부하기 싫어한다고 안 시키면 부모의 직무유기가 되듯이, 어려서부터 신앙 교육을 시키지 않는 것도 자식을 진노 가운데 내어 버려두는 직무유기입니다.

인터넷 음란 사이트, 음란하게 즐기는 채팅으로 몸을 욕되게 한 적은 없습니까? 욕설과 음담패설, 술, 담배로 자신을 더러움에 방치하고 있지는 않습니까? 끊으려는 의지조차 없기 때문에 하나님이 그대로 두시는 것이 무서운 경고임을 알고 있습니까?

 ## 부끄러운 욕심대로 살아라

이를 인하여 하나님께서 저희를 부끄러운 욕심에 내어 버려두셨으니 곧 저희 여인들도 순리대로 쓸 것을 바꾸어 역리로 쓰며 이와 같이 남자들도 순리대로 여인 쓰기를 버리고 서로 향하여 음욕이 불 일 듯하매 남자가 남자로 더불어 부끄러운 일을 행하여 저희의 그릇됨에 상당한 보응을 그 자신에 받았느니라_롬 1:26~27

도스토예프스키는 "만일 사람들이 하나님이 존재하지 않는다고 확신한다면 못할 일이 없다. 더 나아가서 자신이 신이라고 생각한다면 자기만족을 위해 못할 짓이 없다."고 했습니다.

26절부터가 21가지 죄의 목록의 시작인데 가장 먼저 성적인 범죄를 언급합니다. 바울은 성적인 범죄를 단순히 하나의 죄로 언급하지 않고 "순리(順理)를 역리(逆理)로 바꾸어 썼다"고 했습니다. 바로 동성애에 대한 이야기입니다. 순리를 역리로 바꾸어 쓰는, 사회가 거꾸로 돌아가는 현상은 인간이 하나님보다 피조물을 더 경배하기 때문에 오는 결과입니다. 그 역리 현상의 대표적 결과가 동성애입니다.

성(性)은 결혼한 남녀에게 하나님이 주신 선물로, 부부간에 누리는 지극히 아름답고 순리적인 것입니다. 남남이 만나서 한 몸을 이뤄야 하는 결혼에서 힘든 일이 너무 많기 때문에, 자손을 낳고 사랑하고 기쁨을 나누라고 성을 허락하셨습니다. 피도 안 섞인 부부가 만나서 영적인 자녀를 낳고 키워 내는, 거룩한 직무에 참여하기 위한 아름다운 도구가 성입니다. 부모자식 사이에는 따로 그런 것이 없어도 본능적으로 사랑하게 돼 있습니다.

죄인인 인간은 영적 기업과는 상관없이 자기만족을 위해 성(性)을 악용하고 있습니다. 사단은 부부간에 허락된 아름다운 성을 집중적으로 공격합니다. 가장 아름다운 것을 가장 부끄럽고 더러운 것으로 만들어 가정을 파괴하는 것이 사단의 계략입니다.

창세기부터 계시록까지 성경에서도 성적 범죄가 끊이지 않았습니다. 그리고 오늘날 우리는 더 부끄럽고, 더 더러운 성적 타락의 시대에 살고 있습니다. 서구에서는 당연한 문화로 여기는 혼전 동거에서부터 간통, 강간, 혼음, 변태 성욕, 스와핑 그리고 성적 타락의 극치인 동성애로 치닫는 것입니다.

바울은 동성애에 대해 두 절이나 언급했습니다. 그도 그럴 것이 로마 황제 열다섯 명 중에서 열네 명이 동성애자였다고 합니다. 로마의 철학자들은 황제를 신격화하는 작업을 했는데 그 중에도 동성애자가 많답니다. 당시 황제에서 노예에 이르기까지 동성애가 유행처럼 번져 있었습니다.

19세기 후반 전 세계를 떠들썩하게 했던 동성애자가 있습니다. 최고의 엘리트였던 작가 오스카 와일드는 법정 진술에서 이렇게 동성애를 옹호합니다. "나이 많은 남자가 그보다 젊은 남자에게 갖는 위대한 사랑, 이는 다윗과 요나단 사이에, 플라톤 철학의 기초에 놓여 있는 것이기도 하고 셰익스피어와 미켈란젤로에게서 발견된 것과도 같은 것이다. 그것은 완벽할 만큼 순수하며 심원한 사랑이다. 지금은 이렇듯 오해되고 있지만 아름답고 좋은 것이며 가장 고결한 형태의 사랑의 감정이다."

마빈 해리스는 그의 저서 《작은 인간》에서 이렇게 말했습니다. "소크라테스, 플라톤, 크세노톤, 아리스토텔레스 등 유명한 그리스 철학자들은 플라톤이 《향연》에서 말한 것처럼, 여자와 동침하면 육체를 낳지만 남자와 동침하면 마음에 생명을 낳는다는 철학적 명분을 가지고 동성애를 행했다."

지금도 그 시대에 로마가 그랬던 것처럼 지식인들, 선진국으로 갈수록 동성애가 난무합니다. 또 그런 사람들이 동성애를 쉽게 인정합니다. 2000년 7월 미국의 버몬트 주에서는 동성 부부를 인정했습니다. 캐나다에서는 1977년에 이미 그 법이 통과됐습니다. 네덜란드에서도 동성 간의 결혼이 합법화됐고, 프랑스에서도 1999년 법안이 통과됐습니다. 독일의 녹색당이 합법화를 추진 중이고 유럽연합 역시 동성애 커플에게 보통 부부와 똑같은 권리를 부여하도록 촉구하는 결의안을 채택했습니다. 놀랍지 않습니까? 온 세계가 다같이 역리(逆理)로 향해 가고 있습니다.

남색(男色), 동성애를 의미하는 'sodomy(소도미)'의 어원은 창세기에 등장하는 소돔에서 나온 말입니다. 아브라함의 조카 롯이 소돔 성문에 앉았다가 하나님의 사람들을 자기 집에 영접했는데 그때 소돔 사람들이 와서 "이 저녁에 네게 온 사람이 어디 있느냐 이끌어내라 우리가 그들을 상관하리라"(창 19:5)고 했습니다. 이 '상관'이 히브리어 'sodomy'의 원 뜻으로 오늘날의 동성애를 가리킵니다. 인류 역사에서 소돔과 고모라가 타락과 멸망의 상징인 것처럼 동성애야말로 극도의 타락을 보여 주는 것입니다.

동성애는 분명 하나님을 반역하는 행위입니다. 하나님은 남자와 여자가 짝지어 살라고 하셨는데 인간이 얼마나 교만한지 남자도 여자로 만들 수 있다, 여자도 남자로 만들 수 있다고 합니다. 이는 자신들이 하나님보다 낫다고 하는 것입니다. 이런 일들은 오늘 본문 말씀에서 말씀하듯이 '그릇된' 것입니다. 그릇된 일이 보응을 받는 것은 당연합니다. 건전한 사회라면 동성연애자들은 따돌림과 비난을 당할 수밖에 없습니다.

역사학자 타키투스는 로마 황제의 최대 고민이 성병 처리 문제였다고 했습니다. 요즘의 후천성 면역 결핍증, 에이즈(AIDS)라고 할 수 있겠죠. 이것은 동성애자들에게 내려진 천형(天刑)입니다.

유명한 배우가 동성애 생활을 하고 우울증으로 자살을 해도, 이 시대 문화는 그런 사람을 너그럽게 보고 있습니다. 그렇기 때문에 그에 대한 대가를 전 세계가 치릅니다. 미국의 십대가 성병을 옮기는 속도는 13초에 한 명

꼴이고, 고등학생 100명 당 1명이 에이즈 바이러스에 감염되었다고 합니다. 시간이 갈수록 훨씬 더 빠른 속도로 증가하고 있습니다. 앞으로는 10명당 1명, 2명, 3명은 에이즈로 죽게 된다고 합니다.

성경은 동성애를 행한 자를 '반드시 죽일찌니 그 피가 자기에게로 돌아가리라'(레 20:13)고 말씀하고 있습니다. 바울은 동성애자는 "하나님의 나라를 유업으로 받지 못하리라"(고전 6:10)고 말하고 있습니다.

동성애는 남의 나라 이야기가 아니라 지금 우리에게 닥친 실제적인 고난입니다. 나와 내 가족들이 그릇된 관계에 빠져 있지는 않은지, 그것에 상당한 보응으로 죽어 가고 있지는 않은지 경계하고 살펴야 합니다.

나는 어떤 부끄러운 욕심을 갖고 있습니까? 동성애자나 성전환자에 대해 인권만을 강조하며 죄를 깨닫게 할 하나님의 진리를 외면하지는 않습니까? 공부와 사업에서 노력한 만큼 결과를 얻는 순리를 버리고, 커닝과 뇌물로 역리를 행한 적은 없습니까?

실성한 채로 살아라

또한 저희가 마음에 하나님 두기를 싫어하매 하나님께서 저희를 그 상실한 마음대로 내어 버려두사 합당치 못한 일을 하게 하셨으니_롬 1:28

상실한 마음은 '실성한' 마음입니다. 동전이 규격에 맞지 않아 못 쓰게 된 것처럼 못 쓰게 된 마음, 한마디로 미친 것입니다. 사람이 미치면 얼마나 힘이 센지 아시죠? 누구도 제어할 수 없도록 미쳐서 나타난 결과가 본문에 나오는 21가지 죄악입니다.

곧 모든 불의, 추악, 탐욕, 악의가 가득한 자요 시기, 살인, 분쟁, 사기, 악독이 가득한 자요 수군수군하는 자요 비방하는 자요 하나님의 미워하시는 자요 능욕하는 자요 교만한 자요 자랑하는 자요 악을 도모하는 자요 부모를 거역하는 자요 우매한 자요 배약하는 자요 무정한 자요 무자비한 자라_롬 1:29~31

'가득한' 죄를 짓느라고 하나님께 드려야 할 마음을 온통 빼앗기는 것이 상실이고, 실성입니다.

불의는 하나님은 틀렸고 내가 옳다고 하는 것입니다.

추악은 다른 사람을 해롭게 하는 것입니다.

탐욕은 필요 이상의 욕망입니다.

악의는 악한 마음입니다.

사기는 하나님 없는 지혜로 간교하다는 뜻이고, 원래는 낚시의 미끼를 뜻합니다. 시기하면 미움이 오고, 미움이 오면 살인이 옵니다.

수군수군하는 자는 등 뒤에서 비난하는 사람이고, 비방하는 자는 면전에서 하는 겁니다. 뭐가 더 나쁠까요? 둘 다 똑같습니다.

하나님이 미워하시는 자는 하나님과 자신을 미워하고 남을 미워하느라고 사랑 받지 못하는 자입니다.

우매한 자는 머리가 없습니다.

배약한 자는 지조가 없습니다.

무정한 자는 사랑이 없습니다.

무자비한 자는 인정이 없습니다.

로마 시대에는 산모가 아기를 낳았는데 아기가 약하거나 장애가 있으면 남편이 쳐다보지도 않고 돌아누웠답니다. 그러면 그 아기는 버려져야 했습니다. 그렇게 버려지는 아기의 숫자가 하루에 삼사십 명이나 되었다고 합니다. 이것이 강대국 로마의 실상이었습니다. 지식과 문화를 자랑하고, 식민지 사람도 왕으로 세울 만큼 인격적인 로마의 속을 들여다보면 상실한 마음으로 가득했습니다. 당시 로마는 세계를 제패했습니다. 그래서 더 악으로 달려갔습니다. 실성한 사람에게 힘이 주어지면 어떻게 되겠습니까? 악을 행하는 뒷받침이 됩니다. 하나님을 모르는 사람에게 돈이 있고 권력이 있으면 그것은 모든 악의 추진력이 됩니다.

상실한 마음으로 건강하지 못한 가족이 있습니까? 우매한 자녀, 배약하는 남편이 출세하기를 바랍니까? 무정하고 무자비한 형제에게 돈과 권력이 생기기를 바랍니까? 그들이 그 돈과 능력으로 다른 사람들에게 얼마나 상처를 주고 죄를 지을지 생각해 보셨습니까?

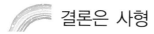

결론은 사형

저희가 이같은 일을 행하는 자는 사형에 해당하다고 하나님의 정하심을 알고도 자기들만 행할 뿐 아니라 또한 그 일을 행하는 자를 옳다 하느니라_롬 1:32

C.S. 루이스는 《천국과 지옥의 이혼》이라는 소설에서 이렇게 말합니다.

"지옥에 있는 모든 고독과 분노, 증오, 질시와 참을 수 없는 갈망을 하나의 경험에 뭉쳐 저울에 올려놓는다고 해도, 천국에서 가장 작은 존재가 느끼는 찰나의 기쁨에 미치지 못한다. 선(善)이 선에 충실한 데 비해서 악(惡)은 악에도 충실할 수 없다."

사랑이라는 이름으로 부모와 자식이 서로 악을 행하며 서로 옳다고 합니다. 평화라는 이름으로 나라와 나라가 서로 악을 행하며 서로 옳다고 합니다. 그러나 악은 악에도 충실할 수 없습니다. 서로를 돕는다고 하면서 서로 악을 행하는 것은 결국 서로를 죽이는 것입니다.

이미 약혼을 한 자매가 병원에서 치료를 받을 일이 있었는데, 그 병원 의사가 자매의 외모에 반해 구애를 했습니다. 더 좋은 조건의 남자가 달려드니 자매의 마음이 흔들리기 시작했습니다. 자매의 부모도 한마음이 되어 원래 약혼자와 파혼을 하고 의사와 결혼을 시키려고 안달이 났습니다.

모태신앙으로 신앙 교육을 받고 자랐어도 결혼을 앞두고는 믿음의 본색이 드러납니다. 하나님이 원하시는 거룩을 이루어 가기 위한 결혼이 아니라 외모와 환경에 기준을 두고, 부모자식이 불신 결혼의 악을 행하도록 서로 돕고 서로 옳다고 합니다.

최고 신랑감이라는 의사도 예쁜 여자라면 약혼자가 있든지 없든지 이렇게 달려드는데 어떻게 여자들이 성형수술을 안 하겠습니까? 조금이라도 나은 조건에 시집을 가려고 눈꺼풀을 집고, 코를 높이고, 이마도 당기고, 가슴을 키우고 합니다. 나중에 천국 가서 하나님이 보시면 "얘, 너 누구냐? 내가 잘 모르겠다. 나는 너를 이렇게 안 지었는데." 이러실지도 모릅니다.

우스개로 하는 이야기겠지만 어떤 여학생이 납치를 당했다가 곧 풀려났는데 어떻게 풀려났나 했더니 납치범들끼리 "야, 어떻게 저런 얼굴을 잡아 왔냐. 그냥 풀어 줘라." 이랬다고 합니다. 예뻐지겠다고 얼굴 괴롭히지 마세요. 생긴 대로 살면 납치를 당해도 무사히 풀려나는 행운이 있습니다!

최고의 미모를 자랑하는 여배우들을 보세요. 예쁜 외모 때문에 남들은 일생에 한 번 할 결혼을 일곱 번, 여덟 번씩 합니다. 아무리 예뻐도 미모는 오래 가지 못하기 때문에 외모를 보고 결혼한 사람은 금세 또 다른 예쁜 여자를 찾아서 바람피울 확률이 높습니다. 우리들교회만 하더라도 남편의 외도 문제로 상담하시는 분들은 대부분 미인입니다. 그냥 평범하게 생긴 부인은 남편이 버리는 법이 없습니다. 너무 못생겼을 경우에는 '나 아니면 누가 저 사람하고 살아 줄까.' 해서 더욱 못 버립니다.

화병의 꽃이 아무리 아름다워도 뿌리가 없는 꽃은 이미 죽은 꽃입니다. 하나님을 마음에 두지 않은 자에게는 이미 사형이 선고되었습니다. 죽음의 카운트다운에 들어갔습니다. 그것을 모르고 지옥에 간다면 그것보다 슬픈 일은 없습니다. 이 땅에서 잘 먹고 잘살다가 하나님을 모르고 지옥에 가는 것만큼 억울한 일은 없습니다.

가장 불쌍한 사람은 가난한 자도, 병든 자도, 미워하는 자도, 살인하는 자도 아닙니다. 가장 불쌍한 사람은 하나님께 잊혀진 자입니다.

잊혀지기 전에, 영원한 사망으로 가기 전에 하나님이 제동을 거셨다면 그것이 축복입니다. 고난을 통해서라도 21가지 죄의 목록에 해당되는 내 자신을 보는 것이 축복입니다.

내게는 21가지 죄가 해당이 안 된다고요? 하나님 없이도 우리 집안은 잘 먹고 잘산다고요? 성경은 몰라도 교양 있는 집안이라 절대 부끄러운 일은 없다고요? 나는 절대 자랑도 안 하고, 교만과는 거리가 멀고, 수군거리지 않으며, 음욕은 품어 본 적도 없고, 부모를 거역한 적도 없는 효자이고, 무정함이 아닌 인정으로 똘똘 뭉쳤다고요? 네, 정말 그럴 것 같습니다.

하지만 21가지 죄를 다 지은 사람도 사형에 해당하지만, 수군수군하는 죄 한 가지만 지어도 똑같이 사형에 해당하는 자라는 걸 알아야 합니다. 그렇기 때문에 하나님의 사형선고는 누구도 피해 갈 수 없습니다.

천국이 확실하다면 지옥도 확실하다는 것을 인식하고 있습니까? 하나님을 거절한다면 지옥의 사형선고가 정해진 것인데, 세상 성공을 향해 가는 자녀들을 옳다, 옳다 방관하고 있지는 않습니까? 누구에게든 지금 당장이라도 죽음이 임할 수 있다는 절박함으로 구원의 복음을 전합니까?

이는 저희가 하나님의 진리를 거짓 것으로 바꾸어 피조물을 조물주보다 더 경배하고 섬김이라 주는 곧 영원히 찬송할 이시로다 아멘_롬 1:25

"주는 곧 영원히 찬송할 이시로다 아멘" 여기에 우리의 소망이 있습니다. 사형에 해당하는 우리가 살아날 방법이 있습니다. 내어 버려두는 진노 가운데서도 주님은 우리에게 한 줄기 빛을 보여 주십니다. 영원히 찬송할 이신 주님의 은혜, 예수 그리스도의 은혜로 우리는 살아날 수 있습니다.

우리들교회 어느 집사님이 겪은 일입니다. 남편이 샤워를 하는 사이 휴대폰 벨이 울려서 들여다봤더니 "내 영혼의 반쪽. 목숨을 내놓는 사랑. 영원히 저를 떠나지 않으실 거죠?" 이런 내용의 문자 메시지가 떴습니다. 낯뜨거운 내용에 놀라서 얼른 휴대폰을 접고, 처음에는 너무 떨려서 정신이 아득했다고 합니다.

그런데 그날 큐티 본문 말씀이 떠올랐습니다. "악인의 줄이 내게 두루 얽혔을지라도 나는 주의 법을 잊지 아니하였나이다"(시 119:61). 집사님은 이 말씀을 적용해서 남편의 외도라는 악한 줄이 나를 얽매려 해도 잊지 말아야 할 주의 법을 생각했습니다. 자신이 어떤 일을 당하더라도 남편의 구원이 먼저인 것을 알고 하나님께 기도드렸습니다.

'하나님, 저는 배신감으로 이렇게 잠시 지옥을 경험하지만, 하나님을 모르고 살다가 영원히 지옥에 갈 남편은 어떻게 합니까! 저 사람을 불쌍히 여기시고 구원해 주세요. 어떤 상황이 오더라도 남편의 구원만을 생각할 수

있도록 저를 붙들어 주세요.'

말씀을 붙잡고 기도하면서 집사님은 자신의 죄를 깨달았습니다. 믿음이 없어서 말이 안 통하는 남편이라고 답답해했지만 남편 역시 집사님과 말이 안 통해서 답답했겠구나 하는 생각이 들었습니다. 교회에서 신실한 남자 집사님을 보며 '저런 형제와 결혼했으면 좋았을걸.' 하고 속으로 생각했던 것이 남편이 행위로 저지른 외도와 다를 게 없다는 걸 알았습니다. 남편은 집사님이 마음속으로만 생각한 것을 행동으로 옮겼을 뿐이었습니다. 자신이 남편보다 나을 것이 하나도 없다는 걸 인정할 수밖에 없었습니다.

더 나아가서 혼전 순결을 지키지 못한 것에 대해 회개했습니다. 서로가 정욕에 이끌려 결혼했기 때문에 남편이 또 다른 정욕의 대상을 찾는 것이 당연하다고, 그래서 "주의 판단은 의로우시고 주께서 나를 괴롭게 하심은 성실하심으로 말미암음이니이다"(시 119:75)라고 고백하게 되었습니다.

하나님께 내어 버려둠을 당하지 않는 삶, 하나님이 날마다 간섭하시는 삶이란 이런 것입니다. 진노의 사건에서 하나님의 말씀을 생각하고, 말씀을 통해 내 죄를 깨닫게 하시는 하나님의 간섭이 최고의 축복입니다.

집사님의 남편이 다른 여자를 정리하고 집사님에게 돌아온다고 "주는 찬송할 이시로다!" 하겠습니까? 나한테 돌아오고 안 돌아오고, 이것이 문제가 아니라 남편이 구원 받는 것이 "주는 영원히 찬송할 이시로다!아멘!"인 것입니다.

피조물인 사람과 물질에 의지해 죄의 문제를 해결하려고 생각합니까? 주님이 내 삶을 간섭하시는 것만이 죄를 해결하는 길인 것을 믿습니까? 힘든 사건이 나의 우상숭배와 거짓된 삶의 결론이라는 것을 깨달으며 "주는 찬송할 이시로다!" 라고 고백합니까?

피할 수 없는 사형선고가 안 믿는 내 가족, 내 지체들에게 내려졌습니다. 21가지 죄에 빠진 형제들을 그대로 두는 것은 같이 죽음으로 가는 길입니다. 우리는 가족의 구원을 위해 하나님이 간섭하시기를 기도해야 합니다.

힘들 때 '하나님이 왜 나를 버리셨는가?' 하는 게 아니라 믿음과 상관없이 모든 일이 잘될 때 '하나님이 왜 나와 내 식구들을 버리셨는가?' 를 눈물로 애통해야 합니다. 고난이 없다고 자랑하지 마세요. 예수님을 안 믿는데도 하는 일마다 잘되고 고난 없는 인생을 살고 있는 것은 두려운 일입니다. 잔뜩 죄를 짓고 사는데 들키지도 않고 무사히 넘어간다면 불행 중 다행이 아니라 불행 중의 불행입니다.

주님! 입에도 담기 싫은 21가지 죄의 목록이 하나도 빠짐없이 저에게 있습니다. 이 가운데 한 가지만 있어도 사형을 당할 수밖에 없는데, 하나님이 내어 버려두셔서 깨닫지 못하는 죄가 있을까 두렵습니다.

사건을 통해 죄를 깨닫기 원합니다. 나를 간섭하시는 하나님의 사랑을 경험하기 원합니다. 피조물을 경배하고 의지했기 때문에 죽을 것 같은 사건이 왔다는 것을 인정하기 원합니다. 파스칼의 말처럼 예수님이 들어가지 않으면 어떤 것으로도 공허함을 채울 수 없는데, 하나님을 마음에 두기 싫어하는 가족들이 있습니다. 하나님이 내어 버려두신 것처럼 잘 먹고 잘사는 것이 최고라고 하는 형제들이 있습니다.

주님, 시간이 별로 없습니다. 지옥의 사형선고를 받고 죽음으로 치닫는 그들을 붙잡아 주옵소서. 나는 잠깐 힘들어도 하나님을 붙잡고 살아나는데 내 남편, 내 자녀가 영원한 지옥으로 간다면 어떻게 합니까! 천국이 확실하기에 지옥도 확실한데 언제까지 그들을 옳다, 옳다 하겠습니까! 나와 내 가족, 지체들이 하나님이 내어 버려두는 자가 되지 않도록 날마다 간섭해 주옵소서. 사건을 통해서 내 죄를 깨닫게 하시는 것이 하나님의 간섭이고 최고의 사랑임을 알고 "주는 영원히 찬송할 이시로다" 고백하게 하옵소서. 가득한 죄가 아닌 하나님으로 우리의 마음을 채우며 구원을 이루게 하옵소서.

예수님 이름으로 기도하옵나이다. 아멘.

07
하나님의 판단

로마서 2:1~16

하나님 아버지, 우리가 하나님의 판단이 임하지 않는 인생을 살기 원합니다. 말씀이 뚫고 들어갈 수 있도록 성령님이 역사하여 주옵소서. 예수님 이름으로 기도하옵나이다. 아멘.

영국의 철학자 버트런드 러셀은 《나는 왜 그리스도인이 아닌가》라는 그의 저서에서 자신이 그리스도인이 될 수 없는 여러 가지 이유를 이야기합니다. 그의 논리는 당시 영국의 많은 지식인들에게 공감을 불러일으키면서 기독교 전파에 부정적인 영향을 준 것으로 유명합니다.

러셀이 내세우는 많은 이유 가운데 하나가 어떻게 자신의 아들을 십자가에 매달아 비참하게 못 박아 죽이는 아버지가 있을 수 있는가, 그렇게 잔인무도한 하나님은 믿을 수 없다는 것입니다. 저는 거기에 많은 지식인들이 공감했다는 것이 더 신기하게 느껴집니다.

십자가에 달린 참혹한 예수님의 모습은 무엇을 뜻하는 것일까요? 러셀이 얘기한 것처럼 하나님의 잔인함을 보여 주는 걸까요?

십자가는 예수님의 죽음 자체가 아니라, 그 죽음을 통해 담당하신 우리의 죄가 얼마나 참혹한지를 보여 주는 것입니다. 우리의 죄 값을 담당하신 십자가의 예수님을 보면서 죄에 대한 심판이 얼마나 비참하고 무서운가를 볼 수 있어야 합니다. 죄로 인해 짓눌린 인간의 참혹함을 볼 수 있어야 합니다.

 ## 판단하는 자가 판단을 받는다

그러므로 남을 판단하는 사람아 무론 누구든지 네가 핑계치 못할 것은 남을 판단하는 것으로 네가 너를 정죄함이니 판단하는 네가 같은 일을 행함이니라_롬 2:1

차별이 없는 복음과 차별이 없는 진노를 말씀하시고, 인간의 21가지 죄의 목록을 나열한 뒤 "그러므로"가 나왔습니다. 복음과 죄에 대해서 다 듣고 '그러므로' 하는 일이 무엇입니까? 남을 판단하는 것입니다.

1장 후반부 21가지 죄의 목록이 인간의 일반적인 죄, 주로 하나님을 마음에 두기 싫어하는 불신자들의 죄라고 한다면, 2장부터는 믿는 자들이 짓는 죄의 목록이라고 할 수 있겠습니다. 신자들이 주로 짓는 죄가 판단하는 죄입니다. 말씀을 듣고 하나님을 경험했다고 하면서 그것으로 남을 판단하는 겁니다.

왜 판단합니까? 하나님은 의인은 없나니 하나도 없고 죄로 인한 사형선고는 누구도 피할 수 없다고 하시는데, 자꾸 나는 아니라는 겁니다. 하나님이 '유죄' 선고를 하셨다면 그 죄에서 어떻게 구원을 얻을까 생각해야 하는데, 나는 죄와 상관이 없다고 믿기 때문에 남을 판단하기에 바쁩니다. 유대인이 바로 그런 사람들이었습니다.

유대인은 동성애 근처에도 안 갔습니다. 우상도 섬기지 않았습니다. 율법을 열심히 지켰고 도덕적으로도 훌륭한 사람들입니다. 법 없이도 살 사람들입니다. 재산을 팔아서 구제도 하고 금식도 하고 기도도 열심히 합니다. 이런 사람을 향해서 "당신이 죽을 죄인이다."라고 말하는 건 쉽지 않습니다. 어렵게 말을 한다고 해도 이들이 곧이듣지 않습니다.

그렇기 때문에 내가 죄인이라는 말씀에 엎드릴 수 없고 남을 판단하기에만 바쁩니다. 왜냐하면 마음속에 "나 정도면 괜찮지?"라는 믿음이 항상 깔려 있기 때문입니다.

이런 일을 행하는 자에게 하나님의 판단이 진리대로 되는 줄 우리가 아노라 이런 일을 행하는 자를 판단하고도 같은 일을 행하는 사람아 네가 하나님의 판단을 피할 줄로 생각하느냐_롬 2:2~3

"나는 죄가 없어! 절대 죄 없어!!" 하는 강한 부정은 강한 긍정이라는 사실을 알아야 합니다. "판단하는 네가 같은 일을 행한다."고 1절에 이어 반복해서 말씀하십니다. 행위로 죄를 지은 자나 그것을 판단하는 자나 똑같이 하나님의 판단을 받습니다.

누군가를 판단하는 이유는 옳은 말로 판단함으로써 자기가 선하다는 것을 과시하려는 욕구 때문입니다. 간음죄를 회개하는 간증을 들으면서 "난 정말 공감이 안돼. 어떻게 부인을 두고 한눈을 팔 수 있지?" 하고 말하는 이면에는 자신의 결백을 내세우고 싶은 마음이 숨어 있습니다. 이웃을 판단하는 나야말로 하나님의 판단을 받아야 할 대상입니다.

> 설교를 듣고 큐티하면서 다른 사람의 잘못이 보입니까? 그 사람의 문제를 지적해 주고 싶은 사명감으로 불타고 있습니까? 내가 남을 판단하는 그 내용으로 나도 판단을 받는다면, 나는 아무 문제없이 떳떳하다고 자신합니까?

누가 하나님의 판단을 받는가

이런 일을 행하는 자를 판단하고도 같은 일을 행하는 사람아 네가 하나님의 판단을 피할 줄로 생각하느냐_롬 2:3

우리는 "나는 안 그런데 너는 도대체 왜 그래?" 하면서 남을 판단합니다. 하지만 누군가의 잘못이 두드러지게 보인다면 똑같은 약점이 내게도 있다는 증거입니다. 아는 것과 실제 삶이 다르기 때문에 실컷 남을 판단해 놓고도 똑같은 죄를 짓습니다. 자신의 삶은 변하지 않으면서 정답만 늘어놓는 것은 상대에게 상처를 줄 수밖에 없습니다.

우리는 사랑으로 사람을 판단해야 합니다. 그럴 때 상대에게 상처를 주지 않을 수 있습니다. 사랑으로 누군가를 판단하는 것은 그 사람의 죄와 아픔에 공감하는 것입니다. 간음의 죄에 빠진 사람에게 "내가 직접 외도를 한 건 아니지만 나도 그런 마음이 있었다. 나도 당신하고 똑같다. 하지만 그 죄는 반드시 끊어야 한다. 우리 같이 기도하자." 이렇게 말할 수 있어야 합니다. 말로만 하는 것이 아니라 그 사람의 삶에 깊이 들어가서 함께 문제를 해결하도록 돕는 것이 사랑으로 하는 판단입니다.

혹 네가 하나님의 인자하심이 너를 인도하여 회개케 하심을 알지 못하여 그의 인자하심과 용납하심과 길이 참으심의 풍성함을 멸시하느뇨_롬 2:4

하나님의 인자하심과 용납하심과 길이 참으심의 풍성함을 멸시한다는 것이 무슨 말일까요? 흔한 말로 배부르고 등 따시고 살기가 좋아지면 내가 잘해서 복을 받았다고 생각하는 것입니다.

아무개 집사는 날마다 눈물 흘려 기도하고, 큐티하고, 교회를 열심히 섬기는데도 돈이 없고 병에 걸렸습니다. 아이들도 속을 썩입니다. 그런데 나는 가정도 화목하고 아이들도 공부 잘하고 돈도 잘 벌리니까 은근슬쩍 내가 선하다고 생각합니다. 내가 저 사람보다 선하기 때문에 복을 받았다는 것입니다. 이런 사람이 하나님의 판단을 받습니다.

다만 네 고집과 회개치 아니한 마음을 따라 진노의 날 곧 하나님의 의로우신 판단이 나타나는 그날에 임할 진노를 네게 쌓는도다_롬 2:5

고집과 회개하지 않는 마음도 하나님의 판단을 받습니다. 하나님이 믿어지지 않는다고 마음을 딱딱하게 굳히고 있는 사람이 있습니다. "좋으신 하나님 너나 믿어라, 나는 안 믿는다."고 고집을 피웁니다. 말씀을 들어도 사람이 어떻게 성경에 있는 그대로 사느냐고, 나는 생긴 대로 살겠다고 합니다. 문제가 있는 건 인정하면서도 회개할 마음도 달라질 마음도 없는 고집스러운 모습은 얼마나 남을 불편하게 하는지 모릅니다.

하나님은 그런 고집스러움이 진노를 쌓는다고 하셨습니다. 하나님의 판단이 나타나는 날, 환난의 날에 우리가 얼마나 무력한 존재인지를 알게 하십니다. 지진이 나고 땅이 꺼지는데 "나는 이대로 살 거야." 하고 고집 피울 사람이 있겠습니까? 지진까지 갈 것도 없습니다. 당장 자식만 속을 썩여도 오금이 저려서 나름대로 잘 살고 있다는 고집과 교만이 무너집니다.

피할 길이 있다

하나님께서 각 사람에게 그 행한 대로 보응하시되_롬 2:6

1963년, 도끼 살인 사건으로 유명한 고재봉이라는 사람이 있습니다. 온 나라를 떠들썩하게 했던 이름이라 아직도 많은 사람들이 그를 기억하고 있을 겁니다.

고재봉은 고아였습니다. 시골에서 자라고 배운 것도 없었습니다. 그러다가 군에 입대해서 중대장인 박 중령의 집에서 허드렛일을 하게 됐습니다. 먹을 것이 부족하던 시절이다 보니 그는 어느 날 박 중령 집에서 950원어치 동태와 먹을 것을 훔쳐서 나왔습니다. 그것이 가정부에게 발각되어 군법회의에 넘어가 실형을 살았습니다.

실형을 살고 나왔지만 박 중령 때문에 군 생활이 어려웠습니다. 고재봉에게는 애인이 있었는데 박 중령은 그 애인이 보낸 편지를 뜯어 다른 장병들 앞에서 비하하면서 읽어 주기도 했습니다. 어떤 날은 장병들이 모두 모인 자리에서 워커 발로 고재봉의 머리를 짓밟기도 했습니다. 애인도 변심을 하고 떠났습니다.

고아로, 아무 의지할 데가 없는 사람이 박 중령 때문에 감옥에 갔습니다. 애인을 잃었습니다. 내가 고재봉이라면 어떻게 했을까요? 부모형제가 있는 것도 아니고 누구 때문에라도 참을 이유가 없으니, 더 앞뒤 생각이 나지 않았겠죠. 결국 술을 마시고 탈영했습니다. 술에 취한 채 박 중령을 찾아가 죽였는데 놀랍게도 그가 죽인 사람은 박 중령이 아닌 이 중령이라는 사람이었습니다. 만취한 상태에서 잘못 찾아간 것입니다.

"행한 대로 보응하신다"는 것은 행위의 문제가 아닙니다. 고재봉은 도둑질을 하고 살인을 했으니 죄인이고, 박 중령은 하나님이 살려 줬다고 말할 수 있습니까? 억울하게 죽은 이 중령과 가족들은 왜 그런 일을 당한 걸까요?

죄는 사람이 기준이 아니라 하나님이 기준입니다. 진리가 표준입니다. 무엇이 길다 짧다 하는 것은 자로 재어 보고 결정해야 합니다. 진리가 바로 자(ruler)입니다. 진리가 저주하는 일을 행하면 심판이 있고, 진리가 축복하는 일을 행하면 복을 받습니다.

진리가 무엇입니까? 진리는 그 환경이 되면 누구라도 죄를 지을 수밖에 없다는 것입니다.

어떤 집사님이 지방에 땅을 사 뒀는데 서울 근교의 땅 값만 마구 올라가니까 속이 탔습니다. 부동산 이야기만 나오면 비판을 하고 싶더랍니다. 그 집사님은 하나님 믿는 사람들이 왜 부동산에 목을 매느냐고 판단을 하고 싶었습니다. 그런데 중요한 것은 자기 땅 값이 올랐으면 그런 마음이 없었을 거라는 겁니다.

이것이 인간의 악입니다. 환경이 안돼서 그렇지 돈이 있고 기회만 있으면 부동산 투기로, 음란으로, 살인으로 갈 수밖에 없는 것이 우리들입니다. 교양과 두려움이 막아서 그렇지, 얼마든지 미워서 살인할 수 있는 것이 나의 원래 모습입니다. 그것을 깨달을 때 심판을 피할 길이 있습니다.

행위로 나타나지는 않았어도 하나님께는 숨길 수 없기에 두려움으로 회개해야 할 죄는 어떤 것입니까? 행한 대로 보응하시는 하나님의 판단이 심판이 아닌 구원으로 임하기 위해, 죽기 전에 죄가 드러나고 치리를 받는 것이 축복임을 믿습니까?

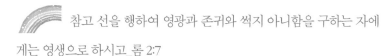

참고 선을 행하여 영광과 존귀와 썩지 아니함을 구하는 자에게는 영생으로 하시고_롬 2:7

4절에서 "길이 참으심의 풍성함을 멸시"하는 자가 하나님의 판단을 받는다고 했습니다. 하나님이 나 때문에 얼마나 오래 참으셨습니까! 나를 참아 주신 하나님을 생각하면 우리가 누구를 판단할 수 있겠습니까!

나에 대해 길이 참아 주신 주님을 생각하며 참고 선을 행하는 것이 하나님의 말씀을 따라 사는 자의 삶입니다. 하나님이 주신 사명, 하나님이 만든 아름다운 세상을 다스리고 지키는 것이 선(善)입니다. 아담과 하와는 이를 거부해서 첫 악을 행했습니다. 그 원죄(原罪)로 인해 인생은 전적으로 타락했습니다. 이제 인생에게는 선을 행할 능력이 1%도 없습니다.

그것을 인정하고 내 죄를 회개하는 자가 영광과 존귀와 썩지 아니함을 구하는 자입니다. "나 정도면 선한 사람이지." 하는 생각을 버리기 바랍니다. "난 달라질 필요가 없어." 하는 고집도 버리기 바랍니다.

살인 사건을 저지른 지 한 달 만에 고재봉이 붙잡혔는데 얼마나 포악했는지 모릅니다. 간수가 자신을 쳐다봐서 기분이 나쁘다고 손가락으로 간수의 눈을 찔러 피를 흘리게 했습니다. 머리를 벽에 들이받으며 그 안에 있는 사람들의 간담을 서늘하게 만들었습니다. 결국 그는 사형선고를 받고 죽을 날만 기다리게 되었습니다.

어느 날 한 통의 편지가 그에게 배달되었습니다. 초등학교 3학년 아이가 쓴 편지였습니다.

고재봉 아저씨, 사람들은 아저씨를 살인마라고 부르면서 무서워하지만 저는 아저씨 사진을 봤는데 그렇게 보이지 않아요. 아저씨가 그런 일을 한 것은 진짜 마음으로 그런 게 아니죠?

교회에서 들었는데 예수님이 돌아가실 때 예수님 옆에 있던 강도도 사형을 당했대요. 그런데 교회 선생님 말씀이 그 강도도 하늘나라에 올라가서 예수님과 함께 있게 되었대요. 죽을 때 회개하고 예수님을 믿었기 때문이래요. 그러니 아저씨도 예수님을 꼭 믿으세요.

실은 제가 어제 친구들과 싸움을 했어요. 친구들은 아저씨가 무서운 사람이라고 했고 저는 아니라고 했거든요. 아저씨, 저는 요즘 아저씨가 하늘나라에 들어갈 수 있게 해 달라고 매일 예수님께 기도해요.

아저씨도 너무 슬퍼하지 마시고 저처럼 꼭 기도하고 주무세요. 또 편지 드릴게요.

어느 시골 교회 목사님도 그에게 편지를 보내왔습니다.

고 군에게 눈물로 호소합니다. 인간은 누구나 다 죄인입니다. 누구나 다 똑같이 지옥에 갈 죄인이지만 예수님은 우리의 죄를 위해서, 특히 고 군을 위해서 십자가를 지시고 죽으시고 부활하셨습니다. 부활하신 예수님은 이제 우리를 위해 영원한 처소를 예비하고 기다리십니다.

이러한 눈물 어린 기도와 사랑의 편지는 고재봉의 마음을 움직였습니다. 하나님과 예수 그리스도의 은혜로 얼어붙었던 그의 마음이 완전히 녹아서 옥중에서 예수 그리스도를 구세주로 영접했습니다.

죽을 날이 얼마 남지 않은 고재봉이 밤새워 성경을 읽게 됐습니다. 동료들에게 힘써 예수 그리스도를 증거하기 시작했습니다. 그의 변화된 모습 때문에 사형이 2년 정도 연기되어 강력범 숙소를 돌면서 3천 명을 전도했다고 합니다.

처음에는 이렇게 전도했습니다.

"야, 내가 사형선고 받았는데 너 하나 죽인다고 해서 무슨 더 큰 벌을 받겠냐? 너 죽을래, 예수님 믿을래?"

그래서 첫 날에 다섯 명이 영접했습니다. 그러다가 점점 달라졌는데, 정말 구원을 위해서 복음을 전했기 때문에 어떤 목사님보다도 더 능력이 있었습니다.

드디어 사형을 집행하던 날, 고재봉은 '내가 먼저 하늘나라에 가서 기다릴 테니까 다들 오기 바란다.'며 웃으면서 동료들에게 작별 인사를 했습니다.

마지막 소원으로 찬송가 한 곡을 부르고 싶은데, 자신이 찬송을 부르면서 웃고 있을 때 꼭 총을 쏘아 달라고 부탁했습니다.

고재봉은 찬송가 545장 〈하늘 가는 밝은 길이〉를 부르면서 계속 눈물을 흘렸습니다. 3절 마지막 부분에서 그는 정말 평화스러운 모습으로 웃고 있었습니다. 그때 방아쇠가 당겨지고 얼굴 위로 피가 흘러내렸습니다. 그러나 그 모습은 너무나도 평화스러웠다고 합니다.

저는 이 중령의 죽음이 삼천 명이 전도되는 데 쓰임을 받았다고 생각합니다. 고재봉은 이 중령의 가족들에게 편지를 쓰고 용서를 구하고 마지막까지 사죄를 하고 갔습니다.

아무리 지식이 있고 권세가 있어도 고재봉의 처지를 공감하지 않는 사람이야말로 하나님의 판단을 받을 사람입니다. 지식이 없어도 좋습니다. 아무것도 몰라도 좋습니다. 하나님은 고재봉을 전도한 초등학교 3학년 학생처럼 내가 만난 예수님을 전하는 그 믿음을 기뻐하십니다.

사람을 변화시키는 것은 판단이 아닙니다. 지식이 아닙니다. 초등학교

3학년 학생이 성경을 많이 알겠습니까? 지식이 있습니까?

먼저 나를 진리의 잣대로 재 보고 내가 얼마나 죄인인가를 보게 되기를 바랍니다. 구원은 자기 죄를 인식하는 것에서부터 출발합니다. 그것이 안 돼서 오늘 다른 사람을 향해 판단과 정죄의 방아쇠를 당긴다면 나도 진노의 심판을 피할 수 없습니다.

피할 길은 오직 예수 그리스도뿐입니다. 사람을 변화시키는 것은 판단이 아니라 오직 그리스도 예수의 사랑입니다.

> 나를 오래 참아 주신 주님, 고재봉도 용납하신 주님을 생각하며 내가 끝까지 참고 기다려야 할 대상은 누구입니까? 변하지 않는 그 사람을 통해 내 자신의 죄를 보며, 판단이 아닌 긍휼과 사랑으로 그를 대하고 있습니까?

하나님 아버지! 믿든지 안 믿든지 우리가 모두 하나님의 판단 대상인 것을 알았습니다. 불의와 탐욕과 시기와 살인과 동성애와 이 모든 죄를 이야기하면서 그래도 나는 선하다며 남을 판단하기 때문입니다. 나는 죄가 없다고 고집을 부리고, 하나님의 길이 참으심의 풍성함을 멸시하며, 악의와 살인보다도 더한 판단의 죄를 짓는 저를 불쌍히 여겨 주옵소서. 내 죄를 회개하지 않으면서 주님의 길이 참으심과 사랑을 멸시하기 때문에, 고재봉보다 더한 죄를 짓고 있는 나를 불쌍히 여겨 주옵소서.

안타까운 사랑으로 복음을 전하고 간 고재봉의 삶을 보며, 저도 예수 그리스도의 사랑으로 사람들을 대하기 원합니다. 남을 판단하며 상대하기 싫었던 그 모습이 나에게도 있음을 알고, 변하지 않는 그 사람을 받아들이기 원합니다.

오직 주님의 사랑만이 나를 변화시키고 내 식구들을 변화시킬 수 있습니다. 주님의 사랑으로 우리 앞에 하늘 가는 밝은 길을 열어 주옵소서. 어떤 죄인도 용납하시는 주님의 사랑으로 참고 선을 행하며 영생을 얻는 자 되게 하옵소서. 예수님 이름으로 기도하옵나이다. 아멘.

08
하나님께 칭찬받는 네 가지 비결

로마서 2:17~29

하나님 아버지, 우리는 끊임없이 사람의 인정과 칭찬을 받기 위해 목을 매고 그것 때문에 슬퍼할 때가 많습니다. 그러나 이제는 인간이 아닌 하나님의 칭찬을 받는 자가 되기 원합니다. 어떻게 하나님의 칭찬을 받을 수 있는지 말씀해 주옵소서. 예수님 이름으로 기도하옵나이다. 아멘.

어느 교회에 믿음이 너무 좋은(?) 여 집사님이 구역장으로, 여전도회 회장으로 섬기고 있었습니다. 본인만 신앙생활을 하고 남편과 자녀들은 안 믿는 가정이었는데 남편이 미국으로 이민을 가겠다고 했습니다. 아이들도 동의를 했습니다. 이 집사님은 예수님을 안 믿는 사람은 다 마귀에게 속한 것인데 내가 미국까지 따라가서 '마귀 새끼들'의 수발을 들어야겠는가 하는 생각이 들었습니다.

절대 그럴 수 없다는 결심을 하고 '마귀 새끼들'의 수발을 들러 미국에 가기보다 혼자 한국에 남아서 몸 된 교회를 섬기겠다고 했습니다. 구역 예배 시간에도 선포를 했습니다. 그러자 구역 식구들이 감동받았고, 역시 구역장님은 믿음이 좋다는 소문이 났습니다. 그 소문을 들은 장로님들도 격려해 줬습니다. 이 집사님이 하나님께 칭찬받는 사람일까요?

사도 바울은 오늘 본문에서 건강하지 못한 유대인들의 신앙을 지적하면서 당시 로마의 성도들과 우리들이 어떻게 칭찬받는 건강한 교인으로 살아갈지에 대해 중요한 교훈을 주고 있습니다.

책망을 잘 받아야 칭찬을 받는다

유대인이라 칭하는 네가 율법을 의지하며 하나님을 자랑하며 율법의 교훈을 받아 하나님의 뜻을 알고 지극히 선한 것을 좋게 여기며_롬 2:17~18

유대인을 책망하기 이전에 바울은 먼저 유대인의 장점부터 언급합니다. 이처럼 누군가의 잘못을 지적하기 위해서는 반드시 먼저 그 사람을 사랑해야 합니다. 그럴 때 죄를 분별하는 지혜가 생깁니다.

책망을 잘하고, 또 잘 받으려면 상대에 대한 신뢰가 필요합니다. 착하고 똑똑한 사람이 분별을 잘하는 게 아닙니다. 내 죄 때문에 무너진 경험을 한 사람만이 죄를 분별할 수 있습니다. 사업이 무너지고 학업이 무너진 경험을 하면서 내 속의 죄를 깨닫고 나면 타인에 대한 이해도 깊어집니다. 바울 사도는 예수님을 만나기 전에는 누구보다도 율법적이고 지식을 자랑하는 사람이었습니다. 그런 그가 주님을 만나고 그것이 무너지는 경험을 했기 때문에 편견 없이 유대인의 장단점을 이야기할 수 있게 된 것입니다.

책망할 때 관심과 사랑으로 하고 있습니까? 교회의 지도자나 상사, 부모의 책망을 잘 받아들입니까?

 ## 내 주제를 알아야 칭찬을 받는다

네가 율법에 있는 지식과 진리의 규모를 가진 자로서 소경의 길을 인도하는 자요 어두움에 있는 자의 빛이요 어리석은 자의 훈도요 어린아이의 선생이라고 스스로 믿으니_롬 2:19~20

잔뜩 좋은 말로 칭찬을 하더니 마지막에 가서 '스스로' 그렇게 믿었다고 합니다. 뭔가 조짐이 수상하지요?

우리가 처음 예수님을 믿을 때는 교회에서 가르치는 대로 잘 따라옵니다. 예배도 빠지지 않고, 새벽기도까지 나오라고 해도 잘 나옵니다.

바리새인도 처음에는 그랬습니다. 하루 세 번 시간을 정해 놓고 어딜 가서든지 어떤 상황에서든지 기도하고, 사람들이 많아도 기도하다 보니 굉장히 경건한 사람이라고 칭찬을 받기 시작했습니다. 믿음의 혈통을 자랑하는 유대인으로서 하나님을 자랑하고 하나님의 뜻을 가르치게 됐습니다.

성경을 가르친다는 것은 정신적인 것도 육적인 것도 아닌, 영적인 것을 가르치는 고귀한 일입니다. 저는 힘든 입시와 훈련을 거쳐서 피아노를 공부하고 학생들을 가르쳤는데, 그때보다도 지금 성경을 가르치는 것이 더 대단하게 느껴집니다. 이렇게 고귀한 일에 칭찬을 받다 보니까 자존적인 교만이 발동하고 '그래, 나는 정말 믿음이 좋은 사람이야! 난 정말 훌륭해!' 하고 스스로 믿게 되는 것입니다.

'역할' 을 '지위' 로 생각하는 사람들이 많습니다. 유대인은 성경을 가르치는 것이 사람들을 하나님께 인도하는 중보자 역할이라고 생각하지 않고 지위로 생각했습니다. 선생의 역할을 특별한 지위라고 착각하기 때문에 남들만 열심히 가르치고 자신에 대한 하나님의 기대는 저버립니다. 유대인이라서, 목사라서, 장로라서, 집사라서 구원의 문제가 다 해결된 것처럼 생각하니까 정작 이루어야 할 스스로의 구원에 대한 필요성을 못 느끼는 것입니다. 역할에 의한 책임은 상대적이고, 지위로 인한 특권은 절대적이라고 주장하는 것이 죄인인 인간의 특징입니다.

저는 아들이 초등학교에 들어갈 때 한글이나 기초 공부를 전혀 가르치지 않고 보냈습니다. 제게 무슨 소신이 있어서가 아니라 친정어머니도 저를 전혀 가르치지 않으셔서 그것이 자연스러운 줄 알았습니다. 다른 아이들은 다 한글을 배우고 입학했으니 우리 아들이 공부를 잘했겠습니까? 성적이 형편없었습니다. 점수가 너무 엉망이니까 "어떻게 이런 점수가 나올 수 있냐?" 하는 소리가 절로 나왔습니다. 그랬더니 아들이 "나보다 못한 애가 두 명이나 있는데 엄마는 왜 그러세요?" 이러는 겁니다.

그러던 아이가 중학생이 되고 아버지가 돌아가시고 나서는 태도가 달라졌습니다. 공부를 하라고 하면 "누구 아버지는 어떤 분이고, 친구 아무개 아버지는 어딜 보내 주고, 무슨 과외를 시켜 주고…" 하면서 잘 나가는 친구 아버지 이야기를 합니다. 학생으로서 공부해야 한다는 자기 책임은 뒤로 하고 "나는 아버지가 안 계시다."는 묘한 특권을 부르짖는 겁니다.

그게 다 누굴 닮아서 그렇겠습니까? 엄마인 저를 닮았죠. 저 또한 목사로서 하나님이 제게 맡기신 책임은 뒤로 미루고 지위만 누리고 싶을 때가 많습니다. 특히 집안일에 대해서 그렇습니다.

목회를 하면서부터는 일주일 내내 설교 준비를 하고 교회 일을 돌보려니까 주부로서의 역할을 거의 못하게 되었습니다. 시집간 딸에게도 친정 엄마 노릇을 못하죠. 반찬도 시댁에서 갖다 먹고 손녀를 낳았을 때도 시어머니가 친정 엄마인 제가 할 일을 다해 주셨습니다. 어느 날은 딸이 저를 보고 "엄마, 목사님이면 다예요?" 이러더군요.

그때 제가 "그래, 엄마가 못 챙겨 줘서 미안하다." 그러겠습니까? "넌 엄마가 얼마나 바쁜지 모르냐? 너도 교회를 섬기면서 왜 그 모양이냐?" 오히려 더 큰소리를 칩니다. 자기 일을 잘하는 사람들은 큰소리도 안 치는 법입니다. 내 역할을 제대로 못하니까 열등감이 생겨서 큰소리를 치는 거죠.

가정과 직장과 교회와 모든 사회의 관계 속에서 만족이 없는 이유는 우리가 역할과 지위를 혼동하기 때문입니다. 하나님은 여성 목회자로서의 역할 모델을 하라고 저를 세우셨습니다. 그러기 위해 20여 년 동안 평신도로 사역을 하면서 며느리 역할, 아내 역할, 엄마 역할, 딸 역할로 훈련받게 하셨습니다. 그런데 이제 목사가 됐다고 "나는 목사니까!" 하고 권리만 부르 짖는다면 제가 어떻게 말씀에 순종하라고 사람들을 가르칠 수 있겠습니까?

구약의 마지막에 뽕나무를 치던 아모스 같은 평신도 사역자가 활동한 것처럼 지금 이 시대에도 목회자와 평신도의 벽이 허물어지고 있습니다. 디지털 시대의 특징 가운데 하나가 '참여'인데, 오늘날은 평신도의 참여 없이는 교회의 부흥과 선교의 효과를 기대할 수 없는 세대입니다.

"그가 혹은 사도로 혹은 선지자로, 혹은 복음 전하는 자로, 혹은 목사와 교사로 주셨으니"(엡 4:11) 하는 말씀은 직책이 아니라 은사를 가리키는 것입 니다. 우리가 각자의 은사로 하나님의 몸 된 교회를 섬긴다는 뜻입니다. 그 런데 이것이 너무 조직화되고 교회 안에서도 지위가 생겨나면서 1517년에 루터가 "오직 믿음으로!" 만인 제사장설을 부르짖으며 종교개혁을 일으켰 습니다. 그래서 평신도도 성경을 읽고 배우게 됐지만 만인 제사장이라는 것은 쉽게 받아들여지지 않았습니다. 오랫동안 평신도와 성직자라는 계급 의식이 자연스럽게 자리 잡아 오다가 1950년 무렵부터 서서히 "모든 그리 스도인은 목회자"라는 신학적 재발견이 시도되었습니다. 18세기 웨슬리안 경건 운동이라든가, 20세기 초 조나단 에드워드의 성령 운동, 1907년 우리 나라의 성령 운동 등은 모두 평신도에 의해 시작됐습니다.

우리 모두에게는 하나님이 주신 역할이 있습니다. 분야가 다를 뿐이지 몸 된 교회를 이루어 가기 위해 모두가 귀한 역할입니다. 교회가 먼저 담을 헐어야 합니다. 직분의 벽, 신앙 경력의 벽, 권위의 벽이 교회 안에서 먼저 무너져야 합니다. 교회 밖에서도 지위로 누리는 특권이 아닌 그리스도인의 역할에 의한 책임을 먼저 생각해야 합니다.

17절 전반부에 "유대인이라 칭하는 네가" 하는데, 원래는 '이스라엘 사람'이 공식 명칭입니다. 솔로몬 이후 이스라엘이 남유다와 북이스라엘로 갈라지고, BC 722년 북이스라엘이 멸망하면서 사마리아인 같은 혼혈족이 이스라엘로 이주했습니다. 그때부터 남유다 사람들이 혼혈족을 무시하고 자신들을 구별하려고 '유대인(Jew)'이라는 명칭을 쓰고 있습니다.

선민으로서의 자긍심과 자존심이 대단해서 이스라엘이라는 말도 안 쓰고 유대인이라고 했는데, 지금은 그 명칭이 비난의 의미로 쓰일 때가 많습니다. 그래서 지금은 다시 이스라엘이라는 이름을 쓰고 있습니다.

스스로 유대인이라고 칭하면서 좋은 이름을 붙이면 뭐합니까? 명예로운 이름에는 그만큼의 책임이 따릅니다. 역할은 뒤로 하고 지위와 특권만 내세운다면 칭찬은커녕 비난과 멸시의 대상이 되는 것입니다.

어느 공동체에서든 자리가 높을수록 책임도 크다는 것을 생각합니까? 우리의 공동체가 지도자는 지도자대로, 조직원은 조직원대로 역할 파악을 제대로 못해서 소경이 소경을 인도하는 위험한 공동체는 아닙니까?

자신에게 엄격한 자가 칭찬을 받는다

그러면 다른 사람을 가르치는 네가 네 자신을 가르치지 아니하느냐 도

> 적질 말라 반포하는 네가 도적질하느냐 간음하지 말라 말하는 네가 간음하느냐 우상을 가증히 여기는 네가 신사 물건을 도적질하느냐_롬 2:21~22

남에게 엄격한 사람이 자신에게는 너그러운 법입니다. '남이 하면 불륜, 내가 하면 로맨스'가 바로 이 말입니다. '남이 하면 끼어들기, 내가 하면 차선 변경'이죠. 집에서도 아이가 접시를 깨면 소리 지르고 야단치지만 내가 깨면 그냥 조용히 처리합니다.

인간은 근본적으로 남을 가르치는 건 좋아해도 스스로를 가르치는 건 어려워합니다. 설교를 들어도 '이 말은 우리 남편이 들어야 하는데, 우리 애들이 들어야 하는데.' 하면서 눈물을 흘립니다. '이 집사가 들어야 하는데, 박 장로가 들어야 하는데.' 하면서 늘 다른 사람 가르칠 생각만 합니다.

저는 학생 때부터 피아노 레슨 아르바이트를 하고, 학교에서 학생들을 가르치고, 이제는 성경을 가르치고 있습니다. 이젠 가르치는 일이 저의 주업이 되고 이력이 붙었습니다. 예전에 개인적으로 큐티할 때는 모든 것이 저의 적용이었는데 가르치는 일에 매달리다 보니까 가르치려고 성경 보고, 가르치려고 책상 앞에 앉아 있을 때가 많습니다.

어쩔 수 없이 목회자로 부름을 받았기 때문에 그렇겠죠. 그러나 남을 가르치면서 자신을 가르치지 않으면 하나님이 저를 가르치실 수밖에 없습니다. 어떻게 가르치십니까? 사건을 통해 저를 가르치시고 깨닫게 하십니다.

유명한 목사님들이 재정이나 외도 문제로 스캔들이 터질 때 저는 그것이 그분들에게 축복이 아닌가 생각합니다. 만약 일이 터지지 않고 그냥 덮어진다면 그분들이 나중에 주님의 심판대 앞에 어떻게 설 수 있겠습니까. 내 부끄러운 죄들이 드러나서 하나님의 가르침을 받고 회개할 기회를 갖는 것이 축복입니다. 지도자들, 특별히 영적 지도자일수록 그렇습니다.

율법을 자랑하는 네가 율법을 범함으로 하나님을 욕되게 하느냐 기록된 바와 같이 하나님의 이름이 너희로 인하여 이방인 중에서 모독을 받는도다_롬 2:23~24

하나님이 제일 싫어하시는 것이 하나님을 모독하는 것입니다. 유대인은 하나님을 직접 모독하지는 않았습니다. 대신 이방인이 하나님을 모독하도록 동기를 제공했습니다.

유대인이 율법을 가르치다 보니까 하나님을 모독하게 되었습니다. 어떻게 모독했습니까? 하나님의 영광을 가로챘습니다. 큐티를 자랑하고 성경 읽기를 자랑해도, 그것으로 남을 가르쳐도 스스로를 가르치지 않으면 하나님의 영광을 도적질하는 것입니다. 가르친 만큼의 삶이 없기 때문에 칭찬이 모독으로 바뀌고 내가 믿는 하나님까지 모독을 받는 것입니다.

믿는 사람 중에 하나님을 모독하기 원하는 사람은 아마 한 명도 없을 것입니다. 그러나 나의 사소한 행동 하나하나가 하나님에 대한 모독이 될 수 있다는 것을 알고 경계해야 합니다.

어떤 전도사님이 영어 학원을 운영했는데 등록한 지 하루 만에 학원비를 환불해 달라고 하는 학부모와 다투게 됐습니다. 학원 규정상 환불이 안 된다고 하니까 학부모가 고소를 하네 마네 하면서 서로 소리를 지르면서 싸웠습니다. 그러니까 학부모가 금세 "전도사가 왜 그 모양이냐!" 하는 겁니다.

우리들교회가 휘문고등학교 건물을 빌려 쓰는데, 쓰레기를 아무 곳에나 버리거나 주차를 잘못하면 당장 "믿는 사람들이 왜 그래!" 하는 소리를 들을 것입니다. 운전할 때도 교회 주차 스티커를 붙이고 떡 하니 신호 위반하는 사람들이 있는데, 그러면 "예수 믿는다면서!" 하는 이야기가 나오는 것입니다.

믿는 사람은 교통 신호도 반드시 지켜야 합니다. 쓰레기도 함부로 버리면 안 됩니다. 어디를 가든 질서를 잘 지키고 양보해야 합니다. 그것이 그리스도인의 역할에 따르는 책임입니다. 남들이 지키든지 안 지키든지 하나님의 영광을 가로채지 않도록 스스로를 엄격하게 가르쳐야 하는 것입니다.

 ## 실속 있는 자가 칭찬을 받는다

네가 율법을 행한즉 할례가 유익하나 만일 율법을 범한즉 네 할례가 무할례가 되었느니라 그런즉 무할례자가 율법의 제도를 지키면 그 무할례를 할례와 같이 여길 것이 아니냐 또한 본래 무할례자가 율법을 온전히 지키면 의문과 할례를 가지고 율법을 범하는 너를 판단치 아니하겠느냐
_롬 2:25~27

파스칼은 "형식에 희망을 두는 것은 미신"이라고 했습니다. 할례는 유대인의 육체적 상징입니다. 유대인으로서 할례를 받지 않는 것은 수치스러운 일이었습니다. 유대인은 할례뿐 아니라 월삭, 각종 절기, 대회, 성회 등 온갖 종교 의식을 동원했고 의식은 점점 더 화려하고 장엄해졌습니다. 왜 그들이 할례나 의식에 연연했을까요? 율법을 제대로 지키지 못하는 자신들의 삶을 포장하기 위해 화려한 외적 의식이 필요했던 것입니다.

신앙의 성숙이란 "겉사람은 후패하나 속사람은 날로 새로워지는 것"(고후 4:16)입니다. 속에 든 것이 없기 때문에 자꾸 겉만 포장합니다. 경건한 의식 속에 있으면 우리가 의로워집니까? 화려한 그릇에 담는다고 음식이 저절로 맛이 있어지겠는가 말입니다. 실내 장식이 멋있고, 테이블보가 아름답고, 메뉴가 다양하고, 종업원이 너무나 친절하더라도 음식 맛이 없으면 그 식당에 가겠습니까? 서울 신당동 떡볶이 골목에는 전국에서 손님들이 찾아옵니다. 간판도 없이 초라하고 메뉴가 한 가지여도 음식이 맛있어야 차를 갈아타고라도 그 식당에 찾아갑니다.

할례 받은 유대인은 무할례자인 이방인을 개처럼 여겼습니다. 그런데 바울은 무할례자가 율법을 더 잘 지키면 할례 받은 너희를 판단하지 않겠느냐고 했습니다. 이 말은 유대인에게는 충격적인 말입니다. 제가 목사인데 목사가 제대로 못 살아서 평신도가 나를 판단한다고 해 보십시오. 날마다 식은땀이 나지 않겠습니까?

그러나 그것이 마땅한 것입니다. 직분을 가졌다고 해서 믿음까지 성숙한 것은 아닙니다. 성경을 많이 읽고 날마다 빽빽하게 큐티를 한다 하더라도 중요한 것은 '삶' 입니다.

하나님의 공동체에는 어떤 기득권도 없습니다. 우리들교회는 창립한 지 얼마 안되었기 때문에 아직 '창립 멤버' 란 말을 쓸 일이 없지만 두고두고 그런 말은 쓰이지 않기를 바랍니다. 교회 개척을 위해 아무리 수고를 하고 헌신했어도 그것이 기득권이 되어서는 안 됩니다.

육적인 것이든, 영적인 것이든 남보다 먼저 받은 것이 있다면 그것은 섬기라고 주신 것입니다. 남들보다 더 나은 직책과 능력을 맡겨 주셨다면 그것으로 남을 섬겨야 합니다.

어떤 형식에 집착하고 있습니까? 예배 순서나 찬양단의 복장을 트집 잡느라 예배의 은혜를 놓친 적은 없습니까? 장로, 권사 직분이 기득권이 되어 예배당의 제일 좋은 자리에 지정석을 두고 새 신자들을 당황하게 한 적은 없습니까?

대저 표면적 유대인이 유대인이 아니요 표면적 육신의 할례가 할례가 아니라 오직 이면적 유대인이 유대인이며 할례는 마음에 할찌니 신령에 있고 의문에 있지 아니한 것이라 그 칭찬이 사람에게서가 아니요 다만 하나님에게서니라_롬 2:28~29

"유다인과 예루살렘 거민들아 너희는 스스로 할례를 행하여 너희 마음 가죽을 베고 나 여호와께 속하라"(렘 4:4) 하신 것처럼 진정한 할례는 마음의 가죽을 베는 할례입니다. 할례란 남성 성기의 표피를 잘라 내는 것으로, 아브라함에게 처음 행하게 하시며 하나님의 언약 백성이 되는 표징으로 삼았습니다(창 17장). 구약의 할례가 신약에서는 세례로 이어졌습니다.

성기의 표피를 베어 내면 얼마나 아프겠습니까? 그들은 하나님의 백성이 되기 위해 신체의 일부분을 잘라 내는 아픔을 겪었습니다. 그와 같은 아픔으로 하나님 앞에서 마음을 찢는 회개가 마음의 할례입니다.

태양 빛이 뜨거울수록 벽돌은 굳어집니다. 그러나 버터는 뜨거운 빛 아래 있으면 금세 녹아 버립니다. 참 성도는 벽돌이 아니라 버터가 되어야 합니다. 불같은 아픔이 올 때 버터처럼 녹아져서 하나님께 파고들어야 합니다. 버터는 햇빛뿐 아니라 촛불에도 녹습니다. 마음의 할례를 받은 성도는 하나님의 음성에 예민해져서 작은 고난에도 금세 돌이킵니다. 뜨거울수록 굳어지는 벽돌이 되어 고난이 올수록 강퍅해지고 말씀이 안 들린다면 하나님의 은혜가 들어갈 수 없습니다.

모태신앙, 교회 직분자라는 표면적인 신앙의 모습에 안주하고 있지는 않습니까? 말씀의 은혜도 없고 감격도 없이 성경 몇 장 몇 절만 줄줄 외우며 지식으로 굳어졌습니까? 사람이 아닌 하나님의 칭찬을 사모하며 날마다 말씀으로 마음과 생각과 삶을 채웁니까?

여전도회 회장님 이야기로 시작했는데 또 다른 여전도회 회장님 이야기로 끝을 맺겠습니다. 어느 교회 여전도회에 이름도 유명한 '땅 사랑' 집사님이 회장을 맡고 있었습니다. 요즘 부동산 투기가 한창인데 이 '땅 사랑' 집사님도 한몫 잡으려고 나섰습니다. 다음 주일에 여전도회 헌신예배가 있는 것도 잊어버린 채 일주일 내내 아파트와 땅을 열심히 보러 다녔습니다.

그러다 주일 헌신예배 시간이 찾아왔고, 집사님은 전혀 준비가 안 된 채 강대상에 올랐습니다. 회장이니 사회를 맡는데 다행히 틀린 곳 없이 신앙고백을 마치고 찬송가를 펼쳤습니다. 그러고 나서 경건하고 정숙하게 외쳤습니다.

"우리 모두 찬송가 109동을 부르겠습니다."

이런 이야기도 들었습니다. 〈용의 눈물〉이라는 사극이 한창 인기 있을 때 미국에 사는 한 장로님이 어렵게 비디오테이프를 구해서 토요일에 밤새도록 그 드라마를 보았답니다. 그리고 다음날 주일예배 때 대표기도를 하는데 "하나님 전하!" 하고 기도를 시작했다는 겁니다.

속에 있는 것을 감추려고 아무리 거룩하게 겉모습을 치장해도 우리 안에 담겨 있는 것은 언젠가 겉으로 드러나게 돼 있습니다. 아담과 하와도 죄를 범한 뒤에 숨을 곳을 찾았지만 하나님은 그들을 찾아내셨습니다. 그들의 간장을 녹일 만큼 마음을 떨게 하셨습니다. 하나님은 우리의 입술을 통해서 무의식적인 내면을 드러내십니다. 입에서 나오는 말이 곧 나 자신입니다.

바울이 유대인을 계속 야단만 치는데 이 말씀으로 어떻게 설교를 할 수 있을까 생각하다가, 다른 사람이 아닌 제가 야단을 맞으면 되겠다고 생각했습니다. 바울 사도의 호된 야단이 아프고 쓰리지만 그래도 마지막에 하나님께 칭찬 받는 비결을 알려 주시니 감사했습니다.

하나님께 칭찬 받는 성도는 책망을 잘 받고 실천을 잘하는 사람입니다. 내 역할에 순종해서 책임을 다하고, 남을 가르치기보다 자신을 가르치는 사람입니다. 하나님은 외적인 경건보다 마음을 찢는 회개가 있는 사람을 더 칭찬하십니다. 사람에게 칭찬을 받아도 하루가 즐거운데 전능하신 하나님께 칭찬을 받는다면 그 기쁨을 무엇에 비할 수 있겠습니까?

우리 모두 로마서 말씀을 통해 바울 사도의 야단을 잘 맞고, 하나님께 칭찬받는 성도로 성장하기를 주님의 이름으로 축원합니다.

주님! 유대인이라고 칭함 받는, 믿는 사람으로 불리는 저입니다. 하나님의 율법을 알고 자랑하며 앉으나 서나 말씀과 기도를 부르짖습니다. 그러나 마땅히 해야 할 책임은 다하지 못하고 권리만 부르짖을 때가 많습니다. 부모로, 자녀로, 직장인으로, 학생으로 역할을 주셨는데 그것을 지위로 혼동하며 제가 편하기 위해 특권만 주장하는 것을 용서해 주옵소서. 교회에서나 사회에서나 제게 주어진 위치에서 오직 하나님을 섬기고 사람을 섬기는 데 쓰임 받도록 인도하여 주옵소서.

하나님의 자녀로서 말씀을 묵상하고 전하면서도 자신을 가르치지 못했습니다. 주님이 찾아오셔서 누구보다도 목사인 저를 가르쳐 주시고 경책하여 주옵소서. 하늘나라 가는 그날까지 모든 죄의 문제를 해결하고 갈 수는 없겠지만, 죄를 지을 때마다 깨닫게 하시고 남을 가르치기보다 제 자신을 가르치는 인생이 되기를 간절히 원합니다.

외적인 경건보다 내적인 회개와 은혜가 있는 신앙인이 되고 싶습니다. 날마다 말씀을 통해 마음의 가죽을 베는, 마음의 할례를 행하기 원합니다. 죄에 대해 애통하며, 고난 가운데서 굳어지는 벽돌이 아니라 녹아지는 버터가 되기를 간절히 원합니다.

저는 여전히 사람에게 인정받기 좋아하고 칭찬받기 좋아합니다. 그러나 사람이 아닌 하나님의 칭찬을 받고 싶습니다. 인정받기 좋아하는 저의 연약함을 불쌍히 여기시고 신앙인으로서 자신의 영광을 구하는 것이 하나님의 영광을 도적질하는 것임을 알게 하옵소서. 바울 사도의 야단을 잘 듣고 받아들이며 하나님께 칭찬 받는 성도로 살아가게 하옵소서. 예수님 이름으로 기도하옵나이다. 아멘.

09
거짓과 참

로마서 3:1~8

아버지 하나님, 말씀을 통해 거짓된 것과 참된 것을 분별하게 하시고 나의 죄를 깨닫게 하옵소서. 예수님 이름으로 기도하옵나이다. 아멘.

1620년 영국의 청교도들이 메이플라워호를 타고 망망대해를 건너 신대륙에 정착한 것이 미국 역사의 시작입니다. 영국 기독교는 청교도들이 떠난 뒤 쇠퇴하기 시작했는데, 최근 영국에서는 산업혁명이나 종교개혁에 버금가는 일들이 진행되고 있습니다. 영국 국교회인 성공회를 민영화하겠다는 것입니다.

영국에 있는 웨스트민스터 사원 같은 거대한 교회들도 지금은 관광지 역할만 할 뿐 예배를 드리기 위해 모이는 사람은 거의 없습니다. 몇 년 전에는 성공회에서 동성애자인 주교를 임명하기도 했습니다. 그러다 보니 그나마 교인 수가 많은 복음적인 교회들이 성공회를 탈퇴하게 됐습니다. 그래서 나온 대안이 성공회의 민영화입니다.

민영화에 나선 기업은 세계적인 무기상(商) '크리스토스' 라는 다국적 기업입니다. 그들이 수천만 달러를 투자해서 교회가 소유하고 있는 자산 관리를 맡았습니다. '크리스토스' 의 운영 방안은 교회의 묘지를 없애고 거기에 잔디를 심어서 연회 활동 무대로 쓰자는 것입니다. 또 스포츠 시설을 세워서 사람들을 교회로 끌어들이자고 합니다. 십계명도 현대 감각에 맞게 개정하자는 의견이 나왔는데 6계명인 "살인하지 말라"를 국방부에 건의해서 "명령 없이는 살인하지 말라" 로 바꾸겠다고 합니다.

이 일에 동의하십니까? 성경도 시대마다 해석이 다르고 적용이 다를 수 있는 것일까요? 아니면 하나님의 말씀은 일점일획이라도 변치 않아야 하니 무조건 건드려서는 안 되는 것일까요? 무엇이 참된 것이고, 무엇이 거짓인지 쉽게 판단할 수 없습니다.

"너희는 너희 아비 마귀에게서 났으니 너희 아비의 욕심을 너희도 행하고자 하느니라 저는 처음부터 살인한 자요 진리가 그 속에 없으므로 진리에 서지 못하고 거짓을 말할 때마다 제 것으로 말하나니 이는 저가 거짓말쟁이요 거짓의 아비가 되었음이니라"(요 8:44). 사람은 근본적으로 거짓말쟁이이고 거짓의 아비라고 합니다.

거짓과 거짓말은 마귀의 가장 중요한 사역 가운데 하나입니다. 마귀는 하나님의 자녀들 속에서, 또는 하나님의 자녀들을 통해서 거짓의 사역을 합니다. 에덴동산에서 하와는 하나님이 금하신 나무의 열매를 먹으면 눈이 밝아져서 하나님처럼 되리라는 뱀의 거짓말에 속아 넘어갔습니다. 유대인은 예수님이 하나님의 아들이라는 진실을 보지 못하고, 예수님이 하나님을 자칭했기 때문에 죽여야 한다는 거짓말에 휘말렸습니다. 그래서 메시아를 십자가에 못 박는 끔찍한 죄를 범했습니다.

심지어 마귀는 거짓을 가지고 하나님의 사역자들 속에서, 또는 그들을 통해서 일하기도 합니다. 이 말은 우리 자신을 포함한 많은 하나님의 자녀들이 자신도 모르게 마귀의 계략에 농락을 당하면서 마귀의 도구가 되고 있다는 말입니다. 우리는 우리 속에 있는 거짓의 실체를 볼 수 있어야 합니다. 마귀가 내 속에 어떤 거짓과 어떤 악을 두었는가를 살펴봐야 합니다. 하나님의 자녀들이 거짓의 실체를 깨닫지 못하면 계속 마귀의 도구가 되어서 마귀의 사역을 돕게 되기 때문입니다.

 믿는 사람이 나은 것

그런즉 유대인의 나음이 무엇이며 할례의 유익이 무엇이뇨_롬 3:1

사도 바울은 "유대인의 나음이 무엇이뇨", 믿는 사람이 나은 것이 무엇이냐고 묻습니다. 인간의 본질이 거짓말쟁이이고 거짓의 아비라고 했는데, 예수님을 믿는 사람이라고 나은 게 있습니까? 우리가 믿는 사람으로서 속고 있는 거짓은 없을까요?

유대인은 하나님께 택함을 받았다는 선민의식에 젖어 있었는데, 선민의 책임은 강조하지 않고 선민의 특권만을 부르짖었기 때문에 회개해야 할 시점에서 원망과 불평을 했습니다. 인간의 타락이 가져온 악영향 중에서 가장 큰 것이 바로 원망입니다. 매사에 억울해 하는 마음입니다.

이스라엘 백성들은 400년 노예 생활을 하던 애굽에서 구해 주신 하나님께 애굽에서 먹던 고기가 그립다며 원망했습니다. 나는 구원 받았으니 천국이 목적이라고 하면서도 애굽에서, 세상에서 잘살고 싶어서 불평이 나옵니다. 날마다 애굽 세상을 쳐다보면서 비교합니다. 그러니까 "예수 믿어서 나아진 게 뭐가 있어?" 이런 소리를 하는 겁니다.

이처럼 예수님을 믿어도 하나도 나아진 것이 없다고 불평하는 것, 그것이 바로 마귀의 거짓에 놀아나는 것입니다.

 범사에 많으니 첫째는 저희가 하나님의 말씀을 맡았음이니라
_롬 3:2

예수님 믿는 사람이 범사에 훨씬 낫다고 합니다. 그 중에서도 첫째로 나은 것은 하나님을 믿는 내가 "하나님의 말씀을 맡은" 사람이기 때문입니다.

우리는 툭 하면 예수를 믿어도 나아진 것이 없다고 합니다. 내가 예수님을 믿었으니까 더 나은 것을 주셔야 한다고 억지를 씁니다.

"하나님, 내가 먹을 것 입을 것이 있으면 잘 믿을 거예요."

"하나님, 주여! 제가 예수님을 믿었으니 우리 애가 S대에 붙어야지요."

"하나님, 주가(株價)만 오르게 해 주시면 제가 헌금을 많이 낼게요."

"하나님, 남편이 바람을 피웠는데 돌아오면 정말 열심히 믿겠습니다."

그렇게 날마다 더 나은 것을 주셔야 한다고 불평을 하니까 일부러 하나님이 "너를 낮추시며 너로 주리게 하시며 또 너도 알지 못하며 네 열조도 알지 못하던 만나를 네게 먹이신 것은 사람이 떡으로만 사는 것이 아니요 여호와의 입에서 나오는 모든 말씀으로 사는 줄을 너로 알게 하려 하심이니라"(신 8:3)고 하십니다. 그래도 "사십 년 동안에 네 의복이 해어지지 아니하였고 네 발이 부릍지 아니하였느니라"(신 8:4)고 말씀하십니다.

출애굽하고 40년 광야 생활 동안 굶어 죽은 사람이 있었습니까? 또 옷이 없어서 얼어 죽은 사람이 있었습니까? 없습니다. 그러니 원망도 불평도 하지 말고 "네 하나님 여호와의 명령을 지켜 그 도를 행하며 그를 경외"(신 8:6)해야 합니다. 이것이 하나님이 우리에게 말씀을 맡겨 주신 까닭입니다.

광야에서 죽은 사람들은 먹고 입을 게 없어서 죽은 것이 아니라 금송아지를 섬기다가 자기 죄로 죽었습니다. 먹고 살기 힘들어서 죄를 짓는 게 아닙니다. 하나님이 먹고 입을 것을 다 주셔도 죄를 짓는 것이 인간입니다. 아담과 하와는 완벽한 환경인 에덴동산에서 하나님이 주신 지혜와 능력을 가지고 하나님의 대리인으로 사는 복을 받았습니다. 하지만 그 좋은 환경에서 사단의 거짓에 미혹되고 말씀을 거역해 인류의 불행이 시작되었습니다.

그러므로 믿는 사람으로서 세상보다 나은 복은 떡과 의복이 아니라 '하나님의 말씀'에 있습니다. 내게 뭔가가 부족해서 예수님을 못 믿겠다고 하면 이미 마귀의 조종을 받는 것입니다. 하나님이 유대인에게, 믿는 우리에게 진리의 말씀을 주셨는데 그것을 거역하고 거짓된 것만 구하기 때문에 비참한 삶을 사는 것입니다.

믿는 사람으로서 불신자들보다 나은 것을 누리고 있습니까? 안 믿는

사람과 똑같은 것을 구하고, 똑같은 일로 낙심하지는 않습니까? 무엇보

도 말씀을 듣고 깨닫는 기쁨이 최고의 특권인 것을 믿습니까?

모태신앙이 나은 것

그런즉 유대인의 나음이 무엇이며 할례의 유익이 무엇이뇨_롬 3:1

유대인, 할례 받은 사람은 모태신앙인으로 볼 수 있습니다. 일반적으로 모태신앙보다는 당대에 처음 믿은 사람들의 믿음이 좋아 보입니다. 그런데 바울은 분명 "유대인의 나음", 모태신앙이 나은 것이 있다고 했습니다.

당대의 신앙은 하나님을 떠나서 살다가 확실한 뒤집어짐을 경험하고 믿는 경우가 많아서 굉장히 뜨거워 보입니다. 좋습니다. 그런 열정도 필요합니다. 열심으로 교회를 이끌어 갑니다. 하지만 이들은 하나님을 경험한 역사가 빈약하기 때문에 자기 자신의 변화에만 관심을 두기 쉽습니다. 자신의 감정과 상황에 따라 뜨거워졌다 식어졌다 하는 기복이 있습니다. 이들은 감각적이고, 경험적이고, 신비적이고, 환상적입니다.

신앙의 기준은 열심이 아니라 하나님 앞에서 자기 죄를 보는가 못 보는

가에 달려 있습니다. 당대 신앙인은 자신이 회심하고 돌아온 것만 대단해서 붕 뜬 신앙생활을 할 뿐 자기가 얼마나 죄인이고 하나님이 얼마나 참아주고 계시는지를 인정하기 어렵습니다. 그러나 어려서부터 말씀으로 하나님을 배우고 여러 사건을 통해서 하나님을 경험한 사람은 시간이 지날수록 스스로가 죄인인 것과 하나님의 주권을 인정하게 됩니다. 성경 말씀을 통해 살아갈수록 인간이 죄인이라는 사실을 깨닫습니다.

제가 남편과 13년 동안 결혼 생활을 했는데 남편이 저에 대해 잘 모르고 갔다는 생각을 종종 합니다. 저는 남편에게 요조숙녀처럼 굴면서 좋은 말, 그 사람이 기뻐할 말만 했습니다. 남편과 믿음으로 통하지 않으니까 귀에 듣기 좋은 말밖에 할 이야기가 없었습니다. 남편이 보기에는 순종 잘하는 아내였을 겁니다. 남들이 보기에는 성실한 남편에 착한 아내였던 것 같아도 우리는 진실한 부부 관계가 아니었다는 생각이 듭니다.

날마다 서로 행복한 미소를 지으면서 "여보, 사랑해."를 속삭이는 것이 좋은 부부 관계가 아닙니다. 화도 내고, 할 말도 하고, 서로 한 몸이 돼서 지지고 볶아야 합니다. 죄인인 남녀가 결혼해 살다가 자식을 낳으면 자식 죄인이 하나 더 추가됩니다. 그렇게 죄인들끼리 자꾸 모여지는데 어떻게 행복한 미소만 짓고 살 수 있겠습니까? 남남인 사람들이 만나 가족을 이룬다는 것 자체가 얼마나 아슬아슬하게 묶여 있는 관계인지 모릅니다. 끊어질 듯 끊어질 듯 가느다란 실로 묶여진 것이 부부 관계입니다.

다들 살 만해서 사는 게 아닙니다. 배우자가 바람을 피우고, 자식이 속을 썩이고, 시부모님이 핍박을 하고…. 이혼은 해야겠는데 오늘은 공휴일이라서 못합니다. 내일은 꼭 하려고 마음먹고 있었는데 아이들 시험 기간이라서 못합니다. 그다음에는 아이들 대학 입시여서 못하고, 또 큰아이 결혼을 시켜야 되니까 못합니다. 그러다 보니 지금까지 참고 산 게 억울해서 못합니다. 이렇게 지지고 볶으면서 서로를 알게 되고 그나마 서로를 알게 된 것이 아까워서 이혼을 못합니다. 좋아서 이혼을 못하는 게 아니라, 누구하고 다시 살면서 이 과정을 반복할 것인가 생각하면 징그러워서 이혼을 못합니다. 그렇게 부부가 평생을 함께 살아가는 것입니다.

하나님에 대해서도 마찬가지입니다. 하나님을 알고 신뢰하려면 먼저 서로 지지고 볶아야 합니다. 뜨거운 불에 살을 데어야 합니다. 몇 십 년 신앙생활을 하다 보면 인간과 죄에 대한 이해가 생깁니다. 그렇기 때문에 모태신앙이 유익이 있다는 것입니다.

> 뜨거운 체험이 없어도 믿음의 부모에게서 모태신앙으로 살아온 것에 대한 감사가 있습니까? 지지고 볶는 사건으로 주님께 감사도 하고, 투정도 부리면서 주님과의 관계가 깊어지고 있습니까?

거짓의 사람들

어떤 자들이 믿지 아니하였으면 어찌하리요 그 믿지 아니함이 하나님의 미쁘심을 폐하겠느뇨 그럴 수 없느니라 사람은 다 거짓되되 오직 하나님은 참되시다 할찌어다 기록된 바 주께서 주의 말씀에 의롭다 함을 얻으시고 판단 받으실 때에 이기려 하심이라 함과 같으니라_롬 3:3~4

모태신앙에게 유익이 있고, 믿는 나에게 말씀을 맡기셨다고 해도 그것을 믿지 않으면 무슨 소용입니까? 내가 안 믿으면 하나님의 신실하심이 없어집니까? 그건 아니라는 겁니다.

안 믿는 사람뿐 아니라 믿는 사람도 죄를 행합니다. 신실한 다윗조차도 거짓말과 간음을 행했습니다. 그러나 하나님의 말씀과 하나님의 판단은 항상 정당하십니다. 하나님은 누구에게도 판단 받지 않으시고, 항상 정확한 판단으로 승리하시는 분입니다. 어떤 경우에도 하나님은 의롭고, 참되신 분입니다. 내가 믿고 안 믿고에 따라서 하나님의 신실하심이 판단되는 게 아닙니다.

그러나 우리 불의가 하나님의 의를 드러나게 하면 무슨 말 하리요 내가 사람의 말하는 대로 말하노니 진노를 내리시는 하나님이 불의하시냐_롬 3:5

무슨 뜻일까요? 내 죄가 클수록 하나님의 신실함이 나타난다는 뜻입니다. 나의 옳지 못한 것이 하나님의 옳으심을 더 부각시켜 주기 때문에 결국 내 죄가 하나님께 유익이 된다는 것입니다. 그러니 나를 벌하시는 것이 불공평한 처사냐는 겁니다. 이해가 되십니까?

인간관계를 예로 든다면 억지로 사람을 괴롭히면서 "내가 못되게 구니까 너는 더 착해 보이잖아." 이러는 겁니다. "내가 엄마 속을 썩여 주니까 엄마가 더 위대해 보이잖아. 나한테 화내면 안 되지." 이러는 겁니다. 그럴듯한 말 같죠? 하지만 이것은 거짓입니다.

결코 그렇지 아니하니라 만일 그러하면 하나님께서 어찌 세상을 심판하시리요 그러나 나의 거짓말로 하나님의 참되심이 더 풍성하여 그의 영광이 되었으면 어찌 나도 죄인처럼 심판을 받으리요_롬 3:6~7

결코 그렇지 않습니다. 인간의 불의가 하나님의 의를 드러내는 것은 아닙니다. 그것은 궤변입니다.

사람이 완고해지는 데는 단계가 있습니다. 1단계는 죄짓는 것을 무서워합니다. 2단계는 죄를 지어도 마음이 완고해져서 절대 회개하지 않습니다. 3단계로 죄를 합리화하는 것입니다. 이것이 거짓된 사람들의 특징입니다. 유대인은 자기 죄를 전혀 인정하지 않고 하나님이 자신들을 선택했기 때문에 자신들의 잘못이 곧 하나님의 잘못이라고 했습니다. 이는 그들의 위선과 형식주의를 교묘하게 정당화하는 것입니다.

이 본문으로 수많은 사람들이 이런 질문을 했습니다.

"예수님이 이 땅에 오셔서 우리를 위해 죽으셔야 하는데, 나서는 사람이 없어서 할 수 없이 가룟 유다가 예수님을 팔았다. 그러니 구속사를 이루는데 가룟 유다는 일등 공신 아니냐. 어떻게 유다를 심판하실 수 있나?'

공감이 가시죠? 이런 질문은 오늘날 사람들뿐만 아니라 가고 오는 세대의 악한 사람들은 다 이 질문을 했습니다. 더 유명한 질문도 있습니다.

"하나님은 왜 선악과를 만들어 놓고 인간에게 죄를 짓게 하셨을까? 인간이 무슨 죄가 있나? 다 선악과를 만들어 놓은 하나님 잘못 아닌가?"

"하나님은 모든 인간을 사랑한다고 하시면서 왜 구원 받은 사람들만 천국에 보내 주고 안 믿는 사람들은 지옥에 가게 하셨는가? 그러면서 사랑의 하나님이라고 할 수 있는가?"

이런 생각을 한 가지라도 한다면 우리는 거짓의 사람입니다. 마귀의 조종을 받는 사람입니다.

하나님이 불의하시다고 생각하는 부분은 어떤 것입니까? 하나님이 모든 것을 정하셨으니 내 잘못도 하나님 탓이라고, 내 멋대로 살면서 하나님이 다 알아서 하실 거라고 하나님의 사랑을 왜곡한 적은 없습니까?

스캇 펙 박사의 《거짓의 사람들》이라는 책을 인용하려고 합니다. 악의 본질은 자신의 죄와 불완전을 의식하지 못하는 것이 아니라 그것을 인정하지 않는 것입니다. 성숙한 사람은 자신이 불완전하다는 것, 성장이 필요한 존재라는 것을 인정합니다. 그러나 거짓의 사람은 자기의 잘못을 직면하는 대신에 다른 사람을 공격합니다. 자기도취에 빠져서 자신이 완전하다고 주장합니다. 자신의 알량한 자아가 손톱만큼이라도 상처를 받으면 견디지 못할 뿐 아니라 완전한 파멸이라고까지 생각합니다. 자기 이미지를 완전하게 지키고자 갖은 애를 다 씁니다.

스캇 펙은 이렇게 말합니다. "거짓의 사람들은 증오를 덮고 있는 미소, 분노의 탈을 쓴 부드러운 매너, 그리고 불끈 쥔 주먹을 감싸고 있는 비단 장갑이다."

그래서 거짓의 사람들의 사악함을 정확하게 끄집어낸다는 것은 불가능하다고 했습니다. 그들의 위장은 판독이 불가능합니다. 그들은 위장술의 도사입니다. 이 세상에 가장 다루기 어렵고 치유가 안 되는 질병이 바로 '위장(僞裝)'입니다. 다른 사람에게든 자신에게든 자신의 참된 색깔을 있는 그대로 열어 보이지 않는 사람을 판독한다는 것은 정말 어렵습니다.

요즘 심리학자들은 거짓을 정신질환의 하나로 봐야 한다고 말합니다. 자신의 악을 의식하면서도 그 의식을 피하고 합리화하려고 노력한다면 그것이야말로 질병의 한 부분입니다. 하지만 거짓의 사람들은 자신에게 장애가 있다고 생각하지 않습니다.

우리들교회에서는 공개적으로 정신과 상담을 권장하고 있습니다. 특히 소그룹의 지도자들, 목자들은 꼭 한 번씩 가 보라고 말합니다. 그래서 우리교회 성도들 중에 스스로 문제를 느끼는 분들은 거부반응 없이 정신과를 찾고 있습니다. 사실 그런 분들에게는 심각한 문제가 나타나지 않습니다. 진짜 문제가 있는 경우는 내가 왜 정신과 상담을 받느냐고 거부하는 사람입니다. 정신적 연약함과 장애, 중독의 문제를 숨기고 위장하기 때문에 치료의 기회를 놓치고 자신과 주위 사람들을 힘들게 합니다.

하나님의 참되심을 전하는 메신저

마귀는 속임수의 영이고 또한 자랑의 영입니다. 악이 있는 곳에는 언제나 거짓이 있습니다. 악이란 언제나 거짓과 관계를 맺고 있습니다. 마귀의 활동과 인간의 거짓은 분명 상관이 있습니다.

마귀는 사람들끼리 사랑하지 못하도록 만듭니다. 마귀는 서로에게 상처를 주게 하고 그 상처를 이용해서 거짓의 사람으로 만듭니다. 그래서 우리는 죄는 미워하되 죄인은 미워하지 말아야 합니다. 거짓의 사람은 미움과 정죄의 대상이 아니라 사랑하고 돌봐야 할 대상이기 때문입니다.

이 세상 모든 사람이 죄인입니다. 그래도 믿는 사람이 낫다고 하는 것은 내가 죄인이라는 것을 알기 때문입니다. 불신자는 율법이 없고 말씀을 받지 못했기 때문에 죄에 대한 이해가 부족합니다. 하나님을 모르고 죄를 모르니 인간에 대한 이해도 아주 미약합니다. 거의 없습니다.

예수님을 안 믿는 사람의 기준으로는 도덕적인 죄, 윤리적인 죄가 전부입니다. 거기서 좀 더 나아가서 양심의 죄까지 고려한다면 대단한 사람입니다. 그런데 그리스도인은 하나님과의 관계, 영적인 죄를 생각하기 때문에 한 단계 더 높은 사람입니다. 하나님을 몰라서 어떤 문제도 해결할 수 없는 안 믿는 사람들에게 우리는 해 줄 말이 있습니다. 같은 일을 당해도 하나님의 말씀으로 치료를 해 봤기 때문에 해결책을 제시할 수 있습니다.

인생을 살다 보면 갖은 문제가 일어납니다. 어떤 대단한 사람과 결혼을 하든, 어떤 대단한 직장에 들어가든, 어느 학교에 들어가든 끊임없이 인간관계에서 문제가 일어납니다. 오해도 있습니다. 매도 맞고, 소외도 당하고, 욕도 먹습니다. 유혹에도 넘어갑니다. 마약도 합니다. 술도 먹습니다. 이럴 때 죄인의 대처 방법에는 한계가 있습니다. 속을 끓이든지, 미워하든지, 자살하든지, 이혼하든지, 바람을 피우든지 다 자기 나름대로 합리화시킬 뿐입니다. 불신자는 그렇게밖에 할 수 없습니다.

하지만 신자가 불신자와 다른 것은 고난의 사건을 통해 하나님의 메시지를 듣는다는 것입니다.

인생이 어디서 와서 어디로 가는지, 인생의 목적이 무엇인지, 하나님이 누구인지, 구원이 무엇인지, 그것을 설명할 수 있는 사람은 믿는 나밖에 없습니다. 하나님을 믿는 내 자신이 하나님의 메신저입니다.

우리가 말씀을 맡았다는 것은 얼마나 큰 책임이고 특권입니까! 그런데 말씀을 맡았다고 하면서 더 교묘하고 교활한 악을 저지르는 사람은 마귀의 조종을 받는 거짓의 사람이라고 할 수 있습니다.

우리의 불의와 거짓은 하나님의 의를 드러내는 데 공헌하는 게 아닙니다. 모든 거짓은 참되신 하나님의 심판 대상입니다.

거짓을 합리화하기 위해서가 아니라 거짓을 인정하고 드러내기 위해서 말씀이 필요합니다. 죄가 무엇인지 모르고 병들어 있는 배우자, 자녀에게 죄를 가르쳐 주기 위해서 말씀을 맡은 내가 삶으로 보여 줘야 합니다. 믿는 자는 죄와 중독을 해결하는 모습을 보여 줄 책임이 있습니다.

말씀을 가진 것이 아니라 말씀을 '맡았다'고 하셨습니다. 말씀을 맡았다는 것은 나만 가지고 있으라는 것이 아닙니다. 말씀을 맡은 자로서 그것을 나누고 전해야 할 책임이 있다는 것입니다. 말씀으로 어떻게 죄를 이기고 해결하는지 보여 줘야 합니다.

하나님이 불의하셔서가 아니라 오직 하나님만이 참되시기에 거짓에 대한 심판이 있다는 것을 인정합니까? 거짓말로 시작해서 거짓말로 끝나기에 어떤 도움도 줄 수 없는 사람들, 거짓말하는 남편, 거짓말하는 자녀를 살리기 위해 끊임없이 말씀을 전하고 있습니까?

아직도 예수님 믿어서 나은 것이 없다고 하십니까? 아무것도 없어도, 돈이 없고, 병에 걸리고, 가족들은 여전히 힘들게 해도 나는 하나님의 말씀을 맡은 자입니다. 죄와 거짓을 모르고 병들어 가는 세상 속에 참되신 하나님을 전하는 메신저입니다. 말씀으로 죄를 이기고 해결하는 모습을 보여 줄 책임과 특권이 있는 사람입니다.

거짓이 팽배하고 사랑이 없는 힘든 환경일지라도 말씀을 나누고 전하십시오. 어떤 것보다 말씀을 맡겨 주신 것이 능력입니다. 말씀이 있어서 나는 천하보다 귀하고, 천하를 가질 수 있는 사람입니다.

아버지 하나님! 아무리 힘들고 어려워도 말씀을 맡은 것 하나만으로도 제가 천하보다 귀한 인생인 것에 감사합니다. 오늘 말씀을 보면서 내 자신이 얼마나 많은 거짓에 속고 있는지를 알았습니다. 사람은 거짓되고 오직 하나님만이 참되십니다. 그런데도 사람에게 참된 무엇이 있을까 하고 기웃거릴 때가 많습니다. 불쌍히 여겨 주옵소서.

그래서 힘들어 할 수밖에 없는 가정과 공동체에 말씀의 빛을 비추라고 내게 사건을 주셨습니다. 하나님을 모르는 가족(동료)들은 죄가 무엇인지 도무지 몰라서 도덕적으로, 양심적으로 문제를 해결하려고 해도 치료책이 없습니다. 보이는 것도 잡히는 것도 없고, 칠흑 같은 어두움에 처한 그들에게 죄의 문제를 설명해 주라고 내게 사건을 주셨습니다.

내가 본이 되기 원합니다. 주님 한 분만으로 만족하는 모습을 그들에게 보여 주기 원합니다. 말씀을 맡은 자로서 인생이 어디에서 어디로 가는지, 하나님이 누구인지, 죄가 무엇인지, 구원이 무엇인지 설명해 줄 능력을 갖게 하옵소서. 말씀을 맡은 것이 감사의 제목이 되며 더 이상 세상과 나를 비교하지 않게 하옵소서.

거짓에 속지 않기를 원합니다. 마귀에게 조종당하지 않기를 원합니다. 나의 거짓을 합리화하지 않게 하옵소서. 내 죄를 인식하고 인정하며, 다른 사람들의 죄를 깨닫게 하는 메신저의 삶을 살 수 있도록 축복하여 주옵소서. 예수님 이름으로 기도하옵나이다. 아멘.

10
절대 죄인인 우리

로마서 3: 9~20

하나님 아버지, 아직도 나는 죄인이 아니라고 생각하는 신념에 주님의 말씀이 뚫고 들어가기 원합니다. 하나님 앞에서 내가 죄인이라는 것을 깨닫게 하옵소서. 예수님 이름으로 기도하옵나이다. 아멘.

2003년 11월 미국 시애틀의 한 법정에서 54세의 백인 남자인 게리 리지웨이가 48명의 여성을 죽인 연쇄 살인 혐의를 자백했습니다.

1982년부터 1998년까지 그가 죽인 사람들은 대부분 매춘을 하는 여성이었습니다. 세 번의 결혼과 세 번의 이혼 경력을 가진 리지웨이는 성욕을 채우기 위해 거리에서 만난 여자들과 관계를 맺고, 그들에게 돈을 주기가 아까워서 살인을 했다고 태연하게 말했습니다. 그의 전 부인들은 길을 가다가도, 공원에서도 관계를 요구하는 리지웨이 때문에 결혼 생활이 고통스러웠다고 증언했습니다.

놀라운 것은 게리 리지웨이가 독실한 그리스도인이었다는 사실입니다. 짐승 같은 야성으로 20여 년에 걸쳐 살인을 했지만 주변 사람들은 그가 성경을 읽고 감동 받아서 눈물 흘리며 기도하는 모습을 종종 볼 수 있었습니다.

리지웨이에 대해 어떤 생각이 듭니까? 저런 인간은 죽어야 된다고 생각합니까? 낯선 남자와 어울리다 죽임을 당했으니 피해 여성들도 죽어 마땅하다고 생각합니까?

그런데 내가 리지웨이나 그 여성들보다 전혀 나을 것 없는 죄인이라고 한다면 그 말에 동의하시겠습니까?

피할 수 없는 유죄 선고

그러면 어떠하뇨 우리는 나으뇨 결코 아니라 유대인이나 헬라인이나 다 죄 아래 있다고 우리가 이미 선언하였느니라_롬 3:9

돈 없는 사람을 가난하다고 말합니다. 건강을 잃은 사람을 환자라고 표현합니다. 배우지 못한 사람을 무식하다고 합니다. 그렇다면 죄인은 죄를 지은 사람을 말하는 거겠죠. 하나님은 계속해서 인생을 죄인이라고 하시는데 아무리 생각해도 나는 죄인이 아닌 것 같습니까?

적어도 우리는 연쇄 살인은 안 합니다. 매춘부를 상대한 적도 없고, 동성애도 안 합니다. 그런 짓을 안 할 뿐 아니라 교회에도 다니고 성경도 읽고 봉사도 하는 사람입니다. 그런데 내가 리지웨이랑 똑같은 죄인이라고요?

핏대를 세워 가며 반발하고 싶지만 사도 바울은 너무도 확실하게 우리가 리지웨이나 다른 범죄자들과 다를 것이 하나도 없다고 합니다.

쇼펜하우어는 "각 개인은 타인 속에 자기를 비추는 거울을 가지고 있다."고 했습니다. 이웃은 정죄와 비난의 대상이 아니고 자기를 보라고 하나님이 주신 거울입니다. 그러므로 우리는 리지웨이나 어떤 범죄자를 보더라도 그 속에서 내 자신을 볼 수 있어야 합니다.

리지웨이도 성경을 읽고 기도하는 그리스도인이라고 했습니다. 하나님의 말씀을 맡은 자로서 믿는 자에게는 나은 것이 있다고 했지만, 그 믿는 사람들조차도 똑같이 죄를 저지르고 있습니다. 그래서 유대인이나 헬라인이나, 믿는 사람이나 안 믿는 사람이나, 모든 인생의 결론이 바로 "죄 아래 있다"는 것입니다.

"죄 아래 있다"는 말은 다른 구절에서는 "멍에 아래"로 표현돼 있습니다. 사슬에 매여 무거운 짐을 지고 평생 죄의 종노릇한다는 겁니다.

인간들은 어떻게든 죄를 막아 보려고 애를 썼고, 지금도 애쓰고 있습니다. 범죄와의 전쟁, 무슨 소탕 작전, 무슨 특별법을 제정하고, 부동산 투기를 막겠다고 별별 세금을 다 부과합니다. 집집마다 도난경보 장치를 달고 호신술을 배우고, 죄를 피하기 위해 나라도 개인도 애를 쓰고 있습니다.

그러나 죄를 예방하고 처벌하기 위한 방법이 개발될수록 죄의 기술도 점점 더 발전합니다. 죄는 가공할 만한 세력이기 때문입니다. 멍에처럼 우리의 육체와 정신과 영혼을 얽매고 있기 때문입니다. 죄는 우리의 모든 선한 감각을 막아 버립니다. 좋은 것도 나쁜 것도, 기쁨과 슬픔도 느끼지 못하도록 우리를 피폐하게 만드는 것이 죄의 세력입니다.

무서운 죄의 세력을 누가 피해 가겠습니까! 목사라고, 대통령이라고, 천주교의 교황이라고 피해 갈 수 있겠습니까? 우리들 중 누구도 피할 수 없습니다. 우리는 100% 죄인입니다.

그래도 나는 리지웨이보다는 낫다고 생각합니까? 죄가 드러난 사람을 향해 "어떻게 목사가, 어떻게 믿는 사람이, 어떻게 인간이 저럴 수 있어?"라고 손가락질합니까? 이해할 수도 없고, 이해하고 싶지도 않은 그런 '인간' 이 바로 나 자신인 것을 아십니까?

유죄 선고에 대한 성경의 증언
기록한 바 의인은 없나니 하나도 없으며_롬 3:10

바울은 100% 유죄 선고를 받은 우리가 반발할 수 없도록 "기록한 바" 성경 말씀으로 우리의 죄를 확인해 줍니다. 이어서 성경에 박식한 사람답게 10절부터 18절까지는 구약의 시편과 이사야서 등을 인용합니다.

우리가 100% 죄인이라는 것은 사도 바울의 철학도 아니고, 저의 주장도 아니라 성경에서 이미 확인된 사실입니다.

서양에서는 의인과 위인과 성자를 우상으로 삼기도 했습니다. 하지만 파스칼은 "나는 이 세 가지 단어를 신뢰하지 않는다. 나는 의인이나 위인이나 성자가 존재한다는 것을 믿지 않는다. 이 땅에는 오직 한 가지 종류의 사람들만이 존재하는데 그것은 죄인이다."라고 했습니다.

우리가 의인으로 생각했지만 알고 보면 깜짝 놀랄 사람들이 얼마나 많습니까? 리지웨이도 20년 넘게 신앙생활을 했고, 교회에서는 의인으로 보였겠지요. 남자 성도가 눈물을 흘리면서 기도하니 얼마나 신실해 보였겠습니까? 그러나 그는 20년 동안 살인을 저지르고 살았습니다. 성적인 충동이 일어나면 정상적인 사고를 벗어나 장소와 상대를 가리지 않고 그것을 해소하려고 했습니다. 그는 어쩌면 욕구 조절에 문제가 있는 정신질환자라고도 볼 수 있습니다. 그런데 그렇게 심각한 병을 아무도 알지 못했습니다.

교회의 사명은 불신자들의 영혼 구원에 있는데 이를 교회 밖에서만 찾으려고 하면 안 됩니다. 교회를 다니고 있어도 그리스도 밖에 있는 사람들이 너무나 많기 때문입니다. 리지웨이처럼 눈물을 흘리고 기도하면서도 아직도 자기 죄 문제를 해결 못한 사람이 너무도 많습니다.

만약 리지웨이가 다니던 교회에서 누군가 그의 문제를 발견하고 도울 수 있었다면 한 명의 목숨이라도 지키지 않았을까요? 멀쩡하게 교회 다니고 있다고 안심하지 말고 내 옆에 있는 지체들이 어떤 영적 상태에 있는지, 어떤 죄로 고통받고 있는지 돌아봐야 합니다.

"교회에서 어떻게 저런 흉악한 죄 이야기를 할 수 있어?"가 아니라 교회에서야말로 죄의 문제를 꺼내 놓고 다루어야 합니다. 나 자신에게도, 교회

안에도 리지웨이 같은 모습이 있다는 것을 인정해야 합니다. 그래야 잃어버린 성도를 찾아올 수 있습니다.

예수님을 믿고 거듭나기까지 우리의 인생은 고난입니다. 각자 방황과 회의와 시련을 거쳐 예수 그리스도를 영접하고, 신앙생활을 하고, 말씀에 은혜를 받습니다. 이제는 내가 달라진 것 같습니다. 그러나 그럼에도 죽어도 해결되지 않는 부분이 우리에게 있습니다.

어떤 사람은 돈과 출세를 바라는 가치관이 안 변하고, 어떤 사람은 술을 못 끊고, 담배를 못 끊고, 포르노를 못 끊고, 성형수술을 못 끊고, 자식에 대한 욕심이 해결되지 않고…. 다른 것은 다 놓을 수 있어도 놓지 못하는 부분이 한 가지씩은 있습니다. 그렇다고 교회를 안 나오겠습니까? 나가서 무슨 죄를 짓더라도 다들 교회는 다닙니다. 어쩔 수 없습니다.

그래서 리지웨이의 기사를 읽으면서 저는 눈물이 났습니다. 살아갈수록 내가 연약한 것을 보게 되는데 나라고 끊지 못하는 것이 없겠는가, 그의 본성이 병들어 있는 것을 어떻게 막을 수 있었겠는가, 안타깝고 마음이 아팠습니다.

오직 소망이 있는 사람은 자기가 죄인인 것을 아는 사람입니다. 과거에도 현재에도 미래에도 내가 장담할 수 없는 죄인이라는 것을 알고, 자기 죄에 대해 아파하는 사람입니다.

진리를 떠난 죄인

깨닫는 자도 없고 하나님을 찾는 자도 없고_롬 3:11

슈바이처는 아프리카의 성자(聖者)로 불리며 모두에게 존경받는 인물입니다. 그러나 슈바이처의 다른 전기를 보면, 그와 원주민들 사이에는 끊임없는 불화와 갈등이 있었고 그가 환자에게 너무 냉정한 사람이었다는 평가가 있습니다. 그는 왜 자신의 전 생애를 바쳤음에도 이런 평가를 받는 걸까요? 사실 그는 신학박사, 의학박사, 문학박사, 음악박사로 모든 학문을 섭렵했지만 예수 그리스도의 신성을 부인한 사람입니다.

예수 그리스도가 빠져 있는 교육과 철학은 비극입니다. 세상 이치는 예수 그리스도가 아니면 깨달을 수도 없습니다. 내 힘으로 찾아지는 것이 아닙니다.

칼 바르트는 "사람들이 하나님을 찾고 있는 것 같지만 사실은 우상을 찾고 있는 것에 불과하다. 그들은 지성의 만족을 위해서 신을 찾고 있다."고 했습니다. 사람은 자기만족을 위해 하나님을 찾는다는 것입니다.

루이스 볼코프가 말하듯이 "인간은 치료할 수 없을 정도의 종교적 존재" 입니다. 치료할 수 없는 종교성이 있기 때문에 하나님을 떠난 사람들은 하나님 대신 다른 대용물을 하나님의 자리에 갖다 놓고 섬깁니다. 예술, 과학, 철학, 대중문화, 정치, 경제를 막론하고 자신이 신뢰하고 의지할 나름대로의 진리를 찾습니다. 그것이 인간의 본성입니다.

다 치우쳐 한가지로 무익하게 되고 선을 행하는 자는 없나니 하나도 없도다_롬 3:12

영양이 과다하면 비만이고 부족하면 영양실조입니다. 감정에 치우치면 정신이 없고, 이성에 치우치면 감성이 메말라서 문제입니다. 가정의 주도권이 자식에게 치우치면 방종을 하고, 부모에게 치우치면 지나치게 엄격해집니다. 리지웨이처럼 성욕이 넘쳐도 문제고, 너무 없어도 문제가 됩니다.

죄의 어원은 '과녁을 빗나가다' 입니다. 어느 쪽으로든 치우치는 것이 죄의 특징입니다. 부족하든 넘치든 한 쪽으로 치우쳐 있기 때문에 상한 우유처럼 무익하게 되는 것입니다.

뿌리에서 분리되어 이미 죽어 있는 화병의 꽃처럼, 진리를 떠난 인간은 이미 죽은 자와 같습니다. 진리를 떠났으니 무엇이 옳고 그른지 유익한지를 판단할 수 없습니다. 진리가 삶의 기준이 되어야 하는데, 그들에게는 자신의 행위를 잴 수 있는 기준이 없기 때문에 무엇이 죄인지 모릅니다. 본능적인 욕망에 치우쳐서 그것을 따라 사는 것이 최고인 줄 압니다.

요즘 다들 쿨(cool)한 걸 좋아하는데, 부부간에 쿨하게 산다는 게 마음대로 됩니까? 쿨하게 놀자고 서로 다른 사람과 관계를 가지면 다음에는 더 큰 자극을 찾게 되고, 다른 상대에게 애정을 느끼고, 그러다 서로 속고 속이면서 이혼으로 가지 않겠습니까? 쾌락을 좇으면서 앞날이 뻔한 멸망으로 달려가는 것이 진리를 떠난 인간의 결론입니다.

부와 성공과 건강과 육적인 것에 치우쳐서 하나님을 찾고 있지는 않습니까? 물론 그것들도 하나님이 주시는 것이지만 내가 균형을 잃고 치우쳤기 때문에 응답도, 유익도 없다는 것을 알고 있습니까? 신앙생활도 큐티, 기도, 금식, 구제, 성경공부 어느 한 가지에만 치우치면 무익하게 됩니다. 내가 치우쳐서 깨닫지 못하는 것이 무엇인지 돌아봅시다.

입으로 짓는 죄

저희 목구멍은 열린 무덤이요 그 혀로는 속임을 베풀며 그 입술에는 독사의 독이 있고 그 입에는 저주와 악독이 가득하고_롬 3:13~14

이 구절은 읽기만 해도 참 험악하지요?

미국에서 굉장히 인기 있는 목사님이 이런 설교를 하셨다고 합니다.

"만일 예수님이 이 자리에 계신다면 무엇이라고 말씀하실까요? 여러분을 향해 죄인이라고 부르실까요? 천만에요. 그분은 평생 어떤 사람을 앞에 놓고 그렇게 부르신 적이 없었습니다. 그래서 저도 절대 강단에서 죄인이라는 용어를 쓰지 않기로 마음먹었습니다. 30년 동안 그 결심은 한 번도 바뀐 적이 없습니다. 사람들이 듣기 싫어하는 말을 설교자가 입에 담는 것은 지혜롭지 못한 일입니다."

아마도 그분은 본인 말씀대로 사람들이 듣기 싫어하는 말을 하지 않기 때문에 인기가 있는지도 모르겠습니다.

그렇다면 오늘 본문 같은 말씀은 어떻게 설교를 해야 할까요? 목도 아니고 '목구멍', 무덤, 독사, 독, 저주, 악독 등 모두가 듣기 싫어하는 말들뿐인데요. 누군가를 향해 이런 말을 한다면 엄청난 인격 모독이 되지 않겠습니까?

하나님은 이런 험한 말까지 하시면서 인생이 처참한 죄인이라는 것을 강조, 또 강조하십니다. 내 죄를 깨닫기 위해 듣기 힘든 말이지만 들으라고 하시는 것입니다.

목구멍, 혀, 입술은 다 우리 몸의 발성기관입니다. 인간이 다 100% 죄인인데 혹시라도 지옥이 너무 좁다면 입만 가도 될 것 같습니다. 그만큼 악독한 죄를 많이 짓는 것이 입이라는 겁니다.

목구멍이 열린 무덤이라고 하셨는데, 유대의 무덤은 동굴 형식입니다. 우리나라처럼 땅에 매장하면 시체가 보일 일이 없는데 동굴이다 보니 입구를 막은 돌을 치우면 시체가 드러났습니다. 게다가 동굴 하나를 집안의 공동묘로 썼기 때문에 동굴마다 시체도 여러 구가 쌓여 있었습니다. 그러니 열린 무덤은 얼마나 악취가 나고 보기 싫었겠습니까?

1997년 4월 미국 캘리포니아 대학에서 사람이 하루에 몇 번이나 거짓말을 하는지 조사한 적이 있었습니다. 조사 결과 사람은 8분에 한 번꼴로 하루에 200번의 거짓말을 한다고 합니다.

20명의 몸에 소형 마이크를 부착하고 조사를 했는데, 가장 많이 하는 거짓말 1위가 약속에 늦었을 때 "차가 막혀서"입니다. 다들 한 번쯤 해 보셨으리라 생각합니다. 가장 거짓말을 많이 하는 직업으로는 점원, 정치인, 언론인, 변호사, 세일즈맨, 심리학자 순으로 나타났습니다.

이 조사를 실시한 심리학자 제럴드 제리슨은 "사람들이 참말만 하면서 세상을 산다면 이 세상은 끔찍한 세상이 될 것이다."라고 했습니다.

거짓말은 나쁜 것이고 참말은 좋은 것인데 그는 왜 참말만 하고 사는 것이 끔찍하다고 했을까요? 인간이 입을 열어서 좋은 말을 하는 법이 없기 때문입니다. 인간 자체가 악하기 때문에 거기에서 나오는 참말은 당연히 악독과 저주와 피 흘림이 될 수밖에 없습니다. 우리 중에도 솔직히 말한다고 하면서 상처 주는 사람이 얼마나 많습니까?

우리는 입만 열면 남의 말 하기를 좋아합니다. 남에 대해서는 칭찬하고 나에 대해서는 잘못을 이야기하는 사람이 과연 있을까요? 다른 사람에 대해 좋은 이야기보다는 험담을 하며 즐기는 것이 우리의 모습입니다. 사람들은 서로 사랑해서가 아니라 같이 미워해야 할 사람이 생기면 친해진다고 합니다. '공공의 적'이 생기면 전혀 안 친하던 사람도 한마음이 돼서 친해집니다. 사이가 나쁘던 시어머니와 시누이라도 같이 미워할 며느리가 생기면 한마음이 됩니다. 원수처럼 지내던 바리새인과 사두개인도 예수님을 죽이는 데는 한마음이 돼서 호흡이 척척 맞았습니다.

"만물보다 거짓되고 심히 부패한 것은 마음"(렘 17:9)이라고 했습니다. 악취가 한 곳에만 있지 않고 사방에 진동하듯이, 우리가 입만 열면 견딜 수 없는 악한 마음과 생각들이 쏟아져 나옵니다. 죄인끼리 모여서 각자의 무덤을 열고 무덤의 대화를 합니다. 나의 악한 말 때문에 온 식구가 상처 받고 피흘립니다.

이렇게 인간은 내 입술 하나도 제어할 수 없는 죄인이기 때문에, 10절에서 18절까지 '없도다'가 일곱 번 나옵니다. "의인은 '없나니' 하나도 '없으며'" "깨닫는 자도 '없고'" "선을 행하는 자는 '없나니' 하나도 '없도다'" "하나님을 두려워함이 '없느니라'" 일곱, 완전 수 '7'입니다. 그만큼 인간은 철저히 부패하고 완전히 절망적이라는 뜻입니다.

오늘 하루 가정과 직장에서 했던 말들을 하나씩 떠올려 봅시다. 다시 주워 담고 싶은 말은 없습니까? 평상시에 습관적으로 입에 붙은 욕설은 없습니까? 욕설이 아니라 교양 있는 언어와 말투를 썼다고 해도 남을 해치고 자신을 부정하는 말들로 독을 뿜지는 않습니까?

파멸과 고생의 종신형

그 발은 피 흘리는 데 빠른지라 파멸과 고생이 그 길에 있어 평강의 길을
알지 못하였고_롬 3:15~17

우리를 지배하는 것은 이성도 아니고 감성도 아니고 죄입니다. 눈만 뜨
면 죄가 나를 지배합니다. 죄를 깨닫고 돌이키는 데는 평생이 걸리기도 하
지만, 죄 지을 생각을 하고 그것을 실천으로 옮기는 데 우리의 발은 얼마나
빠른지 모릅니다. 거기에 파멸과 고생이 기다리고 있다는 걸 모르기 때문
에 정신없이 달려갑니다.

내 삶이 얼마나 절망적인지를 모르는 것이 가장 절망적입니다. 눈앞에
낭떠러지가 있는 것을 모르고 달려가는 어린아이를 생각해 보십시오. 내가
엄마인데 그 모습을 지켜보고 있다면 얼마나 가슴이 타겠습니까? 부드러운
목소리로 "아유~ 애, 그러다 다쳐~." 이럴 시간이 없죠. 급해서 "야!!" 하고
악을 쓰지 않겠습니까?

죄의 권세 아래, 그 멍에에 묶여서 무거운 짐을 지고 끌려가는 인간의 모
습을 보면서 하나님도 너무 급하셔서 이렇게 험한 말씀을 하십니다. 하나
님이 우리의 죄악을 과장하셨다고 생각합니까? 내 목구멍이 열린 무덤이
고, 내 혀는 속임을 베풀고, 내 입술에는 악독과 저주가 가득하다는 말씀이
지나치다고 생각합니까?

하나님은 돌려서 말씀하지 않으십니다. 그만하면 됐다 싶기도 한데 죄
를 계속 지적하고 인간을 발가벗기십니다. 좋은 말로 해도 될 만큼 괜찮은

구석이 우리에게 없기 때문입니다. 파멸과 고생이 임박했기 때문입니다. 지금 우리의 처지는 하나님께 좋은 말 들을 처지가 아니라는 걸 아시기 바랍니다.

내가 발 빠르게 짓는 죄는 어떤 것입니까? 예배를 드리러 갈 때는 '오늘은 피곤한데, 할 일이 많은데, 누가 점심을 산다고 했는데…' 하면서 죄를 지으러 갈 때는 누가 말려도 쏜살같이 달려가지 않습니까? 파멸의 길로 달려간 거리만큼 평강의 길로 돌아오기가 힘들다는 것을 알고 있습니까?

저희 눈앞에 하나님을 두려워함이 없느니라 함과 같으니라_ 롬 3:18

죄를 짓고도 깨닫지 못하는 근본적인 이유는 하나님을 두려워함이 없기 때문입니다. "악인의 죄얼이 내 마음에 이르기를 그 목전에는 하나님을 두려워함이 없다 하니"(시 36:1). 이처럼 인간 타락의 최종 증거는 하나님을 두려워하지 않는 것입니다.

하나님을 섬기던 사람도 죄를 짓고 나면 하나님에 대한 두려움이 없어집니다. 처음 죄를 지을 때에는 생각만 해도 가슴이 벌벌 떨립니다. 누가 알까 봐 전전긍긍합니다. 그러다가 한 번 실행에 옮기고 나면 '막가파' 가 됩니다. 당장 눈에 보이는 사람만 속이면 된다고 생각하기 때문에 못할 일이 없습니다.

바람을 피울 때도 처음에는 안 들키려고 조심하다가 한 번 드러나면 "내가 오죽 하면 바람이 낫겠냐!"고 큰소리를 치면서 대놓고 만납니다. 죄가 반복되고 커질수록 두려워해야 하는데, 죄를 지을수록 겁이 없어지는 것이 인간입니다.

하나님에 대해, 죄에 대해 무뎌진 부분은 없습니까? 아무렇지도 않게 하는 거짓말, 아무렇지도 않게 어기는 약속, 아무렇지도 않게 낭비하는 돈이 있습니까? '들키면 들키라지.' 하면서 갈수록 대담해지는 음란과 중독의 죄가 있습니까?

법 없이도 살 사람 = 죄를 모르는 사람

우리가 알거니와 무릇 율법이 말하는 바는 율법 아래 있는 자들에게 말하는 것이니 이는 모든 입을 막고 온 세상으로 하나님의 심판 아래 있게 하려 함이니라 그러므로 율법의 행위로 그의 앞에 의롭다 하심을 얻을 육체가 없나니 율법으로는 죄를 깨달음이니라_롬 3:19~20

율법의 쓰임새는 내가 심판 받아야 할 죄인이라는 사실 앞에서 변명하지 못하게 하는 것입니다. 율법이 죄를 깨닫게 하기 때문입니다.

율법의 핵심은 "하나님을 사랑하고 이웃을 사랑하라" 입니다. 율법의 요구는 내가 아닌 하나님과 타인을 향해 있습니다. 누군가를 도울 때는 도움을 주는 사람의 권리가 아닌 도움을 받는 사람의 권리가 우선됩니다. 그 사람에게 필요한 것을 줘야 도움이 되기 때문입니다. 가르쳐서 쓸 만한 사람을 보고 장학금을 주는 것은 도움이 아니라 투자입니다. 내 만족을 위해 돕는 것은 사랑이 아니라 욕구입니다. 사랑은 '깨진 독에 물 붓기' 와 같은 것입니다.

의를 위하여 죽는 사람도 있습니다. 자식을 위하여 죽는 사람도 있습니다. 그러나 나를 미워하는 사람, 내 원수를 위해서 죽는 사람은 없습니다. 평생 나를 괴롭히고, 사업 망하게 하고, 회사에서 쫓겨나게 하고, 누명까지 덮어씌운, 도저히 용서할 수 없는 누군가를 위해 죽는다는 건 상상도 하기 어렵습니다.

그렇게 미운 사람, 나의 원수를 위해 목숨을 내놓기까지 사랑하라는 것이 율법의 요구입니다. 이런 사랑을 우리가 할 수 있습니까? 못합니다. '내가 믿음이 좀 성숙해지면 할 수 있지 않을까?' 가 아니라, 하나님의 강권적인 역사가 아니면 우리는 죽어도 못 죽습니다. 남이 아니라 혈육을 위해서도 못 죽습니다.

그래서 예수님의 십자가 사랑은 놀라운 것입니다. "우리가 아직 죄인 되었을 때에 그리스도께서 우리를 위하여 죽으심으로 하나님께서 우리에게 대한 자기의 사랑을 확증하셨느니라" (롬 5:8).

율법은 내가 누구를 사랑할 수도 없고 대신 희생할 수도 없기 때문에 심판을 피할 수 없다는 것을 인정하게 합니다. 율법은 알면 알수록 내 죄를 드러나게 합니다.

율법은 행위로 나타나는 표면적인 것이 아닙니다. 행위적으로 잘했나 못했나를 따지는 것은 수준 낮은 이야기입니다. "그래도 내가 남편한테는 잘했어. 큰동서한테는 또 얼마나 잘했는데. 내가 널 믿고 얼마나 도와줬는데." 이런 이야기는 할 필요가 없습니다. 이러한 수준과 율법이 요구하는 수준은 하늘과 땅 차이입니다.

율법을 행위로 잘못 받아들인 대표적인 사람들이 유대인입니다. 유대인은 구제, 금식, 십일조, 절기를 열심히 지키면서 자신들이 율법을 잘 지킨다고 생색을 냈습니다. 행위적으로 딱 그만큼만 지키고는 자신들이 의롭다고 스스로 착각에 빠졌습니다.

율법은 내가 하나님의 수준에 도달할 수 없다는 것을 아는 것입니다. "주여, 저는 아무것도 할 수 없는 죄인입니다."를 고백하게 하는 것이 율법입니다. 어거스틴은 "세상에는 두 가지 종류의 죄인이 있는데 내가 죄인이라고 하는 죄인이 있고, 내가 의인이라고 하는 죄인이 있다."고 했습니다.

입으로만 "주여, 저는 죄인입니다." 고백해서는 소용없습니다. 내 죄가 얼마나 참혹한지를 두려워하고 아파하는 정도까지 가야 합니다. 의로워지려고 노력하는 것도 포기해야 합니다. 내 힘으로 의로워지겠다고 하는 그것까지도 죄라는 것을 인정해야 합니다.

늘 희생만을 요구하는 깨진 독 자녀, 깨진 독 배우자, 깨진 독 부모 형제가 있습니까? 그들에 대해 무조건 참고 희생하고 목숨까지 내어 놓는 사랑을 하고 있습니까? 그럴 수 없기에 성경을 읽으면 읽을수록 내가 죄인인 것을 발견합니까?

사람들은 교회에 와서 "나 같은 죄인 살리신 주 은혜 놀라워" 찬송을 부르며 "그래요. 내가 죄인이죠." 하면서도 막상 사업이 안되고 병에 걸리면 "내가 뭘 잘못했기에 이런 일이 생기냐!" 며 원망을 합니다. 내가 얼마나 절망적인 죄인인지를 모르기 때문에 그렇습니다.

우리도 리지웨이처럼 교회에 와서 눈물을 흘리면서도 죄에 대한 감각이 없을 수 있습니다. 그렇다고 울지 않는 것을 자랑하지는 마십시오. 요한계시록에서는 천국에 가서 씻겨 줄 눈물이 있는 인생을 살라고 하셨습니다.

칼빈의 5대 교리에 나오는 것처럼 인간은 "전적 부패, 전적 타락" 의 존재입니다. 그 말에 동의하십니까? 리지웨이를 보면서 그의 죄와 아픔에 공감하십니까?

지금은 공감이 안되더라도 성령이 임하심으로 그것이 깨달아지기를 바랍니다. 나도 너도, 우리 모두가 100% 죄인이라는 것에서 출발하지 않으면 모든 믿는 자에게 구원을 주시는 하나님의 은혜가 임할 수 없습니다.

하나님 아버지! 바울은 유대인이나 헬라인이나 우리가 모두 죄 아래 있다고 선포합니다. 참으로 우리가 무거운 짐을 지고 멍에에 매여 사는 죄인이라는 것을 알기 원합니다.

의인은 없나니 하나도 없고 하나님을 찾는 자도 없다고 하셨습니다. 하나님을 찾는다고 하면서 하나님의 대용품으로 자식을 가져다 놓고, 지식과 철학과 돈을 가져다 놓을 때가 너무나 많음을 고백합니다.

죄를 짓고 합리화하기 위해서 목구멍으로, 혀로, 입술로 악독을 베풀며 무덤의 대화를 합니다. 죽은 가치관으로, 입으로 쾌락을 부르짖으며 속임을 베푸는 저의 언어생활을 용서하여 주옵소서. 내 죄를 인정하기 싫어서 날마다 거짓을 말하는 제 입술을 용서하여 주옵소서. 열린 무덤과 같은 저의 목구멍을 주님의 보혈로 깨끗이 씻어 주옵소서.

죄를 짓기 위해 피 흘리는 데 빠른 발을 또한 용서하소서. 가지 않아야 할 곳을 가고, 하지 않아야 할 생각을 하고, 하지 않아야 할 말을 하는 모든 것을 고백하오니 용서해 주옵소서.

주님, 의인을 위해서나 자식을 위해서는 혹시 죽을 수 있지만, 나를 미워하는 자를 위해 죽을 수 있는 사랑이 우리에게는 없습니다. 사랑이 무엇인지 아직도 모릅니다. 내 옆에 리지웨이 같은 사람이 있습니까? 매춘부와 같은 인생이 있습니까? 그들에게 저의 사랑이 미치지 못합니다. 생각만 해도 깨진 독에 물 붓기 같아서 다가가기 싫은 사람이 있는 것을 고백합니다. 100% 죄인인 저에게는 사랑이 없습니다. 게다가 사랑이 없는 것을 날마다 합리화시킵니다. 불쌍히 여겨 주옵소서. 영혼 구원을 위해 걸어가는 저에게, 모든 성도에게, 교회에 사랑이 넘치기를 원합니다.

다른 어떤 것보다도 우리 교회가 주님 앞에서 내가 절망적인 죄인인 것을 아는, 죄인들이 모인 교회가 되길 원합니다. 의인이라고 생각하는 죄인이 아니라 진정 죄인이라고 생각하는 죄인들의 모임이 되길 원합니다. 그래서 "나 같은 죄인 살리신 주님의 은혜"를 날마다 삶으로 찬양하는 저와 가정과 교회가 되게 하옵소서.

이 순간에도 도무지 죄가 깨달아지지 않는 사람들을 찾아가 주옵소서. 성령님이 그 마음을 열어 주옵소서. 인간은 100% 죄인이고, 그 죄를 해결할 분은 오직 예수 그리스도밖에 없다는 복음이 뚫고 들어갈 수 있도록 역사해 주옵소서. 착하고 나쁘고의 수준에서 벗어나 내가 하나님을 모르는 것이 얼마나 죄인가를 깨닫는 시간이 될 수 있도록 역사해 주옵소서. 예수님 이름으로 기도하옵나이다. 아멘.

part 3

의인은 믿음으로 산다

11
전혀 새로운 길

로마서 3:21~31

하나님 아버지, 로마서를 통해 계속되는 죄의 선포로 갈 곳을 찾지 못하고 있습니다. 주님, 새 길을 열어 주옵소서. 죄에서 구원 받을 길을 깨닫게 하옵소서. 예수님 이름으로 기도하옵나이다. 아멘.

어떤 집사님이 간단한 검사를 받기 위해 병원에 갔다가 기막힌 소식을 들었습니다. 간호사가 다급한 목소리로 당장 입원을 하라고 했습니다. 간암 말기라 내일이라도 당장 수술을 받아야 한다고, 수술을 하더라도 6개월을 넘기기 어렵다는 것입니다. 그야말로 마른하늘에 날벼락 같은 일이 생겼습니다.

너무 멍해서 어떻게 해야 할지도 모르겠더랍니다. 그래서 남편에게도 연락하지 않고 집에 가서 간단한 옷가지만 챙겨 기도하는 마음으로 병원에 갔습니다.

병원으로 가면서 많은 생각이 떠올랐습니다. '내가 회개하지 못한 것이 무엇일까? 혹시 나한테 갚지 못한 빚은 없었나? 이대로 하나님 앞에 서도 괜찮을까? 남은 6개월을 어떻게 하면 의미 있게 보낼 수 있을까?' 남편 생각, 아이들 생각, 부모형제 생각도 안 나고 '내가 어떻게 하나님 앞에 설 것인가?' 하는 생각뿐이었다고 합니다.

그런 생각을 골똘하게 하면서 병원에 도착했는데 또 한 번 기가 막힌 소리를 들었습니다. '간암 말기' 선고를 했던 간호사가 다른 사람의 차트를 보고 실수했다는 겁니다.

죄송하다고 백배사죄하는 간호사를 뒤로 하고 '다행이구나, 살았구나!' 생각했습니다. 그런데 버스를 타고 오면서 생각해 보니 다행으로만 알고 지나갈 일이 아니었습니다. 자신도 50을 바라보는 나이인데 오래지 않아서 죽음을 맞으리라는 생각이 들었습니다. 그래서 그 순간을 미리 연습하게 해 준 간호사가 오히려 고맙게 여겨졌다고 합니다.

우리들의 행복한 시간도 언젠가는

그렇습니다. 우리는 모두 사형선고를 받은 사람들입니다. 차이가 있다면 사형 집행 날짜를 받은 사람과 아직 날짜를 받지 않은 사람이 있을 뿐입니다.

지금 행복합니까? 날짜가 주어지지 않았다고 해서 죽음을 나와 전혀 상관없는 일처럼 여기고 있습니까?

우리가 지금 행복한지 불행한지에 상관없이 결국 우리가 걸어가고 있는 길은 죽음을 향하고 있습니다.

이제까지 바울은 우리가 100% 죄인이라는 것을 여러 가지 각도로, 너무나 간절하게 우리에게 말해 주었습니다. 어떤 사람은 죄 이야기를 좀 그만하면 좋겠다고, 너무 부담이 된다고 합니다. 제가 죄 이야기를 안 한다고 해서 우리가 죄인이 아닌 것은 아닙니다. 죄를 모르고는 구원 자체가 성립이 되지 않기 때문에 하나님의 말씀, 성경을 따라서 저도 말하지 않을 수 없는 것입니다.

그렇게 귀가 닳도록 죄 이야기를 해도 아무렇지도 않게 '나는 괜찮은 사람이야. 죄는 무슨 죄?' 이러는 사람도 있습니다. 이런 사람의 특징은 사물을 있는 그대로 보지 못한다는 것입니다. 어쩌다 늦은 동료를 향해서 "너는 제 시간에 온 적이 한 번도 없어!" 하고 비난합니다. 어쩌다 실수한 아내에게도 "당신 하는 일이 다 그 모양이지 뭐." 하고 야단칩니다. 사실 동료가 제 시간에 온 적도 많았는데, 아내가 항상 그런 것도 아닌데, 자신의 화난 감정 때문에 있는 그대로 보지 못하고 자기 마음대로 봅니다.

우리는 하나님의 형상대로 지음을 받았지만 죄 때문에 원래의 성품을 잃고 변질되었습니다. 이렇게 변질된 성품의 가장 큰 특징 가운데 하나가 항상 남을 탓하는 겁니다.

날씨가 좋으면 잠시 기분이 좋습니다. 그러나 우중충하고, 비가 오고, 폭풍우가 치고, 바람이 불면 모든 것을 날씨 탓으로 돌립니다. '날씨만 좋았으면 전도도 많이 했을 텐데.' 하고 핑계를 댑니다. 날씨가 좋으면 또 다른 불평을 합니다. 남편 때문에 안되고, 부인 때문에 안되고, 사장 때문에 안되고 얼굴도 못 본 조상 탓까지 하느라 바쁩니다.

페이스 팝콘이라는 사람은 앞으로 30년이 지나면 인간관계에도 쇼핑의 시대가 올 것이라고 했습니다. 친구도, 애인도 쇼핑을 하는 극도의 이기주의 시대가 온다는 것입니다. 죄 문제가 심각한 것은 인간이 근본적으로 남의 죄만 보고 내 죄는 못 보기 때문입니다.

인간이 복되게 살지 못하는 이유는 돈이 없어서가 아닙니다. 병 때문도 아닙니다. 무엇을 더 소유하지 못해서도 아닙니다. 죄 때문입니다.

그래서 우리에게는 새로운 길이 필요합니다. 오늘, 내일, 언젠가 우리 앞에 닥칠 인생의 마지막 순간에 영원한 사망이 아닌 영원한 생명으로 가기 위해서는 지금까지와는 다른 길, 전혀 새로운 길이 우리에게 필요합니다.

 의(義)의 길

이제는 율법 외에 하나님의 한 의가 나타났으니 율법과 선지자들에게 증거를 받은 것이라_롬 3:21

원어 성경을 보면 "이제는" 앞에 "그러나"가 있습니다. "그러나 이제는 율법 외에 하나님의 한 의가 나타났으니" 이렇게 됩니다.

바울은 이미 의롭지 못한 인간이 파멸과 고생의 삶을 살 수밖에 없다는 것을 심각하게 지적했습니다. 21가지 죄의 목록으로 시작해서 의인은 없나니 하나도 없기에 누구도 하나님의 심판을 피할 수 없다고 했습니다. 그것을 깨닫게 해 주는 것이 율법이라고 했습니다.

여기에 "그러나"의 반전이 있습니다. 100% 죄인인 인생에 "그러나 이제는"의 길이 있습니다.

어떤 길입니까? 율법 외에 한 '의(義)'가 우리에게 나타났습니다. '율법 외에'는 율법이 필요 없다는 뜻이 아니라 '율법과 상관없이'로 해석을 하면 좋겠습니다. 우리의 죄를 깨닫게 해 주는 것이 율법인데, 그것과는 상관없이 '의'가 나타났습니다. 그 길이야말로 우리 모두가 사는 길입니다. 사람이 이르지 못했던 의의 길을 하나님이 준비하셨습니다.

하나님은 한 의(義)를 율법과 선지자를 통해 일찍부터, 창세 때부터 증거하셨습니다. "여인의 후손이 뱀의 머리를 상하게 한다"(창 3:15)는 것은 바로 예수님의 이야기입니다. 예수님이 "너희 조상 아브라함은 나의 때 볼 것을 즐거워하다가 보고 기뻐하였느니라"(요 8:56)고 말씀하신 것처럼 아브라함의 때에도 예수님은 분명 나타나셨습니다. 시편 22장에도 예수님의 고난과 죽음에 대한 완벽한 묘사가 있습니다. 이사야 7장에도 "처녀가 잉태하여 아들을 낳으리니"라는 예언이 있고, 다니엘 9장에서도 예수님이 오실 정확한 기한과 죽임 당할 것을 증거하는 예언이 있습니다. 이렇게 하나님은 성경에서 수없이 한 의를 말씀하셨고, 또한 많은 이들이 그 말씀을 들었습니다.

우리에게 나타난 하나님의 의(義)는 갑자기 나타난 것이 아닙니다. 하나님이 먼저 율법을 주시고는 "인간들이 율법을 도저히 못 지키니까 다른 방도를 마련해 봐야겠다." 이래서 준비된 것이 아니라는 겁니다. 율법을 주실 때 이미 하나님은 한 의(義)를 준비해 두셨습니다.

아무리 형편없는 인생이라도, 아무리 더럽고 악한 것이라도 의의 길에 들어가면 '그러나 이제는!' 의 인생이 됩니다. 우리의 삶에 새로운 의미가 부여됩니다. 쓸모가 생깁니다. 인생 대역전이 이루어집니다. 전혀 새로운 길이 열립니다.

내 인생을 변화시킨 '그러나 이제는' 의 간증이 있습니까? 그러나 이제는 달라진 삶으로 다른 사람들에게 새로운 길 되신 하나님의 의를 증거하고 있습니까?

곧 예수 그리스도를 믿음으로 말미암아 모든 믿는 자에게 미치는 하나님의 의니 차별이 없느니라_롬 3:22

그러면 이 기막힌 의(義)를 우리가 어떻게 얻을 수 있을까요?

'의(義)'라는 한자를 자세히 들여다보면 '양(羊)' 아래 '나 아(我)' 자가 있습니다. 양 아래에 내가 있는 것이 왜 '의롭다'는 뜻이 됐을까요?

'의롭다'는 단어가 왜 이렇게 만들어졌는지를 아는 사람은 많지 않습니다. 한자를 만든 중국인도 잘 모릅니다. 그러나 그리스도를 아는 사람들은 그 까닭을 쉽게 짐작할 수 있습니다.

양은 예수 그리스도의 상징입니다. 하나님이 출애굽 당시 애굽의 장자들을 치는 재앙을 주실 때, 이스라엘 백성들에게 문설주에 일 년 된 양의 피를 바르게 하셨는데 그 양의 피를 보고 죽음이 피해 갔습니다. 그것이 유월절입니다. 피할 수 없는 죽음을 어린 양 예수 그리스도의 피로 유월(踰越), 넘어간 것입니다.

중국의 한자는 보통 사물의 모양을 본떠 만들거나 두세 가지 글자를 합해서 새로운 의미를 만들어 내는데, 양(羊) 아래 내(我)가 있는 것이 '의로울 의(義)' 자가 된 것은 예수 그리스도의 보혈로 덧씌워져서 내가 의롭게 된다는 뜻이 아닐까요? (그밖에도 성경적인 의미들이 나타난 한자는 많이 있습니다. 아마도 한자가 만들어질 무렵 중국인도 하나님을 알고 있지 않았나 생각됩니다.)

예수 그리스도가 하나님의 어린 양으로 이 땅에 오셨습니다. 유월절 그 밤에 양의 피가 증거가 되어 죽음이 넘어간 것처럼, 예수 그리스도를 통해 우리도 사망을 피할 수 있습니다. 그것이 새롭게 나타난 의의 길입니다. 그 길은 모든 믿는 사람에게 열려 있습니다. 차별이 없습니다.

모든 사람이 죄를 범하였으매 하나님의 영광에 이르지 못하더니 그리스도 예수 안에 있는 구속으로 말미암아 하나님의 은혜로 값없이 의롭다 하심을 얻은 자 되었느니라_롬 3:23~24

우리에게 나타난 의의 길은 내가 찾은 것이 아니라 하나님이 나타내신 길입니다. 전적으로 하나님의 은혜입니다.

옛날에는 율법을 지키면 의롭게 됐는데, 이제는 예수님을 믿어야 의롭게 된다는 뜻이 아닙니다. 예수님을 믿는다는 것이 의로움의 전제 조건이 아닙니다. 믿음은 조건이 아니라 우리가 의롭게 되는 방법입니다. 나는 아무 한 것이 없고 값없이 의로움을 얻었습니다.

우리의 믿음이 구속(救贖)이 아니라 예수님이 우리의 구속입니다. 구속은 값없이 베푸신 은혜이고 이미 일어난 사실입니다. 보장된 은혜입니다. 내가 믿어야 구속의 사건이 생기는 것이 아니라, 이미 이루신 구속의 은혜를 믿음으로써 의롭게 되는 것입니다.

그런즉 자랑할 데가 어디뇨 있을 수가 없느니라 무슨 법으로냐 행위로냐 아니라 오직 믿음의 법으로니라 그러므로 사람이 의롭다 하심을 얻는 것은 율법의 행위에 있지 않고 믿음으로 되는 줄 우리가 인정하노라_롬 3:27~28

그런즉 전적으로 하나님이 하신 일인데 내가 자랑할 것이 무엇이겠습니까. 내가 한 것은 전혀 없고 오직 예수 그리스도의 구속(救贖)으로 거저 '얻은' 것인데, 믿는다는 것 자체가 자랑이 될 수 있습니까?

내가 하나님에 대해 무관심하고 죄에 대해서도 무감각한 채 죽음으로 달려가고 있을 때, 주님이 나를 구원하러 달려오셨습니다. 내가 하나님을 이해하고 선택한 것이 아닙니다. 하나님이 나를 택하시고, 죄의 길을 떠나 의의 길로 가라고 이해시키셨습니다. 하나님이 나를 찾아오셨습니다. 이 땅의 모든 사람에게 찾아오셨습니다.

예수 그리스도께서 내 죄를 대속하심으로 내가 의롭게 된 것을 믿습니까? 구원은 전적인 하나님의 선물이기에 무조건 감사합니까? 구원의 확신을 전도, 구제, 봉사 같은 하나의 신앙 목표로 착각하지는 않습니까?

화목(和睦)의 길

이 예수를 하나님이 그의 피로 인하여 믿음으로 말미암는 화목 제물로 세우셨으니 이는 하나님께서 길이 참으시는 중에 전에 지은 죄를 간과하심으로 자기의 의로우심을 나타내려 하심이니 곧 이때에 자기의 의로우심을 나타내사 자기도 의로우시며 또한 예수 믿는 자를 의롭다 하려 하심이니라_롬 3:25~26

전쟁과 테러, 핵 실험, 종교 분쟁으로 나라 사이에 화목이 없습니다. 악하고 음란한 세상 속에서 부부 사이에 화목이 깨어졌습니다. 부모자식 간에 화목이 깨어졌습니다. "일어나라.", "밥 먹어라." 외에는 대화라곤 전혀 없는 가정이 너무나 많습니다. 세대와 세대 사이에, 노동자와 사주(社主) 사이에, 이 지역과 저 지역 사람 사이에도 화목이 깨어졌습니다.

예수님을 믿고 의롭게 될 때 주어지는 가장 큰 복은 화목입니다. 먼저 하나님과 화목하게 된 것이 가장 큰 복이고, 그래서 사람과 화목하게 된 것이 큰 복입니다. 어떤 사람들은 예수님의 십자가에서 세로 막대는 하나님과의 화목을 의미하고, 가로 막대는 사람들과의 화목을 의미한다고 설명하기도 합니다.

구원을 얻기까지는 내가 한 일도, 해야 할 일도 없었습니다. 그러나 구원을 얻은 뒤에는 할 일이 있습니다. 주님은 나를 구원하시기 위해 이 땅에 오셨을 때 강요하거나 설득하러 오지 않으셨습니다. 다만 100% 죄인인 나를 위해 죽으러 오셨습니다. 죄 때문에 멀어진 하나님과 나를 화목하게 하시려고 제물이 되어 죽어 주셨습니다. 구원을 받고부터는 나도 다른 사람과의 화목을 위해 죽어져야 합니다. 그것이 구원 받은 내가 할 일입니다.

2002년에 흥행했던 〈집으로〉라는 영화는 가정 형편 때문에 산골 외할머니에게 맡겨진 손자와 할머니의 동거 생활을 그렸습니다. 누덕누덕 기운 초라한 옷을 입고, 얼굴이 쪼글쪼글하고 허리가 완전히 굽어서 겨우 지팡이를 짚고 다니는 그 할머니에게 철없는 손자는 치킨을 사 내라고 조르고 욕을 퍼붓고 악을 씁니다. 게다가 손자는 할머니를 부끄러워하죠. 하지만 할머니는 손자를 사랑하기 때문에 아무 부끄러운 것 없이 초라한 모습 그대로 손자에게 다 보입니다.

영화를 보면서 가난하고 늙은 할머니의 모습이 전혀 추하게 여겨지지 않았습니다. 오히려 너무 존경스럽고 예쁘다는 생각이 들었습니다. 특별히 제가 은혜를 받은 것은 할머니가 벙어리였다는 것입니다. 벙어리였기 때문에 할머니는 손자가 응석을 부리고 억지를 써도 한마디도 화를 내거나 변명하거나 생색을 내지 않았습니다. 얼마나 표정도 한결같은지, 사랑을 하면 표정도 그렇게 한결같은가 봅니다.

영화를 보면서 벙어리가 되는 것도 어쩌면 축복이라는 생각을 했습니다. 내게 입이 달려 있어서 얼마나 악을 쓰고 변명을 하고 거짓을 말하는지, 화목은커녕 열린 무덤이 되어서 더러운 말과 쓸데없는 말과 상처 주는 말을 할 때가 얼마나 많은지, 마음이 아팠습니다.

사람 사이에서도 길이 참는 사랑은 우리를 감동시킵니다. 그런데 지극히 높으신 창조주 하나님이 예수님의 십자가를 통해 우리에 대한 당신의 사랑을 확증하셨습니다.

하나님이 죄를 간과하셨다는 것은 죄를 지워 주신 것이 아니라 "우리가 아직 죄인 되었을 때에" 내 죄가 그저 있는데도 덮고 지나가셨다는 뜻입니다. 무조건적인 사랑입니다.

내 가족이 예수님을 안 믿고, 직장과 교회와 공동체가 달라지지 않는 것은 나에게 그런 사랑이 없기 때문이 아닌가 생각해 보기를 원합니다. 화목 제물이 되려면 입을 다물어야 하는데 내 잘못에 대해서는 변명이 많고, 다른 사람의 잘못에 대해서는 가르치려 들고, 그래서 구원이 멀어지는 것은 아닐까 두렵고 떨림으로 돌아보기를 원합니다.

어느 공동체든지 부흥하는 비결은 하나밖에 없습니다. 그 공동체 안에 한 사람이라도 자신의 약점을 인정하고 남을 섬기는 사람이 있으면, 교회도 사업도 부흥하게 돼 있습니다. 다른 사람 핑계 댈 것이 없습니다. 목사가 부족하고, 사장이 부족해서 부흥이 안되는 게 아닙니다. 한 분 예수님이 죽어 주심으로 모든 인류가 구원을 얻은 것처럼, 화목 제물로 죽어지는 한 사람이 있을 때 모두가 살아납니다. 그래서 내가 그 한 사람이 못 되는 것 때문에 오늘도 눈물로 기도할 수밖에 없습니다.

도저히 지나칠 수 없는 누군가의 잘못이 있습니까? 화목 제물이 된다는 것은 그 잘못을 방치하는 것이 아니라 대신 책임지는 것입니다. 그런 각오로 공동체를 섬기고 희생합니까?

함께 가는 길

하나님은 홀로 유대인의 하나님뿐이시뇨 또 이방인의 하나님은 아니시뇨 진실로 이방인의 하나님도 되시느니라_롬 3:29

예수님을 믿는 한 사람이 공동체를 변화시키고 세상을 변화시킬 수 있는 이유는, 하나님이 모든 이방인의 하나님이시기 때문입니다.
바리새인이 율법으로 구원을 얻어 보겠다고 금식을 하고, 십일조를 하고, 절기를 지키는 것을 무조건 흉봐서는 안 됩니다. 우리는 그들만큼 못합니다. 금식도 잘 못하고, 시간을 정해 놓고 기도하는 것도 부족합니다. 그러나 그들의 잘못은 구원의 초점을 자기들에게만 맞추었다는 데 있습니다.

누가복음 15장의 탕자 비유를 보면, 둘째 아들은 아버지의 재산을 미리 달라고 해서 집을 나가 멋대로 살다가 다 탕진하고 돌아옵니다. 그와 달리 맏아들은 아버지 옆에서 모범적으로 잘 살았습니다. 그런데 아버지에게 기쁨이 된 것은 맏아들이 아니라 둘째 아들이었습니다.

맏아들의 한계는 동생이 돌아온 것이 기쁘지 않았다는 데 있습니다. 아버지가 맏아들에게 원한 것은 집 나간 동생을 찾아보는 게 아니었을까요? 그걸 모르고 자기 인생만 열심히 살았기 때문에 맏아들은 아버지가 잔치까지 열어서 돌아온 동생을 맞아 주는 걸 이해하지 못했습니다. 오히려 불평을 했습니다.

교회에 다니고, 성경을 읽고, 큐티까지 하면서도 잃어버린 형제에게 무관심하지 않습니까? 내 신앙을 성숙시키려는 의지만 불타고 다른 사람의 구원에 무관심하지는 않습니까?

내게 자격이 없는데도 하나님이 나를 은혜로 의롭게 하셨다는 것, 값없이 베푸신 구원의 확신이 내게 확실하다면 이방인이라고 모른 척할 수 없습니다. 내게 천국이 확실하다면 내 형제, 내 이웃들이 지옥에 간다는 데 어떻게 아무렇지도 않을 수 있습니까!

아직도 하나님을 모르고 이방인으로 있는 가족과 지체는 누구입니까? "저런 인간은 예수님을 안 믿는 게 나아." 이런 생각을 한 적은 없습니까? 가망 없던 내가 달라졌으니 그 사람도 달라질 것을 믿고 구원의 소식을 전합니까?

어느 자매가 친정아버지의 죽음을 맞이하면서 경험한 하나님의 은혜를 간증했습니다.

76세로 비교적 건강하게 지내시던 아버지가 건강이 나빠졌습니다. 아무도 금세 돌아가실 것이라고 생각하지 않았지만, 아버지는 건강이 악화될 때마다 자식들에게 믿음의 축복을 주실 것과 자신의 남은 생명을 주께 의탁한다고 하시며 간절한 기도를 드렸습니다.

죽음의 순간이 왔을 때 아버지는 어머니에게 그동안의 잘못에 대한 용서를 구하고 감사를 전하며, 도덕적으로는 잘못한 것이 없어도 본인의 표현대로 "하나님과 나만 아는 죄"를 회개하셨습니다. 자녀들에게는 억지로 살리려고 애쓰지 말라고 하시며 하나님이 주시는 자연적 생명에 순응하는 모습을 보여 주었습니다.

아버지는 살면서 덕을 세운 부분도 많았지만 잘못하신 것도 있고, 교회 장로로서 율법적인 신앙생활을 하셨다고 합니다. 그러나 자녀들이 모여 찬송을 부를 때 아버지의 얼굴은 천국 가는 확신으로 평안했고, 자녀들은 그 영혼을 받으시는 하나님을 느낄 수 있었다고 합니다. 그 모습에서 자매는 우리가 의인이어서 받으시는 것이 아니라 죄인임에도 받으시는 하나님의 은혜를 볼 수 있었고 그래서 목이 메었다고 했습니다.

자신의 육신에는 관심을 두지않고 하나님 나라에만 초점을 두며, 죽음을 두려워하지 않고 오히려 적극적으로 맞아들이는 아버지의 모습. 숨을 거두는 순간까지 찬송과 기도 속에 서로 눈을 맞추고 격려하고 위로하며 죽음을 맞이한 가족들. "아버지, 천국에서 만나요." 마지막 작별 인사를 나누며 천국에서 다시 볼 소망으로 아버지의 임종 앞에서 감사의 눈물을 흘렸다는 자매의 간증을 듣고 저는 많은 은혜를 받았습니다.

100% 죄인으로 사형선고를 받은 우리가 사는 길은, 오직 하나님이 열어 주신 의의 길뿐입니다. 내가 의로운 일을 행해서 의롭게 되는 것이 아닙니다. 의의 길은 하나님의 은혜입니다.

그 이후로는 하나님이 값없이 베풀어 주신 사랑으로 내가 화목의 길이 되어야 합니다. 그 헌신과 사랑으로 우리에게 '그러나 이제는'의 새로운 삶이 시작될 것을 믿습니다. 가정과 교회와 나라와 모든 민족이 구원의 길로 인도될 것을 믿습니다.

하나님 아버지! 100% 죄인인 인생으로 절망할 수밖에 없는 나를 알았다면 이제는 전혀 새로운 길, 예수 그리스도를 믿음으로 말미암아 의롭다 함을 받는 그 길로 가기 원합니다. 생명으로 인도하는 새로운 길이 저에게 임하기를 간절히 원합니다.

믿음은 조건이 아닙니다. 주님이 저를 찾아오셨습니다. 주님이 구원을 이루시고 죄인 되었던 나를 의롭다 칭해 주셨습니다. 먼저 내가 죄인인 것을 인정하고, 그런데도 값없이 베푸신 은혜를 생각하며, 이제는 다른 이들을 구원으로 인도하는 화목 제물이 되게 하옵소서. 나를 의롭다 하신 은혜와 그것을 믿는 믿음이 확실하다면, 이제 내 삶에서 십자가를 지고 갈 수 있도록 인도해 주옵소서. 그래서 내 가족과 이웃과 모든 사람들이 '그러나 이제는'의 인생으로 돌이키기를 원합니다. 도와주옵소서.

구원 받은 자로서 이방인, 그리스도 밖에 있는 자들을 향해 간절함으로 다가가게 하옵소서. 아직도 나는 죽어지지 못한 부분이 많고 형편없지만, 주님이 나를 의롭다 해 주셨기 때문에 내가 그 역할을 할 수 있음을 믿습니다. 감사합니다. 예수님 이름으로 기도하옵나이다. 아멘.

12
무이자 행복

로마서 4:1~12

주님, 우리가 오늘 슬픔과 눈물과 여러 가지 문제를 가졌다 할지라도 그 가운데에서 진정한 행복을 발견하기 원합니다. 말씀하여 주옵소서. 예수님 이름으로 기도하옵나이다. 아멘.

지금 어떤 일이 생기면 가장 행복할 것 같습니까?

입시를 앞둔 자녀가 서울대학교에 들어간다면 행복해서 기절할 것 같습니까? 어떤 엄마는 그러면 너무 기뻐서 하나님을 안 믿고도 살 것 같답니다. 무서운 말 같지만 우리 마음이 다 그렇다는 걸 제가 알고 있습니다.

남편이 승진해서 월급이 팍팍 오르면 행복할까요? 온 국민이 밟아 보고 싶어하는 강남의 노른자 땅이 내 것이라면 행복할까요? 로또에 일등 당첨이 돼서 빚을 다 청산하고 노후까지 완벽하게 보장된다면 얼마나 좋을까요?

청년들이라면 전문직 직업과 외모와 성품에 믿음까지 갖춘 배우자감이

청혼을 한다면 그야말로 '환상' 이겠죠? 모두가 부러워하는 몸짱 외모를 가질 수 있다면, 대박을 터뜨려서 부자가 될 수 있다면, 저 푸른 초원 위에 그림 같은 집을 짓고 사랑하는 님과 함께 한 백 년 살 수 있다면…. 그러면 더 바랄 것 없이 행복하겠습니까?

2003년 겨울, 슬픈 사건이 있었습니다.

당시 중학교 3학년이었던 남학생이 돌아가신 엄마의 시체와 6개월을 함께 살았습니다. 아버지도 다른 형제도 없이 엄마랑 두 식구가 살다가 지병으로 엄마가 숨을 거뒀는데 아이는 무섭기도 하고 마땅히 알릴 곳도 없어서 며칠을 그대로 지냈습니다. 그러다 보니 숨겼다는 사실이 무서워서 더 숨기게 됐답니다.

처음 얼마 동안은 학교에 나갔지만 그 뒤로는 학교도 가지 않고, 사용료를 내지 못해 가스와 전기마저 끊긴 집에서 혼자 생활을 했습니다. 한두 달도 아니고 그렇게 6개월을 지냈는데 아무도 그 사실을 몰랐습니다. 상황이 더 안 좋았던 것은 이사 온 지 얼마 안 돼 그런 일을 겪어서 학교 선생님과 친구들이 열심히 찾아다녔어도 그를 찾을 길이 없었다는 것입니다.

이런 불행을 생각하면 우리가 행복에 대해 말하는 것이 참 미안하게 느껴집니다. 그러나 다른 한편으로는 이 세상이 끊임없는 불행과 슬픔과 눈물이 있는 곳이기에 우리가 행복을 이야기할 필요가 있다고 생각합니다. 견딜 수 없는 불행이 찾아오는 인생에서 어떤 것이 진정한 행복인지, 어떻게 하면 그 행복을 누릴 수 있는지를 우리도 알아야 하고 자녀들에게도 가르쳐야 하기 때문입니다.

행복 9단, 바울의 행복 비결

그런즉 육신으로 우리 조상 된 아브라함이 무엇을 얻었다 하리요 만일
아브라함이 행위로써 의롭다 하심을 얻었으면 자랑할 것이 있으려니와
하나님 앞에서는 없느니라_롬 4:1~2

바울 사도는 로마의 음침한 감옥에서도 하나님을 찬미했고, 감사와 기
쁨이 넘치는 사람이었습니다. 그는 환경이 빼앗지 못하는 큰 행복을 누리
고 살았습니다. 얼마 안 있으면 죽게 될 사형수의 신분도 그의 행복을 빼앗
지 못했습니다. 바울처럼 진정 행복한 사람은 자랑할 것이 없으나 자랑이
넘치는 사람입니다. 바울은 유대인이 존경하는 육신의 조상 아브라함이라
도 자랑할 것이 없다고 합니다. 영어로 'flesh' 라고 하는 육신은 내적인 것,
영적인 것을 가리키는 'spirit' 의 반대 개념입니다. 아브라함도 육신으로
말미암아서는 얻은 것도 자랑할 것도 없다는 말입니다.

제가 교회를 시작하기 전 집에서 학생 큐티 모임을 할 때의 일입니다. 모
범생인 한 고등학생 형제가 모임에 참석했습니다. 그 형제의 부모님은 취미
로 각종 악기를 다루는 멋진 분들이었는데, 아버지가 술을 마시고는 교회에
다니는 엄마와 아들을 핍박하기 시작했습니다. 성경책을 찢어서 아들에게
집어던지기도 했습니다. 그래도 그 형제는 열심히 큐티 모임에 나왔습니다.

형제가 대학생이 된 뒤 아버지가 돌아가셨고, 교회에 열심이던 엄마는
천주교 신자와 재혼을 했습니다. 그리고는 몇 년 뒤에 이혼을 했습니다. 그
형제는 엄마를 용서할 수 없었고 엄마와의 관계가 회복되지 않았습니다.

그런 상태에서 엄마가 교통사고를 당해 돌아가셨습니다.

고등학교 때부터 똑똑하고 공부도 잘하고 일류 대학까지 들어갔는데, 아버지가 그렇게 핍박을 해도 신앙을 지키고 큐티도 열심히 했는데, 힘든 일을 겪으면서 지금은 큐티도 딱 끊어(?) 버렸습니다. 요즘엔 직장 일을 핑계로 주일도 못 지킵니다.

우리의 행위로는 믿음을 지킬 수 없습니다. 믿음의 조상인 아브라함 역시 행위로는 자랑할 것이 없었습니다. 하나님이 그에게 "너는 너의 본토 친척 아비 집을 떠나 내가 네게 지시할 땅으로 가라"(창 12:1)고 명령하셨는데 아브라함은 아버지 데라와 친척인 롯을 데리고 떠났습니다. 친척 아비 집을 떠나지 못했습니다. 하란에 머물다가 아버지가 죽었는데도 여전히 친척인 롯은 포기하지 못했습니다. 세겜에서는 예배라도 잘 드렸지만 기근이 드니까 금세 가나안을 벗어나서 애굽으로 갔습니다.

게다가 애굽에 가서는 죽는 것이 두려워서 아내를 누이라고 속이고 왕에게 보내기까지 했습니다. 남자로서 좀 치사스럽지 않습니까? 한 번도 아니고 두 번이나 그랬습니다. 또 하나님이 "네 몸에서 날 자가 약속의 자손"이라고 가르쳐 주셨는데도 기다려도 아이가 안 생기니까 여종 하갈을 얻어서 이스마엘을 낳았습니다. 하나님이 약속하신 대로 아내 사라에게서 이삭을 낳은 뒤에는 하갈과 이스마엘을 쫓아내기도 했습니다.

우리가 대단하게 여기는 아브라함도 걸리는 죄목이 이렇게 많습니다. 아브라함은 하나님의 약속을 받고도 끊임없이 죄를 지었습니다.

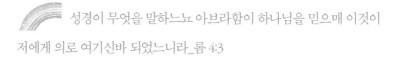 성경이 무엇을 말하느뇨 아브라함이 하나님을 믿으매 이것이 저에게 의로 여기신바 되었느니라_롬 4:3

말씀을 보니 아브라함이 의인으로 여겨졌다고 합니다. 그가 하나님을 믿으매, 믿음이 조건이 아니라 방법이 되어 의롭게 된 것입니다. 하나님이 아브라함에게 믿음을 주시고, 할례를 행하시고, 그로부터 오백 년 뒤에 하나님의 율법을 주셨습니다. 믿음의 조상으로 기억되게 하셨습니다.

자랑할 것이 없어도 자랑할 것이 있게 하신 하나님이십니다. 학생 큐티 모임에 나오던 그 형제는 지금은 신앙생활을 못하고 있지만 그래도 찾아갈 데가 저밖에 없다고 가끔 저를 보러 옵니다. 제가 믿음을 회복해야 하지 않겠냐고 권면하면 때가 된 것 같다고 하는데, 이제 곧 돌아올 것을 믿습니다. 부모님을 잃고, 영적으로도 방황하고 자랑할 것이 없어 보여도 "하나님을 믿으매" 겪어 온 고난까지도 자랑으로 바꾸어 주실 것을 믿습니다.

내가 가장 자랑하는 것이 무엇입니까? 육적인 자랑은 안 한다고 하면서 큐티하는 것을 자랑하지는 않습니까? 아니면 내 출신이나 행위로 자랑할 것이 없어서 주눅이 들어 있습니까? "내가 이렇게 부족한데도 하나님이 나를 인도하셨다."는 것이 하나님의 특별한 사랑을 받았다는 최고의 자랑인 것을 아십니까?

전부 공짜, 무이자 행복

일하는 자에게는 그 삯을 은혜로 여기지 아니하고 빚으로 여기거니와 일을 아니할찌라도 경건치 아니한 자를 의롭다 하시는 이를 믿는 자에 게는 그의 믿음을 의로 여기시나니_롬 4:4~5

일해서 받는 삯은 대가(代價)이지 선물이 아닙니다. 그런데 일을 안 했는 데도 삯을 준다면 놀라운 일 아닙니까? 월급을 올려 줘도 너무 감사한데 일 을 안 했는데도 월급을 준다면 정말 감사하죠.

쿨(cool)하다고 하는 사람들은 일을 안 했는데도 삯을 주면 몸과 마음이 쿨~하지가 않습니다. "내가 왜 일을 안 하고 돈을 받아? 난 공짜나 바라는 사람이 아니라니까." 이렇게 똑 부러지고 매사에 확실한 사람을 쿨~하다고 요새 그러더군요.

아무튼 쿨한 사람은 자신을 합리적이라고 하면서 "세상에 공짜가 어디 있 냐?"가 주제가입니다. 그래도 주겠다고 하면 "무슨 심산으로 나한테 이러는 거지?" 하며 의심까지 합니다. 안 주고 안 받는 게 쿨~하고 깔끔하다고 합 니다. 물론 무조건 받기만 바라는 것도 건강한 건 아니죠. 하지만 받는 걸 잘 못하는 사람은 분명 주는 것도 잘 못하는 법입니다.

그래서 똑똑할수록 성경이 이해가 안됩니다. 'give and take(주고받기)'가 익숙한 세상 사고방식으로는 은혜의 개념이 이해가 안됩니다. 세상 사람들 은 내가 일하지 않아도 삯을 주신다는 것, 내 행위가 경건치 않은데도 의롭 다고 하시는 주님을 도무지 믿기가 어렵습니다. 그것을 믿는 우리야말로 정말 행복한 사람입니다.

일한 것이 없이 하나님께 의로 여기심을 받는 사람의 행복에 대하여 다윗의 말한 바 그 불법을 사하심을 받고 그 죄를 가리우심을 받는 자는 복이 있고 주께서 그 죄를 인정치 아니하실 사람은 복이 있도다 함과 같으니라_롬 4:6~8

성경에 행복이라는 단어가 나오네요. 알고 계셨습니까? 여기에서 바울이 말하는 "사람의 행복"은 우리가 생각하는 일시적인 행복이 아니라 영원한 행복입니다.

다윗은 이스라엘의 왕으로 하나님의 기름 부음을 받고 모든 것을 가졌던 사람입니다. 하나님의 명을 받아 많은 전쟁을 치렀으니 나름대로 일한 것도 많다고 할 수 있는 사람입니다. 그런데 일한 것 없이 의로 여기심을 받는 행복에 대해서 다윗만큼 잘 알 사람이 없다고 합니다. 다윗이야말로 불법과 죄를 가리우심 받는 복을 제대로 받았기 때문입니다.

세상의 행복은 돈과 권력과 승리와 쾌락과 명예에 있지만, 다윗은 그것이 행복이 아니라는 것을 알게 됐습니다. 저절로 알게 된 것이 아닙니다. 자신의 죄를 통해 깨달았습니다. 돈과 권력과 승리와 명예를 다 가진 자신이 그 권력으로 부하의 아내인 밧세바를 범하고, 죄가 드러날까 봐 밧세바의 남편 우리아를 함정에 빠뜨려서 죽게 하고, 왕의 권력으로 거짓말과 간음과 살인을 뚝딱 해치웠습니다.

그러고는 자신의 죄가 덮어지기를 바랐겠지요. 스스로도 부러 잊으려고 노력했을 겁니다. 없었던 일로 하고 싶었을 겁니다. 하지만 하나님은 다윗을 사랑하셔서 나단 선지자를 보내 다윗의 죄가 드러나게 하셨습니다.

다윗은 왕이었고, 대단한 용장(勇壯)이었고, 음악가였고, 시인이었고, 눈이 붉고 용모가 빼어난 사람이었습니다. 그러나 다윗의 가장 위대한 점은 자신의 죄를 깨달았다는 데 있습니다. 자신의 연약함과 죄성을 인정하고 스스로에게 절망해 보았습니다. 하나님만이 자신의 죄를 사하고 가리우시는 분임을 깨달았습니다. 깨닫는 것에 그치지 않고 나단 선지자 앞에서 자기 죄를 인정했습니다. 시편의 수많은 노래를 통해 낱낱이 자신의 연약함을 고백했습니다. 그런 다윗의 간절한 회개가 수천 년 동안 우리에게 은혜를 끼치고 있습니다.

사람의 행복이 바로 여기에 있습니다. 왕으로서 수치가 드러나고 그것을 인정하는 것은 다윗에게 죽기보다 힘든 일이었겠지만 이 땅에서 그 지옥의 아픔을 겪는 것이 축복입니다. 진짜 지옥에 안 가도록 막으시는 하나님의 사랑입니다. 무서운 전염병에 안 걸리기 위해 예방주사를 맞는 것처럼 망하고 병들고 아파서 내 죄를 깨달을 수만 있다면, 그래서 주님을 만나고 하나님께 의로 여기심을 받는다면 그보다 큰 복은 없는 것입니다.

하나님께 의로 여기심을 받는 자의 행복은 경험해 보지 않으면 모릅니다. 세상 지위로는 나와 가까이할 수 없는 분이 나와 교제를 해 준다면 얼마나 기분이 좋겠습니까? 하물며 무엇이든 하실 수 있고 주실 수 있는 분이 아무 대가 없이 나의 허물을 덮어 주고 모든 문제를 해결해 주시니 얼마나 든든하고 행복합니까!

내가 사형에 해당하는 죄를 지었습니다. 후회를 해도 소용없고, 돈으로도 해결할 수 없는 죄를 지었습니다. 이 죄 때문에 가족과 다른 사람들까지도 고통을 겪게 됐습니다. 그럴 때 대통령이 내 죄를 사면한다는 사면장을 내려 준다면, 그 사면장 하나로 사형선고가 철회되고 모든 문제가 해결된다면 어떻게 하시겠습니까? 왜 나한테 사면장을 주느냐고 대통령의 저의를 의심하겠습니까? 사면장이 필요 없다고 나는 그냥 사형을 받고 죽겠다고 하겠습니까?

그렇다면 그 사람은 자신의 죄 때문에 죽는 것이 아닙니다. 사면장이 왔음에도 그것을 거절했기 때문에 죽는 것입니다.

우리는 다 경건치 못한 사람입니다. 모두가 죄인입니다. 우리는 우리의 죄 때문에 죽는 것이 아닙니다. 죄가 없어서 천국에 가고, 죄가 많아서 지옥에 가는 게 아닙니다. 그 죽음을 피할 사면장이 나에게 왔는데도 필요 없다고 거절했기 때문에 죽습니다. 살아날 길을 알려 줘도 "당신이 무슨 이야기하려고 하는지 내가 다 알아. 한 번만 더 이야기하면 백 번이다, 백 번! 내가 절대 예수 믿는 일은 없을 거니까 그만 얘기해!" 하면서 나하고는 상관없다고 거절하지는 않습니까?

사람의 행복은 죄를 안 짓는 것이 아니라, 죄가 있어도 가리우심을 받는 것이라고 했습니다. 그렇게 우리가 하나님께 우리 죄를 가리움 받았다면, 남의 죄도 가려 줄 수 있어야 합니다.

그런데 우리는 남의 죄가 드러나는 것을 즐거워합니다. '정의의 칼'로 남의 죄를 파헤치고, 어떻게든 널리 알리는 것을 사명으로 알고 살아갑니다. 그러면서 내 죄는 가려지기를 바라는 것이 우리의 본성입니다. 남의 죄에는 민감하고 내 죄에는 둔감합니다. 내 죄는 덮어 두고 남의 죄는 밝혀야 합니다. 혹시 내 죄가 드러나더라도 남의 죄가 먼저 드러난 다음에 드러나야 합니다.

우리들교회는 죄와 고난을 오픈하는 것에 대해 자유로운 편입니다. 많은 분들이 죄를 오픈해서 끊게 되기도 하고, 공동체가 함께 기도하면서 그 죄를 끊으려고 노력하게 됩니다.

그렇다고 해서 남에게 오픈하라고 강요해서는 안 됩니다. 내 자신을 오픈하는 것은 성령의 역사가 아니고는 안 됩니다. 나는 내 이야기만 하면 됩니다. 내 간증을 하는 가운데 성령이 임하셔서 상대방이 마음을 연다면 저절로 오픈을 할 것입니다. 그 사람이 오픈만 하면 회복될 것 같아도, 본인에게 성령님의 인도하심이 있기까지 기도하며 기다려야 합니다. 개인적으로 상대의 죄를 알게 됐더라도 본인이 오픈할 때까지 잘 덮어 주고 감싸 주고 가려 주는 마음이 필요합니다.

공짜는 없다는 쿨~한 성품이 하나님의 전적인 은혜를 이해하는 데 걸림돌이 되지는 않습니까? 아무 대가 없이 주시는 주님의 사면장을 '죄가 없어서 괜찮다'고, '죄가 많아 받을 자격이 없다'고 거절합니까?

무자격, 무담보로 주시는 행복

그런즉 이 행복이 할례자에게뇨 혹 무할례자에게도뇨 대저 우리가 말하기를 아브라함에게는 그 믿음을 의로 여기셨다 하노라 그런즉 이를 어떻게 여기셨느뇨 할례시냐 무할례시냐 할례시가 아니라 무할례시니라 저가 할례의 표를 받은 것은 무할례시에 믿음으로 된 의를 인친 것이니 이는 무할례자로서 믿는 모든 자의 조상이 되어 저희로 의로 여기심을 얻게 하려 하심이라 또한 할례자의 조상이 되었나니 곧 할례 받을 자에게뿐 아니라 우리 조상 아브라함의 무할례시에 가졌던 믿음의 자취를 좇는 자들에게도니라_롬 4:9~12

할례는 유대인에게 가장 자랑스러운 의식입니다. 믿음의 표로 여겨졌습니다. 그러나 할례는 죄 사함의 조건이 아니고, 행복의 조건도 아닙니다.

아브라함은 하갈에게서 얻은 아들 이스마엘과 함께 할례를 받았습니다 (창 17:24). 그런데 하나님이 아브라함을 의롭다 하신 것은 할례를 행하기 훨씬 전의 일입니다. "네 몸에서 날 자가 네 후손이 되리라"(창 15:4)는 이삭의 약속을 주시고 "아브람이 여호와를 믿으니 여호와께서 이를 그의 의로 여기시고"(창 15:6)라고 하셨습니다. 아브라함은 할례자의 조상도 되고 무할례자의 조상도 되는 것입니다.

그런데도 많은 사람들이 믿음의 혈통을 부르짖습니다. 저도 4대째 믿음이라는 말을 종종 합니다. 그러나 행위나 할례, 경건생활보다 더 중요한 것은 하나님 안에서 연합되는 관계입니다.

"믿음으로 의롭게 여기셨다"는 말씀이 로마서에서 이제까지 여섯 번이나 나왔습니다. '여겼다'라는 것은 '계산되었다(counted)'는 뜻입니다. 내가 치러야 할 값을 하나님이 대신 치러 주셨다는 것입니다.

빌레몬서 1장을 보면 빌레몬의 종이었던 오네시모가 로마에 가서 복음을 듣고 바울의 동역자가 됩니다. 그러나 오네시모는 주인의 허락을 받지 않고 도망 왔기에 바울이 빌레몬에게 이렇게 편지를 썼습니다. "저가 만일 네게 불의를 하였거나 네게 진 것이 있거든 이것을 내게로 회계하라"(몬 1:18).

이것이 주님이 나를 의로 여기시는 마음입니다. 내가 져야 할 죄의 짐을 예수님이 대신 지시고 갚아 주신 것, 그것을 믿음으로써 내가 의로 여겨지는 것입니다.

어머니의 시체와 6개월 동안 동거했다는 학생이 지금은 어느 목사님 댁에서 잘 지내고 있다고 합니다. 공부도 열심히 한답니다. 많은 사람들이 후원금도 보내고 힘이 되고 있다고 하니 참 감사한 일입니다. 목사님께 양육을 받고 있으니 예수 그리스도를 만나는 진정한 행복도 누리기를 기도합니다.

사소한 행복들이 모여서 큰 행복이 만들어집니다. 작은 일이라도 크게 기뻐하면 행복합니다. 아무리 크고 많은 것도 만족하지 못하면 불행합니다. 행복은 선택이며 발견하는 것이기 때문입니다. 하나님은 사람에게 자유의지를 주셨습니다.

하나님이 나의 죄를 사해 주시고, 가리워 주시는 것을 깨달을 때만 삶의 사소한 순간에서도 행복을 느낄 수 있습니다. 자기 죄를 모르는 사람은 주어진 행복도 선택하지 못합니다. 굴러 온 행복도 거절합니다.

영국 어느 지방에서, 런던까지 가는 수많은 길들 가운데 어떤 길이 가장 좋은 길인가를 공모한 적이 있다고 합니다. 일등을 차지한 답은 "런던까지 가는 가장 좋은 길은 좋은 동반자와 함께 가는 길"이었습니다.

사도 바울은 복음을 전하며 끊임없는 핍박과 환난과 결박을 당했지만 사랑하는 믿음의 지체들과 함께 가는 행복을 누렸습니다. 천국 가는 여정이 아무리 험난해도 좋은 동반자와 함께라면 그 여정이 행복할 수 있습니다. 나의 불법을 사하시고 죄를 가리우신 것에 대해 증거하며, 격려하며 갈 동반자가 있다면 삶의 모든 순간들이 행복으로 빛나게 될 것을 믿습니다.

예수님을 믿고 행복해졌습니까? 기도가 응답되면 행복할까요? 가족이 전도되면 행복할까요? 세상의 행복은 구하지 않는다고 하면서 영적인 행복의 조건을 나열하지는 않습니까? 구원 받았다는 사실이 절대적인 행복이 되어 주위 사람들에게도 전염되고 있습니까?

아버지 하나님! 목메게 갖고 싶은 행복을 찾아서 오늘은 이곳, 내일은 저곳을 기웃거리지만 행복을 줄 분은 주님밖에 없다고 하십니다. 나는 자랑할 것이 없지만 자랑할 것이 있게 하시는 분은 주님밖에 없다고 하십니다. 나는 죄인이지만 그것을 죄로 여기지 않고 받아 주실 분은 주님밖에 없다고 하십니다. 내 죄를 깨닫고 불법과 허물을 가리우심 받기 원합니다.

아브라함도 육신으로 얻은 것이 없다고 성경이 말씀하고 있는데 나는 날마다 육신을 자랑합니다. 순간마다 육신의 자랑이 나옵니다. 구원의 근거가 나의 잘난 것에 있는 것처럼 착각할 때가 많은 것을 불쌍히 여겨 주옵소서.

오직 믿음으로 나를 의롭게 여겨 주신다고 할 때에 이 선물을 받기 원합니다. 내 힘으로 할 수 없다는 것을 알고 내 자신을 인정하고 고백하며 주님께 나아가기를 원합니다. 아브라함과 다윗이 발견한 행복을 저도 찾기 원합니다.

자녀를 주님의 가치관대로 키우며 진정한 행복을 보이게 하옵소서. 행복을 찾는 길이 하나님의 말씀에 있다는 것을 깨닫고 가르치고 전하기 원합니다.

남의 죄는 드러나기 원하고 내 죄는 감추고 싶어하는 사악함이 제게 있습니다. 성령의 역사로 말미암아 모든 죄와 고통을 가리우심 받고 서로를 가려 주는 저와 우리 공동체가 되게 하옵소서. 우리가 영적인 동반자가 되어서 모두가 참된 행복의 주인공이 되기를 원합니다. 예수님 이름으로 기도하옵나이다. 아멘.

13
참 믿음
로마서 4:13~25

주님, 우리가 참 믿음을 가지고 승리할 수 있도록 이 시간 하나님의 음성을 듣기 원합니다. 예수님 이름으로 기도하옵나이다. 아멘.

종교개혁을 주도한 마틴 루터는 처음부터 개혁을 하려고 한 것이 아니었습니다. 당시 교계의 고쳐야 할 사항에 대한 자기 생각을 95개 조항으로 썼는데, 그것이 교계에 대한 반역으로 몰려 쫓기는 인생이 되고 본의 아니게 개혁을 이루게 된 것입니다.

그의 요구에 대해 로마 교황청부터 시작해서 모두가 적대적으로 나오자 루터는 극도로 지쳤습니다. 어려움이 극에 달한 상황에서 루터는 용기를 잃어버리고 음식도 전혀 입에 대지 않고 누워만 있었습니다.

그때 그의 부인이 상복을 입고 나타났습니다. 루터가 누가 죽었느냐고 묻자 부인은 "하나님이 죽었다."고 대답했습니다. 루터가 어떻게 감히 그런 말을 하느냐고 화를 내자 부인은 이렇게 말했습니다.

"하나님이 살아 계시다면 당신이 그렇게 낙심과 좌절 속에 있을 리가 없 잖아요. 그러니까 믿음 안에서 다시 일어나세요."

이 말에 루터는 용기를 얻고 다시 일어날 수 있었습니다.

어떤 사람이 믿음 좋은 사람일까요? 역경이 와도 벌떡벌떡 떨치고 일어 나는 사람이 믿음 좋은 사람일까요? 참 믿음의 모델을 갖는 것은 참으로 중 요한 일입니다. 우리가 믿음의 모델을 따라 살아갈 것이기 때문입니다. 사 도 바울은 우리에게 하나님이 그 믿음을 의로 여기셨다는 아브라함을 우리 에게 참 믿음의 모델로 제시하고 있습니다.

후사가 되는 믿음

아브라함이나 그 후손에게 세상의 후사가 되리라고 하신 언약은 율법으 로 말미암은 것이 아니요 오직 믿음의 의로 말미암은 것이니라_롬 4:13

우리가 100% 죄인이라는 것을 깨닫고 믿음으로 의롭게 되면 하나님의 엄청난 축복을 받게 됩니다. 그것은 후사가 되는 축복입니다. 하나님을 믿 는 사람은 온 세상을 유산으로 받는 후사가 됩니다. 하나님은 율법을 주시 기 430년 전에 이 약속을 주셨습니다. 이 약속은 내가 무엇 무엇을 지키면 받게 되는 것이 아니라 하나님이 일방적으로 주신 것이기 때문에 깨어질 수 없는 확실한 언약입니다.

만일 율법에 속한 자들이 후사이면 믿음은 헛것이 되고 약속은 폐하여졌느니라 율법은 진노를 이루게 하나니 율법이 없는 곳에는 범함도 없느니라_롬 4:14~15

신앙생활을 하면서 믿음이 '헛것'으로 여겨질 때가 있습니다. 구원 받고 변화되어서 힘든 남편도 잘 섬기고 가족의 구원을 위해 나름대로 헌신한다고 했는데, 아무도 달라지지 않는 걸 보면서 우울증이 찾아옵니다. 언제까지 이러고 살아야 하나 불평이 생깁니다.

내가 값없이 받은 구원의 감격을 잊어버리고 자꾸만 율법으로 돌아가려 하기 때문입니다. 세상에서와 똑같이 신앙생활에서도 인정받으려고 하고, 비교를 하고, 열등감을 느끼고, 내 열심으로 무언가를 이루려고 하니까 허무함이 찾아오는 것입니다. "율법에 속한 자들이 후사이면 믿음은 헛것"이라는 말씀은 내 열심으로는 후사가 안 된다는 것입니다. 내가 율법을 지키고 열심히 해서 되는 것이 아니라 믿음으로 되는 것임을 강조하는 말입니다.

그걸 모르고 신앙생활을 하니까 교회에서도 인간 승리를 외치며 고생을 합니다. 저한테 "왜 목사님만 말씀을 잘 깨닫는 것이냐?"며 따지는 분도 있습니다. 내가 믿었으니까 큐티도 잘해야겠는데 큐티가 잘 안된다고 기분 나빠합니다. 또 큐티를 열심히 하면 그것으로 뭔가가 된 것처럼 생각할 수 있습니다. 안간힘을 써서 큐티하고 기도하고, 그것으로 인정받고 싶어하니까 믿음을 헛것으로 만들고 은혜가 없는 겁니다. 율법으로 하니까 힘이 듭니다.

그러므로 후사가 되는 이것이 은혜에 속하기 위하여 믿음으로 되나니 이는 그 약속을 그 모든 후손에게 굳게 하려 하심이라 율법에 속한 자에게뿐 아니라 아브라함의 믿음에 속한 자에게도니 아브라함은 하나님 앞에서 우리 모든 사람의 조상이라_롬 4:16

우리의 전통과 열심과 자랑거리는 죽을병에 걸렸을 때 아무 도움이 안 됩니다. 내가 살아나고 후사가 되는 길은 아브라함의 믿음에 속하는 것뿐입니다. 16절에서는 아브라함을 "모든 사람의 조상"이라고 했고, 17절에서는 "민족의 조상", 18절에서는 "많은 민족의 조상"이라고 했습니다. 아담이 인류의 조상이라면 아브라함은 믿음의 조상입니다. 아브라함이 하나님을 믿었기 때문에 그 자손인 우리가 복을 누리게 됐습니다.

모태신앙도 아니고 온 집안에 믿는 사람이라고는 아무도 찾아볼 수 없어도, 지금 예수님을 믿는 내가 믿음의 조상이 됩니다. 하나님을 믿는 나 한 사람 때문에 우리 집안이 복을 받고 믿음의 후사가 되는 것입니다.

모태신앙이 아니라서, 불교 집안, 전과자 집안이라서 믿음의 후사가 될 수 없다고 생각합니까? 내 식구도 다 전도를 못했는데 어떻게 목자를 하고 주일학교 교사를 하겠냐고 거절합니까? 육신의 가족과 상관없이 전도하고 양육하며 영적 자녀를 낳는 믿음의 후사로 살고 있습니까?

알고도 믿는 믿음

기록된 바 내가 너를 많은 민족의 조상으로 세웠다 하심과 같으니 그의 믿은 바 하나님은 죽은 자를 살리시며 없는 것을 있는 것같이 부르시는 이시니라 아브라함이 바랄 수 없는 중에 바라고 믿었으니 이는 네 후손 이 이 같으리라 하신 말씀대로 많은 민족의 조상이 되게 하려 하심을 인함이라_롬 4:17~18

아브라함은 도대체 어떤 하나님을 믿었기에 바울 사도가 인정하는 참 믿음을 가졌을까요? 그의 믿은 바 하나님은 죽은 자를 살리시며, 없는 것을 있는 것같이 부르시는 하나님입니다. 바랄 수 없는 중에 바랄 것이 있게 하시는 분입니다. 아브라함이 이런 하나님을 경험한 것은 그가 죽고, 없고, 바랄 수 없는 상황을 겪었기 때문입니다.

그가 백세나 되어 자기 몸의 죽은 것 같음과 사라의 태의 죽은 것 같음을 알고도 믿음이 약하여지지 아니하고_롬 4:19

믿음의 길은 모르고 가는 길이 아니라 "알고도" 가는 길입니다. '알고' 는 어떤 일에 직면해 깊이 생각해 봤다는 뜻입니다. 100세가 된 아브라함은 현실을 따져 본 결과 자신과 사라에게 생식 능력이 없다는 것을 알았습니다.

하나님은 아브라함에게 "너는 너의 본토 친척 아비 집을 떠나 내가 네게 지시할 땅으로 가라"(창 12:1)는 명령과 "내가 너로 큰 민족을 이루고 네게 복을 주어 네 이름을 창대케 하리니 너는 복의 근원이 될지라"(창 12:2)는 엄청난 후손의 약속을 주셨습니다. 오늘날 바다의 모래보다 많은 믿음의 후손이 있으므로, 그 약속이 그대로 이루어졌습니다.

당시 아브라함은 그 약속이 믿어졌을까요? 바다의 모래는커녕 자식이 한 명이라도 있었으면 좋겠는데, 그들 부부는 자식을 낳을 수 없는 나이였습니다. 아브라함이 분명히 하나님의 약속을 믿었지만 그의 관심은 자식에게 있었습니다. "네 몸에서 날 자가 후사가 되리라"(창 15:4)고 하시니까 언제 자식이 생기려나 그것만 기다렸죠. 그래서 여종 하갈을 얻어 이스마엘을 낳았습니다.

아브라함이 하나님의 응답을 기다리지 못하고 육적으로 씩씩한 아들 이스마엘을 낳고 잘 먹고 잘살았지만, 하나님은 13년 동안 침묵하셨습니다. 아들딸이 공부 잘하고, 효도하고, 좋은 직장에 다녀도 예수님을 안 믿는다면 실패한 인생 아닙니까? 세상 가치관으로는 문제가 안 되겠지만 아브라함에게는 사건입니다. 믿음의 계보를 이어 예수님의 조상이 될 사람인데 육적인 아들만 있고 믿음의 후사가 없으니 갈등이 됐습니다. 믿는 사람이라면 갈등할 수밖에 없죠. 그 13년 동안 아브라함은 무서운 훈련을 받았습니다.

13년 만에 하나님이 나타나셨을 때 아브라함은 무조건 엎드렸습니다. 잘 먹고 잘살 때, 그래서 하나님의 음성이 들리지 않을 때가 얼마나 큰 위기인지를 알았기 때문입니다. 하나님은 지난 13년 동안 그가 한 일에 대해 잘했다 못했다 하지 않으시고 "내년 이맘때"라고 구체적인 응답을 주셨습니다(창 18:10). 할례를 통해 확실한 언약 백성의 표(表)를 주셨습니다.

하나님이 내년 이맘때라고 하셔도 아브라함과 사라는 못 믿겠다는 듯이 "내 나이 백 살에 무슨!" 하고 웃었습니다. 그래도 하나님은 "네가 감히 웃었어?" 하고 안 주시는 분이 아닙니다. "여호와께 능치 못한 일이 있겠느냐 기한이 이를 때에 내가 네게로 돌아오리니 사라에게 아들이 있으리라"(창 18:14)고 확인해 주시고 아브라함의 연약함과 상관없이 이삭을 주셨습니다.

우리는 하나님의 생각을 모릅니다. 아브라함도 하나님의 약속을 믿었지만 자신이 전 세계 믿음의 조상이 될 것은 몰랐습니다. 우리는 하나님의 넓이와 깊이와 부요를 도저히 알 수 없습니다.

> 아브라함의 몸이 자식 낳는 일에 죽은 자였던 것처럼 나는 어떤 일에 죽은 자입니까? 돈에 대해 죽고 없는 자입니까? 부부간의 사랑을 바랄 수 없습니까? 죽고, 없고, 바랄 것 없는 그때야말로 하나님의 능력이 나타나실 때임을 믿습니까?

약속을 믿는 믿음

믿음이 없어 하나님의 약속을 의심치 않고 믿음에 견고하여져서 하나님께 영광을 돌리며 약속하신 그것을 또한 능히 이루실 줄을 확신하였으니 그러므로 이것을 저에게 의로 여기셨느니라_롬 4:20~22

택한 자는 부족해도 반드시 하나님이 이끌어 가신다는 것이 아브라함이 들려주는 이야기입니다. 아브라함이 원래 믿음이 좋아서 알고도 믿은 것이 아니라, 하나님이 아브라함을 훈련시키셔서 믿음을 견고하게 하셨습니다. 그래서 하나님께 영광을 돌리는 인생이 됐습니다.

아들 낳는 일에 죽은 자와 같았던 아브라함이 100세에 아들을 낳기 시작하더니, 175세까지 살면서 아들을 여섯이나 더 낳았습니다.

하나님이 저수지 같은 사랑으로 찾아오셔서 물을 부어 주시는데 내 밭이 흙밭인지, 돌밭인지는 내가 염려할 바가 아닙니다. 돌밭에 뿌려진 씨는 물을 뿌려도 열매를 맺지 못합니다. 그래도 우리는 신뢰하고 가야 합니다. 흙밭에 물을 뿌리면 열매가 많이 맺힐 것 같습니다. 그래도 그것은 내가 자랑할 것이 아닙니다.

아브라함의 공로가 어디 있습니까? 하나님이 부르시고, 약속을 주시고, 25년을 기다리게 하시고, 약속을 이루셨습니다. 중요한 것은 그때마다 아브라함이 믿음으로 반응했다는 것입니다. 우리의 할 일은 하나님이 연약한 나를 이끌어 가실 때마다 아브라함처럼 믿음으로 반응하는 것뿐입니다.

저에게 의로 여기셨다 기록된 것은 아브라함만 위한 것이 아니요 의로 여기심을 받을 우리도 위함이니 곧 예수 우리 주를 죽은 자 가운데서 살리신 이를 믿는 자니라 예수는 우리 범죄함을 위하여 내어 줌이 되고 또한 우리를 의롭다 하심을 위하여 살아나셨느니라_롬 4:23~25

아브라함의 믿음이 바로 예수님을 믿는 우리의 믿음입니다. 하나님은 아브라함에게 기대하셨던 동일한 믿음을 우리에게도 기대하십니다. 아브라함과 같은 믿음이 아니면 누가 2천 년 전 골고다에서 흘린 예수님의 피가 영원한 생명을 준다는 것을 믿을 수 있겠습니까? 그와 같은 믿음이 아니라면 누가 보지도 않은 천국을 믿을 수 있겠습니까?

하나님의 약속을 믿는 것이 중요합니다. 전능하신 분이시지만, 우리를 사랑하시는 분이시지만 하나님은 결코 우리의 욕망을 이루어 주시는 분은 아닙니다. 그러나 약속하신 것은 말씀하신 대로 꼭 이루시는 분입니다.

그래서 말씀 묵상이 정말 중요합니다. 말씀을 봐야 하나님의 약속이 무엇인지 알 수 있습니다. 날마다 말씀을 통해 그 약속을 확인하면서 믿음으로 견고해져야 합니다. 말씀 묵상만이 우리를 살리는 길입니다.

약속으로 붙잡을 말씀이 없어서 낙심과 우울함으로 침몰하고 있지는 않습니까? 우리를 죽은 자 가운데서 살리시는 예수님의 능력이, 기적이 아닌 큐티와 기도와 예배를 통해 나타나는 것을 믿고 실천합니까?

하나님 아버지! 우리는 육신의 자식을 인생의 목적으로 놓고 그것 때문에 애달프지만, 하나님은 나와 내 자녀를 믿음의 후사로 세운다고 하십니다. 우리가 믿음의 후사가 되기 위해 참 믿음을 갖기 원합니다.

아브라함의 몸이 아들 낳는 일에 죽은 자 같았던 것처럼 저에게도 바랄 수 없는 일이 있습니다. 제 기도만 응답해 주시지 않는 것 같아서 하나님을 원망하고 불평하는 일이 있습니다. 그러나 아브라함에게 의로운 것이 없어도 하나님이 믿음으로 의롭게 여기시고, 그가 연약해서 육신의 정욕, 이생의 자랑, 안목의 정욕에 빠져도 그의 삶을 인도하시고 약속을 이루신 것처럼 제 삶도 인도하실 하나님을 바라봅니다.

하나님의 말씀만이 확신의 근거가 되는 것을 알고 약속의 말씀을 붙잡게 하옵소서. 말씀을 묵상하며 믿음이 약해지지 아니하고 견고해진 것도 저의 공로가 아니며, 제 믿음도 온전히 하나님의 작품임을 고백합니다. 바랄 수 없는 중에 바란 것이 아브라함의 공로가 아니고 주님의 인도하심이듯, 형편없는 제가 믿음을 지키게 하시고 의로 여겨 주시니 감사합니다.

저를 믿음의 후사로 세우시고 우리 가정이 믿음의 조상이 되기 위해서, 아브라함의 인생처럼 많은 일들을 겪을 것입니다. 그때 어떤 약속보다도 제가 믿음의 조상이 되리라는 하나님의 약속을 붙잡고 낙심하지 않게 하옵소서. 그러기 위해 날마다 말씀을 묵상하며 하나님의 약속을 확인하고 확신하며, 오늘 하루도 참 믿음의 능력을 경험하기 원합니다. 제가 죽은 후에라도 주님이 우리 가정을 반드시 믿음의 가정으로 이루실 것을 믿습니다. 우리의 자녀들을 믿음의 후사로 축복해 주옵소서. 예수님 이름으로 기도하옵나이다. 아멘.

14
그리스도인의 네 가지 특권

로마서 5:1~11

하나님 아버지, 저희가 그리스도 안에서 어떤 특권을 가졌는지 알게 하시고 그것을 누리게 하옵소서. 예수님 이름으로 기도하옵나이다. 아멘.

미국 켄터키 주에 사는 어느 성도의 이야기를 신문에서 읽었습니다.

50세에 재혼을 한 부부가 신혼여행을 갔다가 그곳 백화점에 들렀습니다. 쇼핑을 하던 중 진열대에 있는 진주 목걸이를 보고는 아내가 너무 예쁘다며 탄성을 질렀습니다. 그러나 곧 풀이 죽어 "값이 무척 비싸겠네요. 그래도 사는 사람이 있으니까 진열했겠죠?" 하면서 아쉬운 듯 진열대를 그냥 지나쳐 왔습니다.

그러고 나서 결혼생활 10년이 지났는데, 아내가 불치병에 걸려 6개월밖에 못 살 것이라는 진단을 받았습니다. 그래도 두 사람의 사랑은 변함이 없었고, 결혼 10주년을 맞이해 주례 목사님을 초청해 예배를 드렸습니다. 예배 후에 남편은 아내에게 선물을 하나 전해 주었습니다. 그 선물은 10년 전 신혼여행지에서 보았던 바로 그 진주 목걸이였습니다.

아내가 놀라면서 이렇게 비싼 것을 어떻게 샀느냐고 물었더니 남편이 대답했습니다. "당신에게 꼭 선물하고 싶어서 지난 10년 동안 좋아하던 담배도 끊고, 술도 끊고, 콜라도 안 마시고 한 푼 두 푼 저금을 했소."

아내가 눈물을 흘리면서 어떻게 그렇게 할 수 있었느냐고 했을 때 남편은 "당신을 사랑하기 때문에."라고 대답했습니다. 한 남자의 아낌없는 사랑을 받은 아내는 기쁨과 평안 가운데 눈을 감았다고 합니다.

사랑하는 사람들은 서로에게 무엇이든 주고 싶어합니다. 부모는 자식에게 가장 좋은 것을 주고 싶어하고, 부부끼리도 서로에게 좋은 것을 주고 싶어합니다. 하나님 아버지도 사랑하는 자녀에게 무엇인가 가장 좋은 것을 주고 싶어하십니다. 그러나 안타깝게도 너무나 많은 그리스도인들이 아버지의 선물을 누리지 못합니다.

하나님의 선물은 교회를 10년, 20년 다닌 사람에게만 주어지는 것이 아닙니다. 목사, 장로, 권사에게만 주시는 것도 아닙니다. 헌금 많이 하는 사람에게만 주시는 것도 아닙니다. 믿음으로 의롭다 함을 받은 모든 성도에게 주시는 선물입니다.

하나님의 선물은 내가 소유할 수 있도록 주시는 것이 아니고 우리의 존재 자체를 바꿔 놓는 특별한 선물입니다. 바로 내 존재가 '업그레이드(upgrade)' 되는 특권입니다. 소유는 언젠가 없어지지만, 하나님 때문에 달라진 내 존재는 변하지 않습니다. 영원히 사라지지 않는 특권입니다.

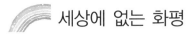 ## 세상에 없는 화평

그러므로 우리가 믿음으로 의롭다 하심을 얻었은즉 우리 주 예수 그리스도로 말미암아 하나님으로 더불어 화평을 누리자_롬 5:1

세계 평화, 가정의 평화, 모두가 화평을 누리기 원하면서도 얻지 못하는 이유는 화평을 깨뜨리는 원인을 잘못 진단했기 때문입니다. 우리가 화평을 누리지 못하는 이유는 돈이 없어서가 아닙니다. 건강이 없어서가 아닙니다. 멋진 사람을 만나지 못해서도 아닙니다. 사람에게서 화평을 빼앗아 가는 죄 때문입니다.

1장부터 4장까지 죄에 대해서 여러 번 되풀이해서 들었습니다. 인생은 100% 죄인이고, 오직 죄를 가리우심을 받는 자가 복이 있다고 했습니다. "그러므로 우리가 믿음으로 의롭다 하심을 얻었은즉" 이제 하나님이 주시는 화평을 누려야 합니다. "화평을 누리자!"는 권고가 아닌 선포입니다. 부활하신 주님이 가장 먼저 하신 말씀도 "너희에게 평강이 있을찌어다"(요 20:19)였습니다. 믿는 자로서 가장 중요한 것이 화평을 누리는 특권입니다.

화평은 하나님과의 관계를 말하는 것이지, 단순히 분쟁이 없는 편안한 상태를 말하는 것은 아닙니다. 히브리어로 '샬롬', 헬라어로 '에이레네'라고 하는 화평은 전쟁의 종식을 뜻하지만 보상과 회복이라는 의미도 있습니다. 빚진 상태를 청산하고 긴장 관계가 풀어진 상태를 뜻합니다. 부부 싸움을 하고 나서 화해한다고 선물을 주고받아도 관계가 회복되지 않으면 평안이 없습니다. 화평은 하나님과의 관계, 사람과의 관계가 회복되어야 누릴 수 있습니다.

어떻게 해야 관계를 회복할 수 있을까요? 관계를 회복하기 위해서는 내 주제를 아는 것이 필요합니다. 가정에서 아내 자리, 남편 자리, 자식 자리를 정확히 알면 화평이 이루어집니다. 내 자리를 벗어나서 역할을 회피하거나 상대방의 자리를 인정하지 않기 때문에 화평이 깨어지는 것입니다.

직장에서도 매사에 부딪치는 사람이 있습니다. 뭔지 모르게 팽팽한 긴장 관계에 있는 사람이 있습니다. 그 사람과의 관계를 회복하려면 내 역할을 아는 것이 필요합니다. 부하라면 부하의 자리에서 상대방을 인정하고 섬겨야 하고, 상사라면 상사의 위치에서 부하의 연약함을 끌어안고 섬겨야 합니다. 상대방의 수준과 학력과 성격에 맞추고, 있는 모습 그대로를 인정하며 섬기는 것이 화평의 시작이 됩니다.

이런 말씀을 들으면 평안해지는 것이 아니라 마음에 갈등이 생깁니다. 믿는 자로서 화평을 이루기 위해 적용하려니까 힘이 들고 고민이 많아집니다. 사단은 거짓 화평으로 우리를 속입니다. "야, 예수 믿는다고 술을 거부해? 왜 분위기를 깨뜨리는 거야. 너 때문에 화평이 깨진다니까." 좋은 게 좋은 거라고 타협을 요구하면서 우리를 헷갈리게 만듭니다.

화평은 '이루는 것'이 아니라 '누리는 것'입니다. 내가 술을 안 마셔서 직장의 화평이 깨어집니까? 술을 마시면 모두가 화평해집니까? 그것은 합리화일 뿐입니다. 술을 마시건 안 마시건 직장에서 내 역할을 다하고 있다면 나 때문에 화평이 깨질 일은 없습니다. 욕을 먹고 따돌림을 당한다고 해도 하나님 때문에 내 속에 평강이 있다면 이런 일들에 휘둘리지 않습니다.

싸움이 없는 것이 화평이 아니라 관계의 회복이 화평이라고 했습니다. 저는 직장에서 술 문제로 갈등했던 남자 성도들이 믿음으로 술을 확실하게 끊었을 때 도리어 회사 사람들에게 신임을 얻는 걸 많이 보아 왔습니다. 하나님과의 관계가 회복되면 사람과의 관계도 회복됩니다. '하나님과 더불어' 누리는 화평만이 진정한 화평입니다.

화평하지 못한 가정과 직장에서 긴장과 스트레스로 지쳐 있습니까? 서로를 병들게 하는 긴장을 깨뜨리고 화평을 이루기 위해 내가 해야 할 역할은 어떤 것일까요? 그리스도인으로서 사람이나 돈에서 비롯된 화평이 아닌 하나님과 더불어 누리는 화평을 보여 주고 있습니까?

세상이 모르는 즐거움

또한 그로 말미암아 우리가 믿음으로 서 있는 이 은혜에 들어감을 얻었으며 하나님의 영광을 바라고 즐거워하느니라_롬 5:2

인간의 평균 수명이 이미 희수(喜壽, 77세)를 넘었다고 합니다. 2020년이면 망구(望九, 81세)가 될 것으로 예상하고 있습니다. 사회가 고령화되면서 가장 무서운 적이 치매인데, 신문에 치매를 예방하는 생활 습관에 대한 기사가 났더군요. 하루 2시간씩 책을 읽으라, 의도적으로 왼발과 왼손을 많이 사용하라, 웃으라 등등 여러 가르침이 있었는데 그 중에서도 가장 기억나는 것이 "가능하면 자주 감동하라."는 것입니다. 그 기사에서는 감동하기 위해서 극장이나 공연장을 자주 찾으라고 조언을 했습니다.

기사를 보고 제가 무슨 생각을 했겠습니까? 당연히 우리 교회를 떠올렸죠. 우리가 교회에서, 목장 모임에서 누리는 감동을 어디에 비교하겠습니까! 우리가 드리는 예배는 축제이기 때문에 날마다 모이면 즐거움과 감동이 있습니다. 눈물이 있고, 웃음이 있습니다.

저는 피아노를 전공해서 많은 연주회를 했지만 연주회에서 울어 본 적은 없습니다. 미술 전시회에서 울어 본 기억도 없습니다. 그런데 교회를 개척하고 성도들을 만나면서 날마다 울고 웃습니다. 어떤 영화나 드라마에서도 보지 못한 간증이 있고, 어떤 코미디도 주지 못한 구원의 기쁨, 말씀을 깨닫는 기쁨이 있습니다.

교회 공동체야말로 치매와 암을 예방해 주는 곳입니다. 어디 가서 돈을 내고도 받을 수 없는 치료를 우리는 교회 안에서 받고 있습니다. 하나님의 은혜가 있는 곳에 즐거움이 있습니다. '즐거워하다'는 원래 '자랑한다'는 뜻입니다. 사람의 영광이 아닌 하나님의 영광을 바라는 성도의 즐거움은 자랑할 만한 특권입니다. 세상이 모르는 즐거움입니다.

세상을 이기는 소망

다만 이뿐 아니라 우리가 환난 중에도 즐거워하나니 이는 환난은 인내를, 인내는 연단을, 연단은 소망을 이루는 줄 앎이로다_롬 5:3~4

우리가 아무 공로 없이 의롭다 함을 얻은 것처럼 화평과 즐거움의 근거도 우리에게 있지 않습니다. 우리의 환경이나 위치가 화평과 즐거움을 주는 것이 아닙니다.

인간의 사랑은 맹목적이거나, 이기적이거나, 이해관계에 얽혀 있기 때문에 어떤 것이 상대방을 위한 것인지 분별하지 못합니다. 그래서 무턱대고 상대가 원하는 것만을 채워 주거나, 상대방을 통해 내가 원하는 것을 채우려고 합니다.

그러나 하나님의 사랑은 우리를 죄에서 구원하시려는 목적이 뚜렷하기 때문에 무턱대고 복을 주거나 보호하지 않으십니다. 그 목적에 따라 단잠도 주시고, 부유함도 주시고, 가난함도 주시고, 박해도 주십니다. 하나님의 자녀가 받는 육체와 물질과 정신의 고통은 모두 영적 연단과 관련되어 있습니다.

환난은 '누르다', '짜내다', '분쇄하다' 는 뜻입니다. 이렇게 환난은 100% 죄인인 나를 믿음으로 의롭다 하고 거룩하게 하시기 위해 누르고, 짜내고, 부수는 필수 작업입니다.

그래서 환난에는 인내가 올 수밖에 없습니다. '인내' 는 '~밑에서' 참고 견딘다는 뜻이 있습니다. 인간관계에서도 누구 '밑에' 있어 보지 않은 사람은 근본적으로 인내를 모릅니다. 저는 시어머니 밑에서 시집살이를 하고, 강한 남편 밑에서 순종하는 훈련을 했기 때문에 부족하지만 인내를 경험하게 됐습니다.

인내는 이를 악물고 버티는 것이 아니라 온유와 화평을 가지고 적극적으로 확고부동하게 끝까지 견디는 것입니다. 그런 인내를 거치면 저절로 연단이 되어서 인정받는 인격을 갖게 됩니다.

예수 안에서 인정받은 인격, 이것이 바로 믿는 자의 소망입니다.

소망이 부끄럽게 아니함은 우리에게 주신 성령으로 말미암아 하나님의 사랑이 우리 마음에 부은 바 됨이니_롬 5:5

우리의 소망은 강해 보일 때도 있고 약해 보일 때도 있습니다. 그러나 하나님은 우리를 사랑했다 미워했다 하지 않으십니다. 환난이 주제가 되고,

성경이 교과서가 되고, 성령이 스승이 되어서 하나님의 사랑을 우리에게 부어 주시기 때문에 어떤 환경에서도 소망을 부끄럽게 하지 않으십니다.

음주 운전자의 차에 치여 전신 화상을 입은 이지선 자매는 미팅에서 만나야 할 의대생을, 환자가 되어 병원에서 발가벗고 만나면서 스무 살의 나이를 지워 버렸다고 했습니다. 이제는 주님을 만난 그때부터의 나이로 산다고, 그러면서 예쁜 외모와 학벌로 시집 잘 가는 소망이 아닌 올바른 소망을 갖게 되었다고 했습니다.

저도 작은 화상을 입고 병원에서 치료를 받은 적이 있는데 그 고통이 생살을 사포(sand paper)로 문지르는 것 같았습니다. 지선 자매는 전신 화상으로 55% 이상 피부가 죽었기 때문에 온몸을 날마다 소독하고 거즈를 붙여야 했으니 얼마나 아팠을까요? 그 순간의 고통은 지옥이 따로 없었다고 합니다. 예수님은 전신 화상을 안 당해 봐서 모른다는 말이 나올 것 같지 않습니까?

육신의 고통도 이루 말할 수 없지만 화상으로 일그러진 외모를 생각하면 더 원망이 나오지 않겠습니까? 그 고통이 감당이 안될 것 같아서 거울을 다 치웠는데 어느 날 숟가락에 비친 자기 얼굴을 보고는 '살려 놓았으면 대책이 있어야 할 것 아니냐?' 고 하나님께 따지기도 했다고 합니다.

누구나 예수님을 믿으면서 이러한 과정을 거칩니다. 변하지 않는 내 자신을 보면서, 환경을 보면서, 믿음이 어릴 때는 자신을 정죄하고 하나님을 원망합니다. 그러다가 믿음이 성숙해지면 완벽주의로 남을 정죄하고 판단합니다.

유명한 신학자이자 설교자인 후안 카를로스 오르티즈 목사님은 편두통이 심해서 일주일에 두세 번 정신착란을 일으키고 졸도까지 했다고 합니다. 그는 날마다 '나에게 무슨 죄가 있어서 병이 낫지 않을까?'를 생각했습니다. 자기의 모든 언행심사가 마음에 안 들어 괴로워하기도 했다고 합니다. 사도 바울에게도 하나님이 끝까지 고쳐 주시지 않은 병이 있었습니다. 그럼에도 우리에게 소망이 있다는 것은 무엇 때문입니까?

우리가 아직 연약할 때에 기약대로 그리스도께서 경건치 않은 자를 위하여 죽으셨도다_롬 5:6

이것을 기억해야 합니다. 우리가 아직 "연약할 때"(6절), 우리가 "죄인 되었을 때"(8절), "원수 되었을 때"(10절) 그리스도께서 우리를 위하여 죽으셨다는 것입니다.

나의 불완전한 모습을 보며 정죄감과 완벽주의로 화평이 깨어지고 즐거움을 누리지 못할 때 나를 위해 죽어 주신 예수님을 보라는 겁니다. 화평을 이야기하면서 1절부터 11절까지 '십자가에서 죽으신 예수님' 이 다섯 번이나 나옵니다. 나를 의롭다 칭해 주신 근거도 예수님이고, 화평의 근거도 예수님입니다. 우리의 소망은 오직 예수님께 있습니다.

환난과 인내와 연단을 이루어 갈 일이 우리의 삶에 쉬지 않고 찾아올 것입니다. 그때마다 자신을 바라보면 절망할 수밖에 없습니다. 그때 우리가 해야 할 일은 쉬지 않고 주님을 바라보는 것입니다. 날마다 숨쉬는 순간마다 예수님을 바라봐야 합니다.

올바른 예배를 쉬지 않고 드려야 하고 올바른 기도와 올바른 말씀을 듣고 묵상해야 합니다. 주일예배, 수요예배, 소그룹 모임에 참여하는 것이 예수님을 바라보도록 도와줍니다.

많은 성도들이 예배를 드리거나 교회 모임에 참석하는 것을, 마치 하나님께 굉장한 걸 내놓은 것처럼 생색을 냅니다. 하지만 이러한 예배와 공동체 모임은 어떤 상황에서든 예수님을 바라보도록 훈련시키기 때문에 오히려 다른 일을 할 때의 시간 낭비, 감정 낭비를 없애 주는 유익한 시간입니다. 예배드리지 않고 소모임에 나오지 않으면 얼마나 대단한 일을 합니까? 쇼핑하고 텔레비전 보는 것밖에 더하겠습니까?

환난과 인내와 연단을 통해 어떤 소망을 갖게 되었습니까? 사람들 앞에서 간증하며 비전을 선포했는데 그것이 금세 이루어지지 않는다고 부끄러워하고 의심합니까? 소망을 이루는 것이 내가 아닌 주님의 일이기에 주님만을 믿고 기대하며 인내와 연단의 시간을 보내고 있습니까?

세상에서 버림받은 나를 위해 죽으신 사랑

의인을 위하여 죽는 자가 쉽지 않고 선인을 위하여 용감히 죽는 자가 혹 있거니와 우리가 아직 죄인 되었을 때에 그리스도께서 우리를 위하여

죽으심으로 하나님께서 우리에게 대한 자기의 사랑을 확증하셨느니라_
롬 5:7~8

지선 자매는 아프고 힘든 시간을 지내면서 자기 고통을 천 번, 만 번이라
도 대신해 줄 수 있는 부모님의 사랑을 알았다고 합니다. 사고 현장에서 몸을
던져 자신을 구해 준 오빠의 사랑을 알았다고 합니다. 자신을 위해 금식해 주
는 교회 지체들의 사랑을 광야 같은 투병 생활을 하면서 경험했다고 합니다.

그렇지만 수많은 사람의 사랑에도 화상으로 아픈 고통은 누구도 대신해
줄 수 없다는 것을 알았다고 했습니다. 지선 자매는 자기에게 생명을 줄 수
있는 사랑은 예수님의 사랑밖에 없다는 것을 알았습니다. 그래서 예수님을
만나고 나니 화상이 사랑의 흔적이라고 합니다. "백억 원을 준다 해도, 이
세상을 다 준다 해도 바꾸지 않을 내 삶이고 얼굴"이라고 고백했습니다. 사
고 전의 예쁘고 건강한 외모로 돌아가고 싶지 않다고 했습니다.

불에 데고 찢기고 일그러진 지선 자매의 화상에 하나님의 사랑이 확증되
었습니다. 그 고통을 주님이 아시기에, 그보다 더한 십자가 죽음의 고통을
주님이 대신 감당하셨기에 우리는 하나님의 사랑을 확신할 수 있습니다.

후안 카를로스 목사님은 편두통의 고통 속에 있는 자신을 정죄하면서
자신만 쳐다보고 있었다는 걸 깨달았습니다. 그것을 깨닫고 난 후 스스로
를 바꿔 보려고 애썼던 완벽주의를 내려놓고 십자가의 주님만 바라보기로
했더니 놀라운 평안이 찾아왔다고 합니다. 그는 그것을 "나는 나 자신을 껴
안아 주었다."고 표현했습니다. 3주 후에 편두통이 사라지고 그 이후로는

다시는 찾아오지 않았습니다.

나를 위해 죽으신 예수님을 보지 않으면, 자신도 남도 용서할 수 없습니다. 100% 죄인인 내게는 선한 것이 없기 때문에 나만 쳐다보고 있으면 누구를 용서할 수도 사랑할 수도 없습니다. 주님이 죽기까지 나를 사랑하신 것처럼 여러분 자신을 껴안아 주십시오. 그 사랑으로 절망적인 내 옆의 사람들을 껴안아 주십시오.

과거의 나, 현재의 나, 미래의 나를 보지 말고 나를 위해 죽어 주신 예수님의 보혈, 그 공로만 의지한다면 "구원을 얻을 것"(롬 5:9)이고 "구원을 얻을 것이니라"(롬 5:10) 하셨습니다.

나의 구원은 과거, 현재, 미래가 보장된 것입니다. 구원하신 주님만을 바라볼 때 주님은 지선 자매의 소망을 부끄럽게 하지 않으십니다. 우리의 소망을 부끄럽게 하지 않으십니다.

그래서 어떤 환난이 와도, 너무나 절망적이어도 화평과 즐거움과 소망을 누릴 수 있는 특권이 우리에게 있습니다. 나를 위해 죽어 주신 주님의 사랑으로 은혜의 보좌 앞에 담대히 나아갈 특권이 우리에게 있습니다.

변하지 않는 나 때문에 절망하십니까? 전도를 못하고, 큐티를 못하고, 기도를 못해서, 끊지 못하는 죄가 있어서, 교회 다닌다는 말도 못합니까? 아직 죄인 되었을 때에 나를 죽기까지 사랑하신 주님의 사랑으로 나를 껴안아 주고, 내 옆의 사람들을 껴안아 주십시오.

하나님! 믿음으로 의롭다 함을 얻었으면 하나님으로 더불어 화평을 누리자고 하셨는데 저는 화평을 누리지 못했습니다. 나의 선한 것이 아니라 오직 믿음으로 의롭다 함을 얻었는데도 여전히 나만 쳐다보고 있었기 때문입니다. 나 자신과 환경을 보면서 열등감과 교만이 있었기 때문에 내 속에도, 공동체에도 화평이 없었습니다.

주님, 참으로 화평을 누리기 원합니다. 내가 연약할 때에, 죄인 되었을 때에 내 모습 그대로를 사랑하신 주님만 바라보기 원합니다. 그래서 나 자신도, 다른 사람도 있는 모습 그대로 인정하고 사랑하며 화평과 즐거움을 누리는 우리의 가정과 직장과 공동체가 되게 하옵소서.

하나님이 올바른 소망을 주시기 위해서 저희에게 환난과 인내와 연단을 주셨습니다. 누르고, 분쇄하고, 짜내는 고통을 통해서 썩어질 소망이 아닌 올바른 소망을 갖게 하시고 그 소망을 부끄럽게 아니하시는 주님을 믿습니다.

내 힘으로는 할 수 없습니다. 십자가의 예수님을 바라볼 때 할 수 있습니다. 말씀 묵상과 예배와 지체들과의 교제가 날마다 주님을 바라볼 수 있도록 돕는 것임을 알았으니 공동체 모임을 소홀히 하지 않도록 도와주옵소서. 세상에는 없는 눈물과 감동과 은혜로 우리의 예배가 차고 넘칠 수 있도록 역사해 주옵소서. 예수님 이름으로 기도하옵나이다. 아멘.

15
그 한 사람이 되자

로마서 5:12~21

하나님, 당신이 우리에게 품으신 주님의 놀라운 계획을 알게

하시고 그 뜻을 이루는 한 사람이 되게 하옵소서. 예수님 이름으로 기도하옵나이다. 아멘.

2004년 1월 2일, 새해 첫 개장한 증권 시장에서 어이없는 일이 벌어졌습니다. 콜옵션 거래에서 한 투자자가 주당 2,000원의 매수(買受) 주문을 내려고 접속을 했는데, 순간 실수로 '매수'가 아닌 '매도' 버튼을 눌러 버렸던 것입니다. 주당 2,000원이면 턱없이 낮은 액수였기 때문에 매도(賣渡) 주문이 뜨자마자 사람들이 한꺼번에 몰려들어 그 주(株)를 사들였습니다. 순식간에 3,500여 건의 거래가 이루어졌습니다.

결국 2,000원에 주식을 사들인 매수자들은 125배에 이르는 엄청난 수익으로 횡재를 했고, 버튼을 잘못 클릭한 투자자는 순식간에 5억 원의 손해를 봤습니다. 그 투자자가 얼마나 부자인지는 모르지만 대부분의 사람에게 5

억 원은 평생을 모아도 가질 수 없는 돈입니다. 만약 그때 잃은 5억의 돈 때문에 집안이 망하게 됐다면 투자자 한 사람의 실수로 온 집안 식구들이 얼마나 고통을 겪겠습니까?

한 사람, 아담

이러므로 한 사람으로 말미암아 죄가 세상에 들어오고 죄로 말미암아 사망이 왔나니 이와 같이 모든 사람이 죄를 지었으므로 사망이 모든 사람에게 이르렀느니라_롬 5:12

성경을 처음 접하는 사람들은 아담 때문에 인류의 불행이 시작되었다고 하면 대부분 동의하기 힘들어합니다. "내가 태어나기도 전에 아담과 하와가 선악과를 따 먹었는데, 그것 때문에 내가 죄인이라고? 그것 때문에 인류의 불행이 시작되었다고? 그게 나하고 무슨 상관이야? 어떻게 그런 이상한 소리를 할 수 있어?" 이럴 수 있습니다.

제가 아는 한 집사님도 원죄에 대한 성경의 가르침이 마음에 용납되지 않았다고 합니다. 교회를 오래 다녔어도 도덕적인 설교는 좋은데 죄 이야기는 이해도 안되고 기분이 나빴습니다. 그러다 사업이 부도가 나서 하루 아침에 망했습니다. 결국 사업을 하면서 진 빚과 보증 때문에 부모님과 처가 식구들까지 채권자에게 시달리고 집을 잃을 처지가 되었습니다. 자신을 믿고 투자했던 사람들이 곤경에 처했습니다. 나 한 사람의 실수로 아내와 자녀, 부모, 형제, 장인, 장모, 혈육도 아닌 투자자들과 그 가족들까지 고통을 겪는 걸 보게 되었습니다. 그 일을 겪고 나서야 그 집사님은 한 사람의 죄의 결과가 어떻게 다른 사람들에게 고통을 주는지 알게 되었고, 아담의 죄의 결과를 받아들이게 되었다고 간증했습니다.

사단과 동물, 식물 때문에 이 세상에 죄가 들어오지는 않았습니다. 그것들에게는 죄를 지을 만한 인격조차도 없기 때문입니다. 사단은 죄를 짓도록 미혹할 뿐이었고, 그 미혹을 받아들여서 죄를 범한 존재는 사람입니다. 하나님은 당신의 형상대로 사람을 만드시고 자유의지를 주셨습니다. 그 자유의지로 죄를 지을 수도 안 지을 수도 있었는데 첫 사람 아담과 하와는 죄를 범했던 것입니다. 그러므로 세상에 죄가 들어온 것은 인간의 죄의 결과입니다.

상수원에 독약을 뿌리면 수도관을 따라서 독이 퍼집니다. 그 물을 받아 마시는 사람마다 독을 마시고 죽을 수밖에 없습니다. 이것이 바로 세상에 죄가 들어온 과정입니다. 첫 사람 아담 때문에 죄의 독이 뿌려졌고 그 후손으로 태어난 우리 모두가 죄의 독을 가진 죄인이 된 것입니다.

죄가 율법 있기 전에도 세상에 있었으나 율법이 없을 때에는 죄를 죄로 여기지 아니하느니라 그러나 아담으로부터 모세까지 아담의 범죄와 같은 죄를 짓지 아니한 자들 위에도 사망이 왕 노릇하였나니 아담은 오실 자의 표상이라_롬 5:13~14

각 나라의 대표들이 모여서 어디서부터 어디까지는 한국 바다이고, 어디까지는 일본 바다이고, 공해(公海)는 어디까지라고 협약을 맺었습니다. 그런데 내가 그 협약을 몰랐다고 해서 마음대로 일본 해상에 들어가도 됩니까? 아닙니다. 내가 속한 나라의 대표, 나를 대표하는 사람이 서명을 했기 때문에 그 서명의 효과는 아무것도 모르는 나에게까지도 그대로 적용되는 것입니다.

아담이 인간의 대표여서 그의 죄의 결과인 사망이 인간으로 태어난 내게도 그대로 적용됩니다. 율법적으로 완전하지 못해서 인간이 100% 죄인이라는 게 아닙니다. 모든 인간이 태어날 때부터 죄인의 신분이라는 것입니다. 이를 이해하지 못하면 예수 그리스도의 복음도 이해할 수 없습니다.

아담 한 사람 때문에 태어날 때부터 죄인이라는 말이 억울하게 들립니까? 아무리 부인하고 싶어도, 내 속의 이기심과 교만이 원죄(原罪)를 증거하고 있다는 것을 인정합니까?

또 한 사람, 예수

그러나 이 은사는 그 범죄와 같지 아니하니 곧 한 사람의 범죄를 인하여 많은 사람이 죽었은즉 더욱 하나님의 은혜와 또는 한 사람 예수 그리스도의 은혜로 말미암은 선물이 많은 사람에게 넘쳤으리라_롬 5:15

죄가 무엇인지도 모를 때는 부끄러움도 몰랐습니다. 그런데 죄를 지은 뒤 아담과 하와는 벗은 것을 알고 부끄러움을 느꼈습니다. 무화과 잎을 엮어서 자신들의 몸을 가렸습니다. 하지만 무화과 잎으로는 가려지지 않았기 때문에 하나님은 그들을 위해 가죽 옷을 지어 입히셨습니다(창 3장).

무엇으로도 감출 수 없는 죄를 가려 주신 가죽 옷, 그것은 예수 그리스도의 피를 뜻합니다. 죄 때문에 닫혔던 에덴동산의 문을 열고 우리를 맞아 주시려는 하나님의 구원 프로젝트가 그때부터 시작되었습니다. 한 사람 아담 때문에 불행이 시작되었지만, 다른 한 사람 예수 그리스도를 통해 영원한 행복을 약속해 주셨습니다.

> 또 이 선물은 범죄한 한 사람으로 말미암은 것과 같지 아니하니 심판은 한 사람을 인하여 정죄에 이르렀으나 은사는 많은 범죄를 인하여 의롭다 하심에 이름이니라_롬 5:16

집에 불이 나서 다 타 버리는 것이 심판이라면, 다 타 버리기 전에 불을 끄는 것이 은사입니다. 아담이 온 인류의 대표로 인류와 연합관계에 있듯, 예수님 역시 우리의 대표로서 우리와 연합해 있습니다. 첫 사람 아담은 우리에게 저주를 주었지만, 예수님은 우리에게 온갖 은혜와 은사와 선물을 주십니다. 아담이 문제를 일으킨다면 예수님은 해결해 주십니다.

바울이 세상의 죄가 사람 때문이라고 이렇게 강조하는 것은 그 죄 값을 치를 자가 사람밖에 없기 때문입니다. 사단도, 동물도, 식물도 죄 값을 대신 치를 수 없습니다. 오직 죄를 범한 사람만이 죄 값을 치러야 합니다.

예수님이 내가 치러야 할 죄의 값을 치러 주셨습니다. 내가 갚아야 할 빚을 다 갚아 주셨습니다. 나는 이제 그 빚을 갚지 않아도 됩니다. 15절부터 21절까지 '은혜, 은사, 선물'이라는 단어가 무려 10번이나 나옵니다. 나는 죄를 지을 수밖에 없고, 죽을 수밖에 없는 존재인데도 하나님이 은사로, 은혜로, 무조건적인 선물로 예수님을 주셨습니다. 사랑의 선물로 주신 한 사람, 예수님을 받아들이면 하나님이 나를 의롭다 하십니다.

피할 수 없는 죄와 사망의 인생에서 나를 구원하실 한 사람을 만났습니까? 죄를 지은 한 사람에 머물러서 수치와 정죄의 심판을 받고 있습니까? 예수님 한 분을 받아들이면 어떤 죄 값도 치르지 않음을 믿습니까?

죽이는 한 사람, 살리는 한 사람

한 사람의 범죄를 인하여 사망이 그 한 사람으로 말미암아 왕 노릇하였은즉 더욱 은혜와 의의 선물을 넘치게 받는 자들이 한 분 예수 그리스도로 말미암아 생명 안에서 왕 노릇하리로다_롬 5:17

한 사람 때문에 사망이 왕 노릇했다고 합니다. 집집마다 한 사람 때문에 죽을 일이 많습니다. 아들 때문에, 아버지 때문에, 아내 때문에, 시어머니 때문에 온 집안에 사망이 왕 노릇합니다. 모든 식구들이 힘들어하고 죽을 것 같은 고통을 겪습니다.

여기서 중요한 것은 "더욱" 입니다. 한 사람이 아무리 속을 썩이고 힘들게 해도 "더욱" 은혜와 의의 선물을 넘치게 받은 사람이 있기에 사망을 물리치고 생명 안에서 왕 노릇할 수 있습니다.

저 사람만 없으면 우리 집안이 편할 것 같은 그 한 사람, 사실 우리는 그 한 사람 때문에 예수님을 만납니다. '귀신도 안 잡아 가는' 그 한 사람 때문에 절박하게 말씀을 사모하고 하나님의 은혜를 구하게 됩니다. 그래서 그 한 사람은 '없어져야 할 한 사람' 이 아니라 내 인생에 '꼭 필요한 한 사람' 이 됩니다. 나를 더욱 넘치는 은혜로 인도할 하나님의 선물입니다.

그 선물을 받아들이기만 하면 거기에 생명이 있습니다. 생각만 하면 죽고 싶고, 당장 숨이 끊어질 것 같던 사망의 세력에서 벗어나 생명이 왕 노릇하는 풍성한 삶으로 들어가게 됩니다.

그런즉 한 범죄로 많은 사람이 정죄에 이른 것같이 의의 한 행동으로 말미암아 많은 사람이 의롭다 하심을 받아 생명에 이르렀느니라 한 사람의 순종치 아니함으로 많은 사람이 죄인 된 것같이 한 사람의 순종하심으로 많은 사람이 의인이 되리라_롬 5:18~19

한 사람의 순종함으로 온 가족이 생명에 이른 간증을 읽었습니다.

육남매 중에 막내로 태어난 그 자매는 어머니가 자신을 낳다가 돌아가셨다는 이유로 어려서부터 많은 아픔을 겪었습니다. 술에 취한 아버지는 '어미 잡아먹고 태어난 년'이라며 갓 태어난 딸을 학대했습니다. 며칠씩 굶기기도 하고, 한여름에 두꺼운 이불에 싸서 벽장 속에 넣어 둔 것을 언니 오빠들이 발견해서 겨우 살려낸 일도 있었습니다. 아버지 눈에 띄기만 하면 매를 맞았고, 말리던 언니와 오빠도 매를 맞았습니다. 참다못한 큰오빠와 큰언니는 꼭 데리러 오겠다는 말을 남긴 채 집을 떠났습니다.

어느 날 아버지가 새 옷을 사다가 입히더니 신작로 한가운데 자매를 앉혔습니다. "차가 너를 보면 피해 갈 거니까 꼼짝 말고 앉아 있어."라고 말하고 길 맞은편에서 자매를 지켜보고 있었습니다. 지나가는 차들이 경적을 울리며 비키라고 야단을 했지만 자매는 지켜보고 있는 아버지가 무서워 피할 수가 없었습니다. 어쩔 줄 모르고 앉아 있다가 트럭에 치이고 말았고, 왼쪽 다리를 절단해야 했습니다. 아버지는 그런 방법으로 자매를 죽이려 했었고, 새 옷을 사다 입힌 이유는 딸이 죽거나 다쳤을 때 보상금을 더 받아 내기 위해서였습니다.

자매의 소식을 듣고 달려온 큰언니는 아버지를 절대 용서하지 않겠다, 장례식에도 오지 않겠다는 말을 남기고 또 집을 나갔습니다. 큰오빠는 아버지에 대한 충격으로 월남전에 자원입대를 했고 그곳에서 전사했습니다.

자매의 사고 보상금과 큰오빠의 전사 보상금으로 목돈이 생긴 아버지는 세련되고 상냥한 여자를 새엄마로 맞이했습니다. 처음에는 친절하게 대해 주던 새엄마도 임신을 한 뒤 태도가 달라졌습니다. 고등학교에 입학한 둘째 오빠에게 돈을 벌어 오기를 강요하고 도시락도 싸 주지 않았습니다. 견디지 못한 둘째 오빠도 집을 나가 절로 들어가 버렸습니다. 새엄마는 작은언니를 남의 집 식모로 보냈습니다.

결국 셋째 오빠와 막내딸인 그 자매만 집에 남았는데, 심지가 굳은 셋째 오빠는 새엄마가 아무리 괴롭혀도 묵묵히 집안일을 도왔다고 합니다. 새엄마와 아빠, 새로 태어난 이복동생이 똘똘 뭉쳐 재미있게 살면서 자신들을 전혀 돌보지 않아도 셋째 오빠는 불평 없이 농사일을 도맡아 했습니다. 그 와중에도 공부를 열심히 해서 고등학교를 수석으로 졸업하고 공무원이 되었습니다. 셋째 오빠의 도움으로 자매도 무사히 여고를 졸업하고 면사무소에서 일하게 됐습니다.

그녀는 "이 얼마나 기적 같은 일이냐!"고 간증했습니다. 지금은 집을 떠났던 언니들도 단란한 가정을 이루어 살고, 본인은 뒤늦게 대학에 입학해 아르바이트를 하면서 공부를 하고 있다고 합니다. 자매는 이렇게 글을 맺었습니다.

나의 꿈은 대학에서 학생들을 가르치는 것이다. 희망을 가진 나에게 장애는 아무것도 아니다. 목발을 짚은 성치 못한 왼쪽 다리도 내 의지를 꺾을 수는 없다. 우리가 고향집에 찾아가도 별로 달가워하지 않는 새엄마와 이제는 초라하게 늙은 아버지. 새엄마는 너무한다 싶게 아버지를 무시하고 구박한다. 지금도 큰언니는 아버지를 절대 용서할 수 없다며 고향에도 가지 않는다.

하지만 나는 아버지도 사랑하고, 언니도 불쌍하다. 언니가 어서 가슴에 맺힌 한을 풀고 새엄마가 낳은 막내까지 우리 육남매가 부모님을 모시고 사이좋게 살았으면 좋겠다. 이 소원이 꼭 이루어지리라 믿으며 오늘도 나는 부지런히 하루를 보낸다.

자매는 자신을 죽이려고 했던 아버지, 평생 장애를 가지고 살게 만든 그 아버지를 사랑한다고 합니다. 새엄마와 이복동생까지 모두가 사이좋게 살기를 바란다고 합니다. 아버지 한 사람으로 모든 가족이 고통을 겪었습니다. 그러나 묵묵히 순종하는 셋째 오빠와 같은 한 사람, 자매와 같은 한 사람 때문에 그 가정이 살아나고 있습니다.

한 사람 아담의 자리가 있습니다. 한 사람 예수님의 자리가 있습니다. 아담의 자리는 불순종의 자리입니다. 예수님의 자리는 순종의 자리입니다. 때마다 일마다 불순종하고 불평하는 사람은 아담의 자리에 있는 사람입니다. 'faith(믿음)'는 'faithful(충성스러운)'이라는 단어에서 왔습니다. 믿음으로 의롭게 되었다면 결론은 순종과 충성입니다. 예수님이 보이신 삶의 결론은 순종입니다. 죽기까지 순종하시는 믿음의 본을 우리에게 보여 주셨습니다.

술, 도박, 주식, 음란, 거짓말로 가족과 이웃을 죽고 싶게 만드는 한 사람은 아닙니까? 그 한 사람만 없어지면 좋겠다고 이를 갈면서 불순종의 자리에서 죽어 가는 한 사람입니까? 나도 살고 식구들도 살리는 한 사람이 되기 위해 내가 순종해야 할 의의 행동과 언어는 어떤 것일까요?

은혜로 되는 한 사람

율법이 가입한 것은 범죄를 더하게 하려 함이라 그러나 죄가 더한 곳에
은혜가 더욱 넘쳤나니_롬 5:20

거울을 보고 얼굴이 더러우면 얼른 씻으려고 세면대로 달려가겠죠? 율
법은 죄를 보게 하는 거울입니다. 율법이 범죄를 더하게 한다는 것은 죄를
더 짓게 한다는 뜻이 아니라 아직 몰랐던 죄까지도 깨닫게 한다는 말입니
다. 없던 죄가 율법 앞에서 많아진 것이 아닙니다. 있던 죄가 드러났을 뿐입
니다.

내 죄를 봤으면 죄를 씻을 십자가로 달려가야 합니다. 더러운 곳을 알아
야 씻을 수 있고 병든 곳을 알아야 치료가 되듯이, 죄도 드러나야 처리할 수
있습니다.

'성령 충만'을 '갈등 충만'이라고도 합니다. 말씀을 깨달아 갈수록, 성령
님이 내게 임할수록 갈등이 많아지기 때문입니다. 전에는 죄인 줄 몰랐던
것까지 죄라는 걸 알게 되니 육신의 소욕과 싸우느라 영적 싸움이 치열해
집니다. 그러니 죄를 이기려고 할 때 어떻게 은혜가 임하지 않겠습니까!

내가 죄인이라는 것을 알아 갈수록 은혜가 넘칩니다. 내가 얼마나 죄인인
지를 생각할 때 그런 나를 의롭다 하신 은혜가 더욱 감사해지는 것입니다. 내
힘으로는 그 죄를 이길 수 없다는 걸 인정할 때 더욱더 하나님의 은혜에 의지
하게 됩니다. "죄가 더한 곳에 은혜가 더욱 넘쳤나니"는 바로 이런 뜻입니다.

예수님을 세 번 부인한 베드로도, 스데반을 돌로 쳐 죽인 바울도 그 죄로

인해 더 풍성한 사역을 할 수 있었습니다. 사역을 하면서 핍박이 와도 자신들의 죄를 생각하고, 그럼에도 용서하시고 받아 주신 하나님을 생각하며 아무도 원망하지 않았을 것입니다. 그 생각만 하면 은혜가 넘치고 더 힘이 났을 것입니다. 그래서 바울은 자신을 "사도 중의 작은 자"라고 했다가, 조금 지나고 나서는 "성도 중의 미미한 자", 죽음이 다가왔을 때에는 "죄인 중의 괴수"라고 고백했습니다.

이는 죄가 사망 안에서 왕 노릇한 것같이 은혜도 또한 의로 말미암아 왕 노릇하여 우리 주 예수 그리스도로 말미암아 영생에 이르게 하려 함이니라_롬 5:21

은혜가 의로 말미암아 왕 노릇한다고 했습니다. 죄가 왕 노릇하는 것의 반대는 의가 아니라 '은혜'가 왕 노릇하는 것입니다. 죄를 이기려면 의가 아닌 은혜가 필요하기 때문입니다.

죄가 왕 노릇하는 내 자신에게 필요한 것은 은혜입니다. 죄가 왕 노릇하는 남편, 자식에게도 은혜가 필요합니다. "거짓말은 나쁜 거야. 정직해야 돼!" "술, 담배는 몸에 해로운 거야. 당장 끊어야 해! 술 마시지 마! 다른 여자 만나면 안 돼!" "일찍 좀 일어나. 학생은 공부를 해야 해!" "~해! ~해! ~하지 마! 하지 마!!" 이래서 죄를 이기는 게 아닙니다. 사람들은 툭하면 "법대로 하자!"고 하는데, 법과 도덕과 윤리를 갖다 댄다고 죄를 이길 수 있는 게 아닙니다.

죄를 이기는 것은 은혜입니다. 100% 죄인인 우리에게, 100% 하나님의 은혜가 임하면 술도 끊고, 담배도 끊고, 모든 죄와 중독을 이길 수 있습니다.

어느 집사님 남편이 이단 종교에 빠졌다고 합니다. 율법적인 행위를 강조하는 곳이라서 남편은 술과 담배는 물론 커피도 안 마시고, 심지어 콜라도 안 마십니다. 게다가 매사에 성실하고 누구에게나 친절하고 너무나 경건한 사람입니다. 그런데 본인이 그렇게 사니까 늘 부인을 정죄합니다. "너는 교회 다닌다면서 왜 그 모양이냐?" 날마다 야단을 칩니다. 부인도 남편의 완벽함에 주눅이 들어서 자신이 남편보다 나은 것이 없기 때문에 이단인 줄 알면서도 뭐라고 말을 못합니다.

생명의 한 사람이 되는 것은 내가 죄인이라는 것에서 출발해야 합니다. 남편이 아무리 의로워도 그 의로움 때문에 하나님의 은혜를 알지 못한다면 그것은 불행입니다. 하지만 내가 아무리 형편없어도 "나는 부족해요. 나는 아직도 게으르고 욕심이 많아요. 끊지 못하는 죄가 있어요." 하는 고백이 있으면 죄를 이기는 하나님의 은혜가 임하는 것입니다.

날마다 내가 죄인임을 깨달으며, 나의 의로움이 아닌 하나님의 은혜가 왕 노릇할 때 우리는 생명의 한 사람이 될 수 있습니다. 나 한 사람 때문에 가족들이 살아나고, 나 한 사람 때문에 상처 받은 가정이 회복되고, 나 한 사람 때문에 회사가 번창하고, 나 한 사람 때문에 교회가 부흥하는, 그 한 사람이 되기를 주님의 이름으로 축원합니다.

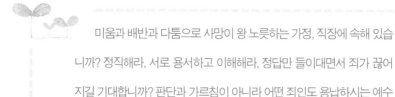

미움과 배반과 다툼으로 사망이 왕 노릇하는 가정, 직장에 속해 있습니까? 정직해라, 서로 용서하고 이해해라, 정답만 들이대면서 죄가 끊어지길 기대합니까? 판단과 가르침이 아니라 어떤 죄인도 용납하시는 예수님의 은혜를 전하고 보여 줌으로써 공동체를 살리는 한 사람입니까?

아버지 하나님! 아담 한 사람의 범죄로 인해서 불행이 시작되었습니다. 내가 그런 한 사람이 될까 두렵습니다. 날마다 같은 죄와 실수를 반복하면서 아담의 자리에 서 있는 한 사람이 될까 두렵습니다.

주님, 이제라도 예수님의 자리에 서게 하옵소서. 원망하고 불평하는 불순종의 자리를 떠나 내 역할에 순종하는 예수님의 자리로 옮겨 가기 원합니다. 주님의 은혜로 내 자신이 변하며 다른 사람을 살리는 한 사람이 되기 원합니다.

나 한 사람의 순종으로 죽을 것 같은 고통과 저주가 끊어지고 생명이 왕 노릇하는 가정과 직장, 교회가 될 것을 믿습니다. 그 한 사람이 될 수 있도록 주님의 은혜를 내려 주옵소서. 감사합니다. 예수님 이름으로 기도하옵나이다. 아멘.

part 4

말씀 충만의 축복

16
죄를 이기는 세 가지 방법

로마서 6:1~11

주님, 로마서를 보면서 우리가 피할 수 없는 죄와 사망에 속했다는 것을 알았습니다. 그러나 예수 그리스도로 인해 살 길이 있다고 하시오니 오늘도 말씀으로 죄를 이기는 방법을 깨닫게 하옵소서. 예수님 이름으로 기도하옵나이다. 아멘.

목사님 한 분이 정신과 의사인 스캇 펙 박사를 찾아왔습니다. 목사님의 부인은 만성 우울증에 시달렸고, 두 아들도 대학을 중퇴하고 정신과 치료를 받고 있었습니다. 그는 가족들의 병을 이해할 수 없었고, 자신이 무엇을 해야 할지를 모르고 있었습니다. 목사님이 먼저 말을 꺼냈습니다.

"나는 최선을 다해 가족들을 섬겼습니다. 열심히 일을 하고 돈을 모아서 두 아들에게 차를 사 주었고, 오페라가 죽도록 싫었지만 아내를 위해 같이 오페라 관람도 했습니다. 아무리 바빠도 집안 청소는 내가 도맡아 했고요. 가족들 뒷바라지하느라고 내가 얼마나 애를 썼는지 아십니까? 나는 진심으로 아내와 아이들을 사랑했고 그들을 방관하지 않았단 말입니다!"

스캇 펙 박사는 우선 목사님이 자라 온 환경에 대해 물었습니다. 목사님의 아버지는 저명한 학자였습니다. 그런데 알코올중독자였고, 여자 문제를 끊임없이 일으키며 가족을 돌보지 않았습니다. 그런 아버지를 보고 자라면서 자신은 최선을 다해 가족을 돌보는 사람이 되기로 맹세했습니다. 그 맹세대로 '가족을 걱정하고 배려하는 아버지'가 되는 데 전 생애를 바쳤습니다. 앉으나 서나 가족을 챙기는 일에 골몰하며 살았습니다.

그런데 왜 목사님의 부인은 우울증을 앓게 됐을까요? 왜 자녀들은 학교도 제대로 마치지 못하고 정신과 치료를 받게 됐을까요?

 ## 죄를 알아야 이긴다

그런즉 우리가 무슨 말 하리요 은혜를 더하게 하려고 죄에 거하겠느뇨_롬 6:1

로마서 5장까지는 죄에 대한 이야기를 하고 6장부터는 믿음으로 의롭다함을 얻은 우리가 어떻게 죄를 이기고 거룩을 이루어 갈지 이야기합니다. 그리스도인의 성화(聖化)의 과정을 다루고 있습니다.

"죄에 거한다"는 말은 죄와 더불어 산다는 뜻입니다. "죄가 더한 곳에 은혜가 더욱 넘쳤나니"(롬 5:20)라고 하셨는데, 그러면 은혜를 받기 위해 우리가 죄와 더불어 살아야 할까요?

"은혜를 더하기 위해서라도 죄를 더 지어야 할 것 아니냐?" 이런 말은 하나님의 은혜를 만홀히 여기는 것입니다. "유다가 예수님을 팔았기 때문에 인류의 구원이 이루어지지 않았느냐? 그러니 유다는 얼마나 좋은 일을 했는가!" 이런 말과 똑같습니다.

죄가 더한 곳에 은혜가 넘쳤다는 것은 '죄를 지을수록' 은혜가 넘친다는 뜻이 아니라 '죄를 깨달을수록' 은혜가 넘친다는 말입니다. 우리는 근본적으로 죄인이기 때문에 꼭 행위로 죄를 지어야만 죄를 깨달을 수 있는 게 아닙니다. 남들이 나를 의롭다고 해도 하나님 앞에서 어쩔 수 없는 죄인이라는 것을 깨달을 때, 넘치는 은혜가 임하는 것입니다. 내 죄를 모르면서 어떻게 그것을 가려 주시는 하나님의 은혜에 감사할 수 있겠습니까!

죄의 가장 보편적인 정의는 '표적을 빗나가는 것'입니다. 정해진 표적에 못 미쳐도 죄이고, 지나쳐도 죄입니다. 죄는 교만의 형상으로 나타나고, 가면을 쓰게 하고, 상황을 직시하지 못하게 합니다. 자기 자신도 모르게 죄를 짓게 되는 것입니다.

앞에서 말한 목사님은 자신에 대해서 직시하지 못했습니다. 가족을 사랑한다는 것이 무엇인지 제대로 알지 못했습니다. 무조건 배려하고, 도와주고, 희생하는 것이 사랑이라고 착각하고 살았습니다. 때로는 자기 자신의 욕구와 분노, 가족을 향한 자신의 기대를 표현하는 것이 가족의 정신 건강에 필요한 것이고, 그것이 가족 사랑이라는 것을 배워야 했습니다.

그렇게 열심히 살았는데 가족들이 모두 병든 것을 볼 때 목사님의 마음이 얼마나 무너졌을까요! 그동안 최선을 다한 것이 얼마나 허무했겠습니까! 그럼에도 "나는 최선을 다했다."만 외치면서 자신에게 어떤 문제가 있는지 알지 못했습니다.

이 목사님처럼 자신을 모르고, 자기 죄를 모르면 아무리 최선을 다해도 헛일입니다. 목사님이라고, 교회를 다닌다고 자기 죄를 아는 게 아닙니다. 매사에 최선을 다했다며 스스로를 의롭다고 하는 사람일수록 죄를 깨닫기가 어렵습니다. 하나님의 은혜가 아닌 내 열심으로 가족을 사랑하려니까 본인도 가족도 병이 든 것입니다.

'나는 최선을 다했어. 나는 잘못이 없어.' 라고 생각하면서 죄에 거하십니까? 죄 없는 사람이 아니라 죄를 더욱 깨달아 가는 것이 성화의 과정이고, 넘치는 은혜임을 알고 있습니까?

그럴 수 없느니라 죄에 대하여 죽은 우리가 어찌 그 가운데 더 살리요_롬 6:2

'죄에 대해 죽는 것' 이 무엇인가 하는 것은 교회사를 통해 뜨거운 논쟁거리가 되었던 주제 가운데 하나입니다.

믿는 사람들에게는 이런 오해가 있습니다. 어떤 사람은 "예수님을 믿어도 사람은 절대 안 변해." 이렇게 확신합니다. "예수 믿으면 100% 변하지는 못해도 엄청나게 변하긴 하지." 이런 생각을 하는 사람도 있습니다. 또 "예수님만 믿으면 누구든지 100% 변해. 다시는 죄를 안 지어." 이렇게 생각하기도 합니다.

모두 다 틀린 이야기입니다. '죄에 대해 죽었다'는 것은 차츰 죄를 안 짓게 된다는 말이 아닙니다. 흔히 말하는 '죽어 사는 것'이 아닙니다. "사장한테는 죽어 살아야 해. 시어머니 앞에서는 그냥 죽은 듯이 살아." 하면서 속으로는 처리가 안 됐는데 겉으로만 죽은 것처럼 참고 사는 것도 아닙니다. 그렇다고 완전히 죄를 안 짓게 됐다는 말도 아닙니다. 죄에 대해 죽어야 하니까 금욕하고 금식하고 경건하게 살라는 말도 아닙니다. 그렇다면 죄에 대해 죽었다는 것은 무슨 뜻일까요?

우리가 알거니와 우리 옛 사람이 예수와 함께 십자가에 못 박힌 것은 죄의 몸이 멸하여 다시는 우리가 죄에게 종노릇하지 아니하려 함이니 이는 죽은 자가 죄에서 벗어나 의롭다 하심을 얻었음이니라_롬 6:6~7

옛 사람은 거듭나기 전의 비도덕적이고 비윤리적 죄를 가진 사람을 말하는 것이 아니라 인간의 육체적 본성, 정욕을 가진 육체를 말합니다. 아담으로 인한 원죄에서 벗어나지 못한 사람, 그래서 죄의 종 노릇하는 사람이 옛 사람입니다.

거듭나기 전의 옛 사람은 죄 때문에 죽은 자이고, 거듭난 새 사람은 죄에 대해 죽은 자입니다. 그러면 거듭나기 전에 죽은 자와 거듭난 다음에 죽은 자는 어떤 차이가 있습니까?

거듭나기 전에 죽은 것은 아담의 원죄 때문에 모든 사람에게 주어진 결과입니다. 피할 수 없는 사형선고입니다. 선택의 여지가 없는 죽음입니다.

거듭난 다음에 죽은 것은 이천 년 전 예수 그리스도와 함께 십자가에 못 박힌 죽음입니다. 피할 수 없는 원죄의 사형선고에 대해 예수님이 죽어 주셨습니다. 이로써 죄의 몸이 멸하여 우리는 더 이상 죄의 종 노릇을 하지 않게 됐습니다. 이제는 죄를 짓지 않게 된 것이 아니라 죄를 짓더라도 그 죄가 더 이상 나를 주관할 수 없게 된 것입니다. 죄의 종이었던 내가 "죄에서 벗어나 의롭다 하심을 얻은" 특권을 보장 받았기 때문입니다.

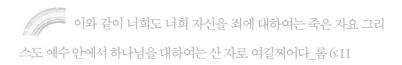
이와 같이 너희도 너희 자신을 죄에 대하여는 죽은 자요 그리스도 예수 안에서 하나님을 대하여는 산 자로 여길찌어다_롬 6:11

계속해서 죄에 대해 죽었다는 표현이 나오는데 시제가 모두 부정과거로 쓰였습니다. 이는 과거에 이미 정해진 일, 결코 다시는 변개(變改)할 수 없는 사실이라는 뜻입니다. 우리가 믿음으로 의롭게 된 것은 법적인 보장입니다. 죽은 자에서 산 자로 나의 신분이 변했습니다. 결코 변개할 수 없는 위치를 갖게 됐습니다.

그래서 "하나님에 대해는 산 자로 여길지어다"라고 명령합니다. 내가 예수님을 믿고도 달라진 게 없고, 여전히 죄를 짓고 있더라도 죄에 대해 죽은 자라는 것은 변할 수 없는 사실이기 때문입니다. 내 행위가 완전해져서가 아니라 모든 죄를 용서하시는 하나님의 사랑이 완전하시기 때문입니다.

"그러므로 하늘에 계신 너희 아버지의 온전하심과 같이 너희도 온전하라"(마 5:48)고 하셨습니다. 죄에 대해 죽은 자가 되어 죄를 이기기 위해서는 하나님께 초점을 맞추어야 합니다. 내 행위로 의롭게 된 것이 아니라 믿음으로 의롭게 되었다는 사실에 초점을 맞출 때 죄를 이길 수 있습니다.

이천 년 전 예수님의 십자가 사건으로 이미 죄에서 벗어난 것을 믿습니까? 죄에 대해 죽은 것을 완전히 죄를 안 짓는 것으로 생각하고, 여전히 스스로를 정죄하며 죄의 종 노릇하지는 않습니까?

죽어야 이긴다

무릇 그리스도 예수와 합하여 세례를 받은 우리는 그의 죽으심과 합하여 세례 받은 줄을 알지 못하느뇨 그러므로 우리가 그의 죽으심과 합하여 세례를 받음으로 그와 함께 장사되었나니 이는 아버지의 영광으로 말미암아 그리스도를 죽은 자 가운데서 살리심과 같이 우리로 또한 새 생명 가운데서 행하게 하려 함이니라 만일 우리가 그의 죽으심을 본받

아 연합한 자가 되었으면 또한 그의 부활을 본받아 연합한 자가 되리라_
롬 6:3~5

5장에서는 한 사람의 불순종이 사망으로 이끌고, 한 사람의 순종이 생명
으로 이끄는 '한 사람'의 역할을 강조했습니다. 성화를 다루는 6장에서는
"죄에 대해 죽은 우리", "세례를 받은 우리" 등 '우리'가 강조됩니다. 죄와
구원은 하나님과 나 일대일의 문제이지만, 성화(聖化)는 '우리' 속에서 이루
어지기 때문입니다. 관계를 통해 거룩해지기 때문입니다.

예수 그리스도의 죽으심이 '우리'와 연합하지 않으면 부활의 영광, 새
생명의 영광을 맛볼 수 없습니다. 한 나뭇가지가 종(種)과 질(質)이 다른 새
나무에 접붙여지면 그 나무와 같은 종과 질로 변화되는 것처럼, 예수님과
연합될 때 우리에게도 변화가 일어납니다. 내 고집과 내 자아를 버리고 하
나님께 복종하는 새로운 자아, 예수님과 같은 인격체로 점점 변화됩니다.

예수님께 접붙여졌다고 해서 내 인격이 갑자기 소멸되는 것은 아닙니
다. 죄의 성향을 지닌 자아는 아직 남아 있습니다. 단번에 성화(聖化)된 인격
으로 달라지지는 않습니다. 죄에 대해 죽은 성도라고 해도 계속 죄와 싸우
면서 가야 합니다.

성화의 길을 가다가 돌부리에 걸려 넘어질 수 있습니다. 폭풍우를 만날
수도 있습니다. 그러나 믿음으로 의롭게 되어 죄에 대해 죽은 자라는 사실
은 변치 않습니다. 하나님을 믿고도 여전히 죄를 짓고 있다 해도 나는 목적
지로 가게 돼 있습니다. 다시 옛 사람으로 돌아가는 길은 없습니다.

출애굽을 하고 가나안에 이르기까지 바로가 강퍅하게 굴고, 홍해가 가로막고, 먹을 것이 없고, 요단강이 넘칠 때 다시 애굽으로 돌아가는 사람은 하나님이 택하시지 않은 사람입니다. 불평하고, 욕하고, 질투하고, 넘어져도 하나님이 택하신 사람은 가나안으로 가게 돼 있습니다. 잘나서 갑니까? 아닙니다. 그리스도 예수 안에서 갑니다. 내 힘으로는 갈 수 없습니다. 예수 그리스도와 연합하여 갈 수 있습니다.

> 만일 우리가 그리스도와 함께 죽었으면 또한 그와 함께 살 줄을 믿노니_롬 6:8

그리스도와 함께 죽었으면 또한 함께 살 줄을 믿기에 우리는 목적지로 갈 수 있습니다. 그 어떤 것도 우리를 영원히 넘어져 있게 할 수는 없습니다. 술을 못 끊어도, 마약을 해도, 별짓을 다해도 나를 영원히 넘어져 있게 하는 것은 없습니다. 죄에 대해 죽었던 내가 죄에서 벗어나 의롭다 하심을 얻었기 때문입니다.

넘어질 일들은 하루에도 열두 번씩 일어납니다. 지금까지 제게도 넘어져 있을 일들이 너무나 많았습니다. 외적인 환경뿐 아니라 내 속에 없어지지 않는 치사한 마음, 인정받고 싶은 욕심 때문에 넘어질 일들이 날마다 있었습니다. 하지만 신기하게도 "정말 죽을 것 같아." 하다가도 말씀을 보면 살아났습니다. 남편하고 살면서 "이건 정말 못 참아. 정말 이혼하고 말 거야." 하다가도 말씀을 들으면 또 살아났습니다. 이것이 기적 같은 은혜입니다. 제가 죽지 않고 살아 있는 것이 은혜입니다.

구원의 핵심은 부활입니다. 예수 그리스도와 함께 죽으면 반드시 함께 살아납니다. 3절부터 9절까지 "죽고 살고" "죽고 살고"가 계속해서 나옵니다. 죄와 은혜의 문제에서 왜 "죽고 살고" 이야기가 나오겠습니까?

우리가 완전히 죽지 않으면 살 수 없기 때문입니다. 거의 합격은 불합격입니다. 99% 합격은 불합격입니다. 완전히 죽어야 살 수 있습니다.

앞에서 말씀드린 목사님도 죽어지는 과정을 거쳐야 했습니다. 스캇 펙 박사가 내려 준 처방은 이런 것이었습니다.

부인과 자녀가 집을 치우지 않으면 버럭버럭 화를 내라고 했습니다. 아내에게 "나는 오페라가 너무 지겨우니까 당신 혼자 가라."고 말하게 했습니다. 두 아들의 자동차 보험료 지불도 거절하라고 했습니다. 이런 변화를 위해서 목사님은 다른 사람들에게 나쁜 사람으로 보이는 모험을 감행해야 합니다. 평생 착한 남편, 좋은 아빠로 불리다가 나쁜 사람이 된다는 것은 결코 쉬운 일이 아닙니다. 이 목사님에게는 죽음에 이르는 순종이었습니다.

박사의 처방대로 목사님이 화를 내고, 도움을 거절했더니 아들들은 불같이 화를 냈습니다. 부인도 원망을 쏟아 놓았습니다. 하지만 목사님은 가족을 사랑했기 때문에 힘들어도 그대로 적용을 했습니다. 그러자 학교도 그만두고 자리를 못 잡던 두 아들이 자기 자리를 찾기 시작했고, 아내도 완전치는 않지만 조금씩 회복하고 성장하기 시작했습니다. 목사님도 더욱 유능한 사역자로 목회를 하게 되었습니다.

내 자신이 죽어지는 십자가의 적용은 사랑이 있을 때만 할 수 있습니다. 목사님이 착한 남편, 좋은 아빠라는 자신의 이미지 관리에만 최선을 다할 때는 자유함이 없었습니다. 가족들은 도리어 우울증과 무기력증으로 병들어 갔습니다. 목사님이 아버지를 미워하면서 아버지와 반대로 하려는 강박 관념으로 가족들을 대했기 때문에 상처가 또 다른 상처를 낳은 것입니다. 하지만 자기 방식대로의 사랑을 버리고 무엇이 진짜로 가족을 위하는 것인지 생각하고 실천했을 때는 화를 내고 거절해도 자유함이 있었습니다.

이 목사님처럼 잘해 주는 데 매여 있는 사람에게는 도움을 거절하는 것이 십자가를 지는 처방입니다. 반대로 너무 무심했던 사람이라면 같이 오페라 관람도 하고 도와주는 것이 십자가를 지는 일일 것입니다. 이러한 분별은 그리스도의 사랑 안에서만 할 수 있습니다. 그리스도와 함께 죽어짐으로 그리스도와 함께 살리라는 확신이 있을 때, 내가 지켜 왔던 이미지가 깨어지고 자아가 죽어지는 십자가를 기쁘게 질 수 있습니다.

죽을 것 같은 순종, 죽을 것 같은 거절을 해야 할 일이 있습니까? 내가 옳다고 믿던 가치관, 지키고 싶은 이미지를 버리는 것이 죽도록 두렵습니까? 내 힘으로 할 수 없기에 예수와 연합하여 죽어지는 것이 나도 살고 다른 사람도 살리는 것임을 믿습니까?

죄를 선포하고 하나님을 선포하라

이와 같이 너희도 너희 자신을 죄에 대하여는 죽은 자요 그리스도 예수

안에서 하나님을 대하여는 산 자로 여길찌어다_롬 6:11

"여길찌어다"는 명령이라고 했습니다. 나는 죄에 대해서는 죽은 자요, 하나님에 대해서는 산 자라고 선포해야 합니다. 어딜 가든지 "나는 하나님을 믿는 사람이라서 뇌물을 받을 수 없습니다. 주일에는 예배를 드려야 하기 때문에 그 행사에는 참여할 수 없습니다." 이렇게 선포하는 것이 죄를 이기는 비결입니다.

죄에 대해 죽은 자임을 선포하는 것은 내 죄를 오픈하는 것입니다. 죄가 제일 무서워하는 것이 바로 드러나는 것입니다. 죄를 감추고 있으면 죄의 능력이 점점 커지지만 드러내면 100에서 50, 50에서 20으로 점점 그 능력이 줄어듭니다. 숨겨진 죄를 오픈하는 것이 당장은 죽을 것같이 힘들어도, 결국 죄를 끊고 살아나는 계기가 됩니다. 저는 20년 넘게 큐티 모임을 해 오면서 이러한 회복을 수없이 보았습니다. 그런 회복이 있었기에 여기까지 올 수 있었습니다.

우리는 감추고 싶은 사생활이 드러나는 것을 견딜 수가 없어합니다. 영국에서 있었던 일입니다. 어떤 사람이 런던의 저명한 인사들에게 "당신의 사생활이 들통 났으니 빨리 피하시오."라는 내용의 거짓 편지를 보냈다고 합니다. 그런 다음 그 인사들의 집을 찾아가 봤더니 집에 있는 사람이 한 명도 없고 모두 어딘가로 피했더랍니다. 구체적인 내용도 없이 "사생활이 들

통 났다."라고만 써서 보냈는데도 모두가 도망을 간 것입니다.

간음하다 현장에서 잡힌 여인을 끌고 와서 돌로 치겠다는 사람들에게 예수님은 "너희 중에 죄 없는 자가 먼저 돌로 치라"(요 8:7)고 말씀하셨습니다. 그러자 모두 돌아가고 여인만 남았습니다. 죄가 없는 사람은 없습니다. 현장에서 안 잡혔다 뿐이지 다들 숨어서 죄를 짓고 있습니다. 우리 중에도 "나는 정말 오픈할 죄가 없어."라고 말할 수 있는 사람은 하나도 없습니다.

그런데 "나 같은 죄인 살리신" 찬송은 하면서도 절대로 자기 죄는 말하지 않는 사람이 있습니다. 또 죄를 오픈한다면서 "이런 죄를 끊었다. 남들은 죄라고 생각하지도 않을 텐데 나는 사소한 죄에도 너무 민감하다." 이러면서 은근히 자랑하는 게 우리의 실력입니다. 그래도 자꾸 죄를 꺼내 놓다 보면 스스로의 교만도 깨닫게 되지 않을까요?

꼭 사람에게 죄를 고백하라는 건 아닙니다. 말할 수 없는 죄를 하나님 앞에 토설하며 회개하는 것이야말로 정말 귀한 일입니다. 사람에게 오픈하는 것보다 하나님 앞에 회개하는 것이 당연히 우선입니다. 그래도 끊지 못하는 죄가 있기 때문에 믿음의 지체들에게 오픈하고 도움을 청하는 것입니다. 그러면 그것이 나만의 문제가 아니라 모두의 문제가 됩니다. 믿음의 지체들이 옆에서 같이 기도하고 지켜봐 주면 더욱 깨어서 죄를 경계할 수 있습니다. 우리는 죄에 대해 죽은 자입니다. 기절한 자가 아니라 죽은 자입니다. 죽은 자는 말이 없습니다. 아무리 찔러도 반응하지 않습니다.

저희 시댁이 그래도 괜찮게 사는 집이었는데, 시집을 가서 보니 신문지를 잘라서 화장지로 쓰고 있었습니다. 일하는 사람을 둘씩이나 두고 있었는데도 온 식구가 절약, 절약 하면서 쓰레기 분리수거도 얼마나 열심히 했는지 모릅니다. 제가 남편 앞에서 "요새 누가 신문지를 화장지로 쓰나요?" 그랬다가 완전히 무안을 당했습니다. 남편이 "당신 친정이 그래서 못 사는 거야." 이러는 겁니다. 얼마나 자존심이 상했겠습니까! "그래, 우리 집 가난하다. 당신이 우리 집 못사는 데 뭐 보태 준 거 있냐?" 악을 쓰고 싶지 않았겠습니까? 물론 제가 워낙 교양이 있다 보니까 악은 못 쓰고 꾹꾹 눌러 참았죠. 그래도 속으로 '너 잘났다.' 하고 실컷 흉을 봤습니다.

어느 신혼부부의 이야기입니다. 결혼하고 얼마 안 지나 치약을 앞에서 짜느냐, 뒤에서 짜느냐로 부부가 다투기 시작했습니다. 아내가 치약 앞부분부터 꾹 눌러 쓰니까 남편이 한마디 했죠. "치약은 뒤에서부터 눌러 짜야 나중에 버리는 게 없는 거야." 그랬더니 아내가 받아쳤습니다. "어머, 별일도 아닌 것 가지고 남자가 왜 그래? 쫌팽이같이." '쫌팽이' 라는 말에 남편이 뒤집어졌습니다. "뭐가 별것도 아니야? 너네 집이 언제부터 그렇게 잘살았었냐?" 하면서 처가까지 걸고 넘어갔습니다. 그러자 별것도 아닌 치약이 진짜 '별것' 이 되어 "우리 사랑해서 결혼한 거 맞아?" 이렇게 됐습니다.

죄에 대해 죽은 자는 반응이 없어야 하는데 사소한 말 한마디에도 벌떡벌떡 일어나는 시체의 모습이 바로 내 모습입니다. 내가 시체라는 걸 잊어버리고 작은 일에도 금세 반응하면서 죄에 말려듭니다. 그래서 자존심 때문에 당장 이혼하고 싶은 생각이 하루에도 수백 번씩 들게 돼 있습니다.

인간은 100% 죄인입니다. 자기중심적인 가치관 때문에 모두가 불행합니다. 인간에게는 본능적인 안일함의 욕구, 명예의 욕구, 자아성취의 욕구가 있습니다. 그러나 그것을 모두 이룬다 해도 역시 공허한 것이 인생입니다.

그것을 알고 나니까 남편이 그런 말을 한 것도, 걸레 하나 제대로 못 빤다고 야단치시던 시어머니의 모습도 이해가 됐습니다. 당시에는 그렇지 못했죠. '내가 명색이 일류대학 출신인데.' 하는 생각으로 자존심이 상하고, '잘살면 뭐하냐? 돈 만 원도 마음대로 못 쓰는데.' 하면서 열등감으로 비웃기도 했습니다. 시집살이 5년 만에 주님을 만났으니 처음에는 믿음도 없었는데 어떻게 이혼을 안 하고 살았는지 모르겠습니다. 이렇게 저를 사용하시려는 하나님의 은혜로 살았겠지요.

그까짓 사람의 말 한마디는 아무것도 아닙니다. 죄인의 입에서는 죄 된 언어밖에 나올 수 없습니다. 앞에서 말한 목사님이 그토록 최선을 다해 가족을 섬겼어도 그분도 치료가 필요한 사람이었습니다. 인간이 누구라고 온전할 수 있겠습니까? "나는 최선을 다했어. 잘못이 없어." 하는 사람은 죄를 이길 수 없습니다. 죄가 무엇인지도 모르고 종노릇하다가 죽을 수밖에 없습니다.

내 힘으로는 죄를 이길 수 없습니다. 믿음으로 의롭다 함을 얻은 우리는 오직 "그리스도 예수 안에서" 죄를 이길 수 있습니다. 날마다 예수 그리스도의 십자가 앞에서 죄의 몸을 멸하면서 내가 죄에 대해 죽은 자임을 기억해야 합니다. 죄에 대해 시체가 되어 어떤 죄에도 반응하거나 요동하지 않을 때, 하나님에 대해 산 자로 죄와 사망을 이깁니다. 죽을 것 같은 순종의 십자가를 지고 예수와 합하여 죽을 때 영원한 생명으로 들어갑니다.

100% 죄인들이 모여 살아가는 세상 속에서 "나는 죄에 대해 죽은 자요, 하나님에 대해 산 자"라고 날마다 선포하십니까? 설교를 들을 때는 죄에 대해 죽은 것 같다가도 교회 문만 나서면 다시 살아나서 적당한 음주, 적당한 쾌락과 타협하며 살고 있지는 않습니까? 죄에 대해 죽은 자임을 선포하기 위해 내가 고백하고 드러내야 할 죄는 무엇입니까?

아버지 하나님! 내가 죄에 대해 죽은 자임을 선포합니다. 하나님에 대해 산 자임을 선포합니다. 이제 내 죄를 오픈하기 원합니다. 나는 죄가 없다고 생각하는, 그래서 죽을 수밖에 없는 옛 사람을 버리고 죄에 대해 죽은 새 사람으로 살아나기 원합니다.

내 힘으로는 할 수 없습니다. 주님, 도와주옵소서. 예수 그리스도의 십자가 사랑으로 채워 주소서. 날마다 순간마다 십자가의 예수님을 바라볼 때 주님이 지혜를 주실 줄 믿습니다. 내 상처와 열등감 때문에 죄의 종 노릇하지 않고 예수님의 십자가에서 죄의 몸을 멸하게 하옵소서.

나의 성품과 의로움을 버리고 순종하는 것이 너무나 어렵지만 주님과 연합하여 죽어질 때 주님과 합하여 살아날 것을 믿습니다. 죄와 사망을 이기고 부활하신 주님의 능력으로 죄를 이기는 자가 될 것을 믿습니다. 은혜를 내려 주옵소서. 예수님 이름으로 기도하옵나이다. 아멘.

17
은혜 아래 있는 사람

로마서 6:12~23

하나님 아버지, 저에게 은혜가 필요합니다. 아무것도 할 수 없는 저를 찾아오셔서 깨달을 것을 깨닫고, 볼 것을 보고, 들을 것을 듣도록 은혜로 역사하여 주옵소서. 예수님 이름으로 기도하옵나이다. 아멘.

"핑계 없는 무덤 없다."는 속담처럼 세상에도 사연 없는 사람은 없습니다. 우리들교회 식구들만 봐도 다들 '한 사연' 하는 분들이 모였습니다. 모두들 책 한 권으로도 부족한 사연을 가지고 있습니다.

그렇게 사연이 많은 한 여인이 있습니다. 자신을 사랑한다는 남자를 만나 부푼 꿈을 안고 결혼했는데, 첫아이를 낳고 나서야 남편이 시골에 처자식을 둔 유부남이라는 걸 알았습니다. 총각이라는 말에 속아 결혼식까지 한 것이 분하고 억울했지만 자신의 운명이라고 생각하고 그대로 살기로 했습니다. 얼마 되지 않아 남편은 밖으로 돌기 시작했고, 조금 지나자 발걸음을 끊더니 아예 생활비까지 끊어 버렸습니다.

절망에 빠진 그녀는 남편을 향한 분노를 품고 고단한 인생을 살았습니다. 혼자 아이를 키우느라 많은 고생도 했습니다. 힘들 때마다 '남자는 다 도둑놈이고 강도다.' 라고 남편에 대한 분노를 되새기면서 이를 악물고 살았습니다.

죄와 상처의 왕 노릇

그러므로 너희는 죄로 너희 죽을 몸에 왕 노릇하지 못하게 하여 몸의 사욕을 순종치 말고_롬 6:12

죄는 인간이 하나님 되고자 하는 것입니다. 삶의 전 영역에서 하나님이 왕 노릇하셔야 하는데, 내가 하나님 자리에 가 있는 것이 죄이고 중독이고 집착입니다.

알코올중독, 마약중독, 니코틴중독만 중독이 아닙니다. 도박 중독, 성(性) 중독, 인터넷 중독, 쇼핑 중독처럼 손해를 끼치는 것만 중독이라고 생각하면 안 됩니다. 행위의 옳고 그름의 문제가 아닙니다. 하나님을 밀어내고 내가 주인이 돼서 하려고 하는 모든 것이 중독입니다. 그래서 바르게 살기 중독도 있고, 공부 중독, 일 중독, 선행 중독 등 우리가 경건하다고 생각하는 것들도 중독이 될 수 있습니다.

무언가에 중독이 되면 그것 때문에 염려와 불안을 느끼게 됩니다. 하고 있으면서도 더 잘하고 싶어서 염려가 되고, 못하고 있으면 불안감에 시달립니다. 어떤 일에 또는 어떤 사람에게 염려와 불안을 느낀다면 그것이 중독이고 집착입니다. 그 일과 사람에 대해서 내가 하나님 노릇을 하려고 하기 때문에 염려와 불안이 있는 것입니다.

나에게 하나님이 왕 노릇하지 않으면 죄가 왕 노릇할 수밖에 없습니다. 우리가 죄에 대해 죽었지만 죄는 우리에 대해 죽지 않았기 때문입니다. 아직도 살아서 시시각각 나를 노리며 내 몸의 사욕을 틈타서 나를 지배하려 하기 때문입니다.

사욕은 성적인 욕망, 물질적인 욕구, 타인의 재물에 대한 탐심 등 모든 방면에서 나타날 수 있습니다. 교회를 다닌다고 욕망에서 자유로운 것도 아니고, 많이 배웠다고 욕망에서 자유로워지는 것도 아닙니다.

요즘 10대들을 보면 어리다고 해서 욕망이 없는 것도 아닌 것 같습니다. 술, 담배, 성적인 타락을 경험하는 연령이 점점 더 낮아지고 있습니다. 또한 늙었다고 해서 욕망이 사라지는 것도 아닙니다. 다들 자기 사욕을 좇아 황혼 이혼을 하고, 돈과 건강과 쾌락을 좇아 인생의 마지막을 불태우고자 합니다. 태어나면서 죽을 때까지 우리에게 욕망은 끊이질 않습니다.

제가 어려서 아직 숫자 개념이 없을 때의 일입니다. 엄마가 외출하실 때 "용돈 주고 갈 테니까 사이좋게 잘 놀아라." 하면서 얼마를 줄까 하고 물으셨습니다. 그때 제게는 열 손가락, 열 발가락 합쳐서 20이란 숫자가 가장 큰 수였는데 나름대로 부풀린다고 부풀려서 '삼백 환'을 불렀습니다. 그런데 초등학교에 다니던 언니는 '천 환' 했습니다. 엄마는 "너도 언니랑 똑같이 천 환 줄게." 하셨지만 저는 '천' 이라는 숫자가 전혀 실감이 안 났기 때문에 "싫어. 싫어. 나는 삼백 환 줘." 했습니다.

엄마가 외출하시자마자 언니는 구멍가게에 가서 백 환짜리 과자 하나를 사고 구백 환을 거슬러 왔습니다. 그러고는 동전을 잔뜩 보여 주면서 저에게 자랑하던 기억이 아직도 생생합니다.

인간의 사욕은 이런 것입니다. 무엇이 유익한지 해로운지도 모르고 어리석은 욕심을 좇아갑니다. 때문에 죄가 왕 노릇하는 인생은 슬프고 고단할 수밖에 없습니다.

유부남에게 속아서 결혼하고 버림까지 받은 그 여인도 자기 사욕에 순종해서 남자를 선택했습니다. 사랑받는 게 좋아서 그 욕심에 취해서 사람을 분별하지 못했습니다. 하지만 속은 것도 내 삶의 결론입니다. 돈으로 사기를 당하는 것도 대부분 허황된 이익을 바라고 욕심을 내기 때문입니다.

하지만 그 여인의 불행은 남편에서 끝나지 않았습니다. 남편이 떠난 뒤 여인은 또 다른 사욕에 순종해서 스스로를 망쳐 갔습니다. 남편에 대한 분노와 버림받은 상처가 그녀의 삶에서 왕 노릇하게 됐습니다.

상처를 치료하지 못하고 날마다 아빠를 원망하고 푸념하는 엄마를 보면서 자연스럽게 딸의 인생에도 '남자는 다 도둑놈' 이라는 생각이 왕 노릇하게 됐습니다. 딸은 괜찮은 남자를 만나 결혼했지만, 사소한 문제가 생길 때마다 어머니에게 물려받은 상처가 자신의 마음과 생각을 지배했기 때문에 결혼생활이 쉽지 않았습니다. 남편이 조금만 늦어도 '남자는 다 도둑놈', 어쩌다 전화를 안 받아도 '벌써 마음이 변한 거야. 언젠가는 나를 버리겠지.' 하는 생각으로 가득 찼습니다. 상처가 왕 노릇을 하니 정상적인 부부 생활을 할 수 없었습니다. 남편도 아내의 의심과 불안을 견딜 수 없었고, 결국 얼마 동안의 별거 후에 이혼을 하고 말았습니다. 물려주려고 해서 물려준 것은 아니지만 엄마의 상처가 딸에게 고스란히 대물림된 것입니다.

딸의 상처는 다시 그 남편에게, 자녀에게 이어지고, 또 다른 사람에게 이어져 수많은 사람들을 죄와 상처의 노예로 만들었습니다.

누구라고 자신의 환경과 상처를 이길 수 있겠습니까? 재벌 집안에도, 대통령 가문에도, 아무리 돈이 많고 지위가 있어도 해결하지 못한 상처와 사연이 있습니다. 그래서 세상은 '숙명'이라는 단어를 생각해 냈습니다.

어쩔 수 없이 주어진 것이니까 순응하며 살라고 합니다. 죄와 상처의 노예가 되어 죄가 왕 노릇하도록 내버려 두라고 합니다. 사는 게 다 그런 거니까 지금 현재를 즐기라고, 몸의 사욕에 순종해서 쾌락을 좇아 잘 먹고 잘살면 그게 최고라고 말합니다.

지금 나에게서 왕 노릇하는 것은 무엇입니까? 행위는 끊었지만 마음과 생각을 지배하는 음란이 있습니까? 종일 눈앞에 아른거리는 사람, 아른거리는 예쁜 옷이 있습니까? 과거의 상처와 수치에 휘둘리며 미움과 분노의 사욕에 순종하십니까?

법은 가깝고 은혜는 멀다(?)

죄가 너희를 주관치 못하리니 이는 너희가 법 아래 있지 아니하고 은혜
아래 있음이니라_롬 6:14

어느 집에서 하녀로 일하던 여인이 집주인의 아내가 되었습니다. 이제
는 남편의 집이 자신의 집이 되고 남편의 소유를 누리게 됐습니다. 그런데
자꾸만 하녀의 태도가 나옵니다. 집주인의 아내로서 이제는 동등한 관계가
됐는데도 매사에 하녀처럼 순종을 합니다. 남편은 마음을 주고받기 원하는
데 일방적인 지시만 바라고, 집안의 살림살이도 누리지 못합니다. 게다가
부인이 자꾸만 순종이 아닌 굴종을 하니까 부부 사이도 불편하고 기쁨이
없습니다.

미국의 남북전쟁으로 노예제도가 폐지되었을 때 어떤 일들이 일어났는
지 아십니까? 노예였던 흑인들이 자유인이 됐는데도 평생 살아오던 습관
과 사고방식을 버리기가 어려웠습니다. 태어날 때부터 노예였기 때문에 스
스로 무언가를 선택하고 소유하는 자유인의 지위를 이해할 수 없었습니다.
이제 완전히 해방이 됐다고 해도 예전의 주인만 나타나면 부들부들 떨고
"Yes, sir!"를 외치면서 벌떡 일어났습니다.

주인이 그동안의 임금을 계산해 주면서 집도 사고, 옷도 사고, 밥도 따로
해 먹으라고 하니까 겁이 났습니다. 그래서 주인한테 다시 돈을 주면서 그
냥 주인님 밑에서 살겠다고 합니다. 자유를 누려 보지 못했기 때문에 자유
를 어떻게 누리는지도 모르고, 종노릇이 훨씬 더 쉬웠던 것입니다. 그래서

법적으로 노예 제도가 폐지된 뒤에도 사실상 노예들이 많이 남아 있었다고 합니다.

내가 몸의 사욕에 순종하는 것은 자유인의 신분을 포기하는 것입니다. 예수 그리스도의 십자가에서 죄의 몸이 멸하고 죄의 종에서 벗어났는데, 십자가의 은혜가 나를 자유인으로 선포했는데, 그냥 종으로 살겠다는 것입니다. 이미 폐지된 법에 매여서 그 법의 주관을 받겠다는 겁니다.

어쩔 수 없다고요? 그런 남편을 만났기 때문에, 그런 집안에서 태어났기 때문에, 여태 그렇게 살아왔기 때문에 죄와 상처의 종 노릇을 할 수밖에 없다고요? 그렇습니다. 죄가 완전히 죽은 것은 아닙니다. 여전히 활발하게 활동을 하고 있습니다.

그러나 죄가 살아 있다고 해도, 내 몸에 그치지 않는 사욕이 있다고 해도 이제는 죄가 나를 주관치 못합니다. 이미 그 법은 폐해졌기 때문입니다.

그런즉 어찌하리요 우리가 법 아래 있지 아니하고 은혜 아래 있으니 죄를 지으리요 그럴 수 없느니라_롬 6:15

아무리 법이 엄격하고 처벌이 강력해져도 인류 역사상 죄가 사라진 적은 없었습니다. 법이 강력해지는 만큼 죄도 강력해집니다. 죄가 나를 주관치 못하는 것은 법 때문이 아니라 은혜 때문입니다. 은혜 아래서 우리는 어떤 법의 구속도 받지 않습니다. 진정한 자유인이 됩니다.

하지만 은혜로 자유를 얻었다고 해서 마구 죄를 지어도 된다는 말은 아닙니다. 죄를 짓고 싶어도 "그럴 수 없느니라"입니다. 강력한 법으로도 막을 수 없는 죄를 하나님의 은혜로는 막을 수 있기 때문입니다.

하나님의 은혜로 우리는 신분이 달라졌습니다. 하녀가 아닌 안주인으로, 노예가 아닌 자유인으로 내 신분이 바뀌었습니다. 이제는 더 이상 죄와 중독에 끌려 다니는 노예로 살 수 없습니다. 새로운 신분을 얻었기 때문에 신분에 맞는 언어와 신분에 맞는 태도, 신분에 맞는 마음가짐을 배워야 합니다.

그래서 필요한 것이 하나님의 말씀입니다. 법이 아닌 은혜로 사는 삶의 지침이 성경에 나와 있습니다. 말씀대로 믿고, 말씀대로 살고, 말씀의 은혜를 누리면 죄와 불행을 이길 수 있습니다. 날마다 말씀을 통해 하나님의 은혜를 깨닫는 만큼 내 몸의 사욕을 죽일 수 있습니다.

아직도 세상 인본주의의 법, 성공의 법대로 사는 것이 편하다고 생각합니까? 내가 지킬 수 없는 법 때문에 도리어 비참해지는 것을 경험한 적이 있습니까? 비참한 죄와 불행에서 벗어나기 위해서는 '잘 먹고 잘사는 법'이 아닌 하나님의 은혜가 필요하다는 것을 깨닫습니까?

종에서 벗어난 은혜, 종이 되는 은혜

또한 너희 지체를 불의의 병기로 죄에게 드리지 말고 오직 너희 자신을
죽은 자 가운데서 다시 산 자같이 하나님께 드리며 너희 지체를 의의 병
기로 하나님께 드리라_롬 6:13

'드린다'는 것은 나의 권한을 포기하고 상대방이 원하는 대로 하게 내버려 둔다는 뜻입니다. 죄에게 드리는 것은 죄가 원하는 대로 하게 내버려 두는 것이고, 하나님께 드리는 것은 하나님이 원하는 대로 하시게 맡겨 드리는 것입니다.

죄가 왕 노릇하지 않도록 사욕에 순종치 않는 것이 소극적인 대응이라면, 적극적인 대응은 나를 하나님께 드리는 것입니다. 하나님이 원하시는 대로 쓰실 수 있도록 의의 병기로 드리는 것입니다. 그렇지 않으면 나는 죄에게 드려진 불의의 병기가 되고 맙니다.

성경을 읽을 때 중요한 것은 '~하지 말라'는 것보다 '~하라'는 것입니다. 여자나 남자를 못 끊습니까? 담배를 못 끊습니까? 술을 못 끊습니까? 도박을 못 끊습니까? 이 세상에서 가장 무서운 중독이 마약 중독이라고 합니다. 마약을 하면 성적인 쾌락이나 다른 쾌락이 더 극대화되기 때문에 못 끊는다고 합니다. 아무리 사욕에 순종하지 말라고 해도 인간의 힘으로는 절대 못 끊습니다. 매일 하지 말라고 잔소리해도 소용없습니다. 술 마시지 말라, 도박하지 말라…. 하도 말라, 말라 해서 구약이 '말라기'로 끝났다는데, 예수님은 이 땅에 오셔서 "사랑하라"고 하셨습니다. 사욕에 순종하지

"말고", 죄에게 드리지 "말고" 보다도 의의 병기로 "드리라"는 것이 더 중요합니다.

'너희 몸' 이라고 하지 않고 "너희 지체"라고 했습니다. 지체는 몸의 각 부분들 머리, 눈, 귀, 입, 손, 발 같은 구체적인 대상을 이야기합니다. 하지 말아야 할 일을 해서 손으로 짓는 죄가 있고, 가지 말아야 할 곳에 가서 발로 짓는 죄가 있습니다. 행동으로 옮기지 않아도 눈으로, 입으로, 머리로 짓는 죄가 있습니다. 내가 몸의 사욕에 순종치 않으려고 해도 각각의 지체가 죄를 짓고 있기 때문에 적극적으로 의지를 동원해서 의의 병기로 드려야 합니다.

"저가 모든 사람을 대신하여 죽으심은 산 자들로 하여금 다시는 저희 자신을 위하여 살지 않고 오직 저희를 대신하여 죽었다가 다시 사신 자를 위하여 살게 하려 함이니라"(고후 5:15). 주님이 십자가에서 죽으시고 다시 사신 것은 내가 더 이상 나를 위해 살지 않고 주님을 위해 살게 하시려는 뜻입니다.

주님을 위해 사는 것, 의의 병기로 드린다는 것이 무엇입니까? 날마다 큐티하고, 기도하고, 예배를 드리고, 목장에 참석하고, 전도하는 것이 내 눈과 손과 발과 입을 의의 병기로 드리는 것입니다. 교회에서 주차 안내를 하고, 식당 봉사와 청소를 하고, 교사를 하는 것이 내 지체를 의의 병기로 드리는 것입니다.

내 지체를 불의의 병기로 죄에게 드리든지, 의의 병기로 하나님께 드리든지 둘 중의 하나입니다. 어디에도 속하지 않을 수는 없습니다. 하나님께 드려지지 않았다면 죄에게 드려진 것입니다. 하나님께 헌신하지 않은 시간과 물질과 몸은 당연히 죄에게 헌신하게 돼 있습니다.

결국 의의 병기로 드리지 않는 그 시간만큼 죄를 짓고 있다는 말입니다. 아침마다 큐티 안 하는 그 시간을 얼마나 거룩하게 사용하십니까? 그나마 하루 30분이라도 큐티하고 있어서 내가 불의의 병기가 안 된다는 걸 알아야 합니다. 그나마 일주일에 서너 시간이라도 교회에 가고 있기 때문에 쇼핑할 시간을 의의 병기로 드리게 되는 겁니다.

너희 자신을 종으로 드려 누구에게 순종하든지 그 순종함을 받는 자의 종이 되는 줄을 너희가 알지 못하느냐 혹은 죄의 종으로 사망에 이르고 혹은 순종의 종으로 의에 이르느니라_롬 6:16

무엇에 순종하는가에 따라 그것의 종이 됩니다. 죄에 순종하는 사람은 이 땅에서 잠시 쾌락을 맛볼지 몰라도 그 결과는 사망입니다.

"순종의 종"이 된다는 것은 내가 주님을 사랑해서 스스로 되는 것입니다. 그래서 의의 종이 아니라 순종의 종이라고 했습니다. 스스로 되는 것과 억지로 되는 것에는 큰 차이가 있습니다. 내가 좋아서 한 것은 생색을 낼 수가 없습니다.

우리들교회 목장은 모였다 하면 보통 오전 10시부터 오후 4시, 5시까지 예배를 드립니다. 엄마들은 대부분 허리도 안 좋고 무릎도 안 좋아서 한 시간만 앉아 있어도 주리를 틀지 않습니까? 그런데 무슨 떡이 나오고 밥이 나오는지 오전 10시부터 일고여덟 시간이 지나도 한 사람도 안 가고 앉아 있습니다. 남편 핑계, 애들 핑계 대고 얼마든지 갈 수 있는데도 중간에 일어서는 사람도 없고, 그렇게 나누고도 헤어질 때는 또 서로 아쉬워합니다.

일부러 오래 하는 것도 아닙니다. 저부터도 교구 모임, 목자 모임을 할 때마다 "오늘은 꼭 4시간만 하고 끝내야지." 하는데 잘 안 됩니다. 목자들도 오늘은 꼭 일찍 끝내야지 하는데 일주일 동안의 삶을 나누며 울고 웃다 보면 시간이 훌쩍 가 버린다고 합니다. 돈을 주고 앉아 있으라면 그렇게 있겠습니까? 서로 벌거벗고 만나는 만남, 위선도 교양도 벗고 만나는 만남이기 때문에 그런 기쁨이 있다고 생각합니다.

남자들이 아무리 바빠도 술 마실 시간은 있다고 하는데 그게 다 좋아서 하니까 그런 겁니다. 바빠서 교회 올 시간은 없어도 쇼핑할 시간, 바람피울 시간은 다들 있습니다. 좋아서 하는 일이니 없는 시간이라도 내야죠. 아무리 말려도 자기 좋은 일은 어떻게든 시간을 내서 하게 돼 있습니다.

죄의 종이 될지 주님께 순종하는 종이 될지는 내가 무엇을 기뻐하고 사랑하는가에 달려 있습니다. 억지로 되는 종이 아니라 주님을 사랑해서 자원함으로 되는 종, 그것이 순종의 종입니다. 죄의 종에게는 자유도 만족도 없지만, 주님께 순종하는 종이 되면 아무리 힘들어도 기쁨이 있습니다. 자유함이 있습니다.

하나님께 감사하리로다 너희가 본래 죄의 종이더니 너희에게
전하여 준 바 교훈의 본을 마음으로 순종하여 죄에게서 해방되어 의에
게 종이 되었느니라_롬 6:17~18

우리들교회 목장 모임이 어떻게 그만큼 기쁠 수 있을까요? "너희에게
전하여 준 바" 말씀이 있기 때문입니다. 각자에게 주신 말씀의 본을 마음으
로 순종했기 때문입니다. 큐티하고 설교 들은 것을 삶에서 어떻게 적용했
는지 나누다 보면 시간도, 허리 아픈 것도 잊어버리는 기쁨이 있습니다.

말씀에 순종하는 것이 의의 종이 되는 것입니다. 큐티선교회와 우리들
교회를 섬기면서 이혼, 사별, 부도, 자녀 고난 등으로 고통과 실의에 빠졌던
사람들이 말씀에 순종함으로 의의 병기로 드려지는 것을 많이 보았습니다.

어떤 집사님이 첫사랑의 연락을 받았다고 합니다. 가슴이 두근거리고
만나고 싶은 마음이 들었습니다. '어떻게 변했는지 딱 한 번만 만나 보지
뭐. 바람피우는 것도 아니고 그 정도는 괜찮아.' 라고 생각했습니다. 하지만
그날 큐티 본문에서 "우리로 하여금 빛 가운데서 성도의 기업의 부분을 얻
기에 합당하게 하신 아버지께" (골 1:12) 하는 말씀을 묵상하고는 자신의 생각
을 회개했다고 합니다. 말씀으로 빛 가운데 있지 못한 자신의 모습, 남편과
지체들에게 숨기고 첫사랑을 만나려 했던 자신의 어두움을 깨달았기 때문
입니다.

그래서 함께 큐티를 하고 있던 남편에게 그 일을 고백했습니다. 그랬더
니 남편이 고맙다고, 사랑한다고 하면서 "나도 똑같다."며 아내에게 숨겼

던 일을 고백했습니다. 인간적인 솔직함으로 고백했다면 대판 부부 싸움이 났겠죠? "나는 이랬지만 네가 어떻게 그럴 수 있냐?"고 잔뜩 싸우고 나서 '앞으로는 절대 얘기 안 해.' 이렇게 끝날 겁니다.

하지만 집사님 부부는 서로 함께 말씀을 묵상하고, 회개하며 고백했기 때문에 더욱 사랑하게 되었습니다. 더욱이 그 이야기를 목장에서 나누니까 지체들도 각자 마음에 품은 죄를 고백하고 은혜를 받았습니다.

이렇게 우리가 의의 병기로 드려집니다. 유혹에 처했다가도 "너희에게 전하여 준 바" 말씀을 나누면서 서로가 죄를 끊도록 도와주는 의의 도구가 되는 것입니다.

오늘 하루 내 자신을 어디에 드렸나요? 텔레비전에 머리와 눈과 귀를 드렸습니까? 자녀의 성적에 손과 발을 드려 학원가를 뛰어다녔습니까? 술과 담배와 욕설에 입을 드려서 상처를 주고받는 불의의 병기가 됐습니까? 적극적인 자원함으로 내 자신을 예배와 봉사에 드려 감사와 기쁨을 누리십니까?

Before & After

너희 육신이 연약하므로 내가 사람의 예대로 말하노니 전에 너희가 너희 지체를 부정과 불법에 드려 불법에 이른 것같이 이제는 너희 지체를 의에게 종으로 드려 거룩함에 이르라 너희가 죄의 종이 되었을 때에는 의에 대하여 자유하였느니라 너희가 그때에 무슨 열매를 얻었느뇨 이제는 너희가 그 일을 부끄러워하나니 이는 그 마지막이 사망임이니라 그러나 이제는 너희가 죄에게서 해방되고 하나님께 종이 되어 거룩함에 이르는 열매를 얻었으니 이 마지막은 영생이라_롬 6:19~22

"전에"는 부정과 불법을 행했습니다. 할 수만 있다면 내 인생에서 지워버리고 싶은 일들을 했습니다. 생각만 해도 부끄러워서 죽고 싶은 사망의 열매만 잔뜩 얻었습니다.

"이제는" 거룩함에 이르라고 하십니다(19절). "이제는" 너희가 그 일이 부끄러운 줄 알았으니까(21절) "이제는" 죄에게서 해방되고 영생의 열매를 얻었다(22절)고 하십니다. 할렐루야!

'전에' 와 '이제는' 은 이렇게 확실히 다른 것입니다. 예수님을 믿기 '전에' 와 예수님을 믿고 '이제는' 내 삶의 차원이 다릅니다. '전에' 는 불법을 행해서라도 쾌락을 얻기 위해 살았지만 '이제는' 인생의 목적이 거룩이 되었습니다. '전에' 는 아무리 수고를 해도 사망할 수밖에 없었지만 '이제는' 연약해도 영원히 살 수 있는 영생을 보장받았습니다.

죄에 대해 죽은 것은 예수 그리스도 십자가에 의해 실현된 사건이고, 죄에서 해방된 것은 십자가 사건 때문에 누리게 된 상태입니다. 죄에 대해 죽은 것은 단번에 이루어진 일이지만, 죄에서 해방된 것은 내가 끊임없이 누리는 것입니다. 어떻게 해방을 누립니까? 거룩함에 이르기 위해 날마다 말씀에 순종하는 종이 될 때 진정한 해방을 누릴 수 있습니다.

천국에 가서 주님 앞에 섰을 때 주님이 "네가 전도를 몇 명 했고, 교인 수를 얼마나 늘렸고, 교회를 몇 개나 세웠느냐?"고 물으시겠습니까? 제 설교가 얼마나 은혜를 끼쳤는지 물으시겠습니까? 목회를 하고, 교회가 부흥하고, 저를 통해 많은 사람이 은혜를 받는다고 해도 하나님이 물으시는 것은 "네가 얼마나 거룩에 이르렀느냐?" 이것일 것 같습니다. 거룩함에 이르기 위해 얼마나 말씀을 듣고 순종했는지를 물으실 것 같습니다.

인생에서 중요한 것은 거룩함에 이르는 열매입니다. 그 누구도 완전하게 행위의 거룩함에 이를 수 있는 사람은 없습니다. 내가 완전할 수 없다는 것을 아는 그 사람, 그래서 죄인임을 아는 그 사람이 거룩한 사람입니다. 그런 사람들이 모이는 교회가 거룩한 공동체입니다.

"영접하는 자 곧 그 이름을 믿는 자들에게는 하나님의 자녀가 되는 권세를 주셨으니"(요 1:12) 하셨습니다. 자녀가 되는 권세가 무엇입니까? "말씀이 육신이 되어 우리 가운데 거하시매"(요 1:14) 하나님의 말씀이 우리 안에 거하는 권세입니다. 공자의 제자들이 스승의 가르침을 듣고 "참 좋은 가르침이다. 저 가르침대로 살아야 되겠다." 하는 것과는 다릅니다. 하나님의 영이, 하나님의 말씀이 내 안에서 삶을 인도하는 것입니다. 우리의 인격과 일과 가치관 속에 뿌리내려서 나를 주관하는 것입니다. "혈통으로나 육정으로나 사람의 뜻으로 나지 아니한"(요 1:13) 생명의 연합입니다.

나뭇가지가 꽃을 피우고 열매를 맺는 것은 나무에 잘 붙어 있으면 저절로 되는 일입니다. 가지가 열매를 맺기 위해 스스로 애쓰지 않아도 나무에 잘 붙어서 뿌리로부터 공급되는 물과 영양분을 잘 먹고만 있으면 자연의 섭리에 따라 열매를 맺게 됩니다.

마찬가지로 교회 공동체에 잘 붙어서 예배에 참석하면 생명의 열매를 얻을 수 있습니다. 교회의 머리이신 예수님이 공급하시는 영양분을 교회 예배와 모임을 통해 잘 공급 받으면 큐티의 열매, 양육과 전도의 열매가 저절로 맺힙니다.

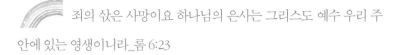 죄의 삯은 사망이요 하나님의 은사는 그리스도 예수 우리 주 안에 있는 영생이니라_롬 6:23

사망과 생명에는 중간이 없습니다. 죽은 것도 같고, 산 것도 같은 사람은 없습니다. 살든지 죽든지 둘 중에 하나입니다.

여기서 사망의 삯을 치른다는 것이 육신의 죽음이나 죽어서 지옥 가는 것을 말하는 건 아닙니다.

죄의 종이 된 사람은 늘 두려움과 염려에 시달립니다. 죽이고 싶은 미움과 원망에 사로잡혀서 살아갑니다. 불행에서 벗어나는 길은 하나님의 은사를 받아들이는 것입니다. 하나님의 은혜 아래 있을 때 죄와 불행은 우리에게 왕 노릇할 수 없습니다.

누구에게나 힘든 일들이 닥치는데, 힘든 사건만 생각하고 있으면 두려움과 상처가 왕 노릇합니다. 힘들어도 말씀을 묵상하고 하루 종일 그 말씀을 생각하고 있으면 은혜가 왕 노릇하게 됩니다. 사건 자체가 아니라 사건 속에 있는 하나님의 뜻을 생각하면 내 죄를 회개하고, 상대방을 용서하는 은혜가 임하게 됩니다.

> 예수님을 믿기 '전에' 와 믿고 나서 '이제는' 에 확실한 구분이 있습니까? 육적으로는 '전에' 더 잘나갔다고 해도 그것이 '이제는' 부끄럽고 허무한 것임을 깨닫습니까? 전에 예수님을 몰라서 죽고 싶고 죽이고 싶었던 사망의 열매는 무엇인지, 이제는 예수님과 연합해서 생명의 열매를 맺고 있는지 구체적으로 나누어 봅시다.

어거스틴은 "우리가 구원 받기 전에는 죄를 안 지을 수 없는 자였지만 구원 받은 뒤에는 죄를 안 지을 수 있는 자가 되었다."고 했습니다.

일생 동안 죄의 종으로 살면서 사망의 삯을 치를 것인가, 하나님의 은사를 받아들여서 생명을 얻을 것인가는 나의 선택입니다. 죄의 종으로 불의의 병기가 될 것인가, 순종의 종으로 의의 병기가 될 것인가도 나의 적극적인 의지에 달려 있습니다.

구원 받고 하나님의 은혜를 체험하면 죄 생각만 해도 구역질이 나는 장치가 생길까요? 죄가 너무 싫어질까요? 그렇지는 않습니다. 죄만 보고도 구역질이 난다면 얼마나 좋겠습니까?

죄의 종이 되지 않는 길은 은혜 아래 있는 것밖에 없습니다. 미혹되어 죄를 좇는 일이 없도록 내 속에 거하시는 성령님의 은혜를 날마다 구해야 합니다. 말씀의 은혜, 기도의 은혜, 교제의 은혜 아래로 적극적으로 들어갈 때 죄와 상처에서 해방된 자로 당당하게 살아갈 수 있습니다.

아버지 하나님! 예수 그리스도를 영접하고 새로운 신분이 되었는데도 죄와 상처가 저에게 왕 노릇하고 있습니다. 아직도 몸의 사욕에 순종해서 미움과 집착, 온갖 중독에 빠져 있을 때가 너무도 많은 것을 고백합니다. 머리와 손과 발, 눈과 입과 귀를 불의의 병기로 드려 나도 불행하고 남도 불행하게 만드는 것을 고백합니다. 주님, 어느 누가 스스로 사욕을 끊을 수 있겠습니까! 쾌락과 중독을 끊을 수 있겠습니까!

죄와 상처가 왕 노릇하는 우리 가정에 이제는 하나님의 은혜가 임하길 원합니다. 더 이상 상처와 중독을 대물림하지 않도록 도와주옵소서. 부모가, 환경이 나에게 상처를 주는 것이 아니라 내가 죄의 종으로 살기 때문에 우리 자녀에게도 상처가 대물림된다는 것을 깨닫게 하옵소서. 구체적으로 끊어야 할 죄를 깨닫게 하옵소서.

이제는 의의 병기로 나의 지체를, 내 시간과 물질과 모든 것을 드리기로 결단합니다. 매일 의지를 드려서 말씀을 묵상하고, 성경을 읽고 기도하고 예배를 드리겠습니다. 교회 봉사와 모임에도 적극적으로 참여하며 헌신하겠습니다. 교회에서뿐 아니라 가정에서, 직장에서 주님의 순종을 본받아 적극적으로 헌신하는 사람이 되겠습니다. 전에는 내 이익을 챙기느라 불법과 부정을 행했지만 이제는 거룩의 열매를 위해 정직과 성실함으로 교회와 가정과 직장을 섬기겠습니다.

나의 헌신과 결단으로 주님과 공동체에 잘 연합하고 있을 때 은혜 아래 있는 자가 될 것을 믿습니다. 더 이상 죄 때문에 불행과 상처의 열매를 맺지 않고 전도와 양육으로 구원의 열매를 맺는 자가 될 것을 믿습니다. 제가 주님의 은혜를 사모하고 그 은혜를 누리며 다른 사람에게도 은혜를 전하는, 은혜의 사람이 되게 하옵소서. 예수님 이름으로 기도하옵나이다. 아멘.

18
그리스도인의 신분과 자유

로마서 7:1~6

하나님 아버지, 말씀을 전하면서도 제가 부족해서 올바로 전하지 못할까 하는 두려움이 있습니다. 아직도 듣고 전하는 것에 자유함이 없습니다. 그리스도인의 자유가 어떤 것인지 이 시간 말씀하여 주옵소서. 예수님 이름으로 기도하옵나이다. 아멘.

어느 목사님이 성지순례에서 경험한 일입니다.

예루살렘의 호텔 식당에서 토요일 점심 식사를 하게 됐습니다. 10명이 넘는 일행이 음식을 주문하는데, 주문을 받는 종업원이 메모는 하지 않고 외우려고 애쓰고 있었습니다. 샐러드를 할 것인지 말 것인지, 드레싱은 뭐로 할지, 고기는 덜 익힐지 바짝 익힐지, 수프와 메인 메뉴는 뭘로 할지 이렇게 많은 내용을 주문하는데 받아 적지를 않는 겁니다.

왜 메모를 안 하느냐고 물었더니 그날이 안식일이라서 그런답니다. 유대인은 안식일에는 글씨를 써서도 안 되고 다른 사람에게 써 달라고 부탁하는 것도 안 된다고 합니다. 단 내가 요청하지 않았는데 상대방이 써 주는 것은 괜찮다고 했습니다. 그러면서 안식일에 근무는 왜 한 걸까요?

 ## 살아 있는 자의 자유

형제들아 내가 법 아는 자들에게 말하노니 너희는 율법이 사람의 살 동안만 그를 주관하는 줄 알지 못하느냐_롬 7:1

한번도 만나지 못한 로마 교회 교인들이지만 사도 바울은 "형제들아" 하고 불렀습니다. 형제는 같은 자궁에서 태어난 사람입니다. 이렇게 아버지 하나님의 자녀로 태어난 사람들은 한번도 본 적이 없어도 서로 사랑할 수 있습니다. 여기서 "형제들아"는 안타까운 사랑의 외침입니다. 법을 모르는 사람들에게 말한다고 하지 않았습니다. "법 아는 자들", 하나님의 택함을 받았으며 성경 박사인 유대인들이 율법을 잘못 이해하고 있었기 때문에 안타까운 마음으로 그들에게 설명하는 것입니다.

사람이 사는 동안은 율법이 주관합니다. 살아 있는 사람은 그 율법을 지켜야 합니다. 회사에 들어갔으면 회사에 근무하는 동안은 회사의 규칙을 지켜야 합니다. "로마에 가면 로마법을 따르라."는 말처럼 남의 집을 방문해 그곳에 머무는 동안은 그 집의 생활 규범을 따라야 합니다.

하지만 아무리 좋은 법이라도 지키려면 골치가 아픕니다. 그렇다고 법과 규칙이 없으면 공동체는 망하고 맙니다. 가정, 직장, 사회 공동체의 질서를 위해 법은 반드시 있어야 합니다. 사람이 살 동안, 공동체와 사회에 속해 있는 동안에는 법의 주관을 받아야 합니다.

어떤 교회는 성도가 새로 등록을 하면 생활 지침서를 하나 준다고 합니다. 그 안에 교회 생활에 관한 전반적인 지침들이 들어 있는데, 교회에 올 때 어떤 옷을 입고 어떤 신발을 신으라는 것까지 구체적으로 나와 있다고 합니다. 우리들교회가 냉난방이 안 되는 고등학교 체육관에서 예배를 드리고 있어서, 저는 겨울이면 부츠를 신고 두꺼운 외투를 걸치고 강단에 오르는 날도 있습니다. 주일 설교가 방송으로 나가니까 그래도 상의는 갖춰 입으려고 하는데 그나마 너무 추울 때는 멋이고 뭐고 생각이 안 납니다.

저도 4대째 모태신앙으로 교회에서 잔뼈가 굵다 보니까 가끔 이런 차림으로 설교를 해도 되나 생각합니다. 여름에 냉방이 안 된다고 민소매 차림으로 예배 드리는 성도를 보면 어쩐지 낯설고 어색하기도 합니다.

그렇다면 교회가 어느 정도까지 성도의 삶에 개입하는 것이 좋을까요? 정답은 없겠지만 구원과 복음의 본질적인 것만 아니라면 가능한 한 적게 간섭하는 것이 좋다고 생각합니다. 성도의 삶에서, 인간의 삶에서 가장 중요한 것이 자유이기 때문입니다.

우리는 종종 법과 규칙을 무시하고 내 마음대로 하는 것을 자유라고 생각합니다. "나는 집을 나갈 자유가 있다! 학교에 안 갈 자유가 있다!" "그 남자를 만날 자유가 있다! 술 마실 자유가 있다! 내가 번 돈으로 내가 먹고 마시는데 누가 나를 막을 수 있어!" 이런 것을 자유라고 부르짖습니다.

그러나 악법도 법입니다. 지키기 힘든 규칙도 규칙입니다. 내가 그 법에서 자유하려면 법을 지켜야 합니다. 법을 어기는 것이 자유는 아닙니다. 법을 지켜서 감옥에 안 가는 것이 살아 있는 자의 자유입니다.

> 남편 있는 여인이 그 남편 생전에는 법으로 그에게 매인 바 되나 만일 그 남편이 죽으면 남편의 법에서 벗어났느니라 그러므로 만일 그 남편 생전에 다른 남자에게 가면 음부라 이르되 남편이 죽으면 그 법에서 자유케 되나니 다른 남자에게 갈찌라도 음부가 되지 아니하느니라 _롬 7:2~3

성경은 율법을 남편으로 비유하고 있습니다. 살아 있는 동안은 법이 주관한다고 한 것처럼 남편이 살아 있는 동안은 남편에게 매여 있어야 합니다. "그 남편 생전에 다른 남자에게 가면 음부"가 됩니다. 남편이 좋은 사람이면 다른 남자에게 갈 일이 없겠죠. 나쁜 남편이라면 다른 남자에게 가고 싶을 수 있습니다. 하지만 좋은 남편이고, 나쁜 남편이고는 관계가 없습니다. 아무리 흉악하고 무능한 남편이라도 남편이 살아 있는 동안은 매인 자입니다. 악법이든, 무익한 법이든 그건 내가 따질 일이 아닙니다. 선택권이 없습니다.

제 인생에도 남편 생전에는 매인 법이 많았습니다. 성실한 남편에게 맞춰서 일찍 일어나야 하고, 도우미 아주머니가 있어도 남편의 식사는 꼭 부인인 내가 차려야 하고, 돈도 주는 만큼만 쓸 수 있고, 외출도 허락을 받아야 할 수 있고, 귀가 시간을 지켜야 하고, 머리를 자르거나 파마를 해서는 안 되고 꼭 올림머리를 해야 하고, 민소매 옷이나 영문이 인쇄된 티셔츠는 입을 수 없고, 백화점에서 옷을 사면 안 되고, 대중교통을 이용해야 하고….

참 좋은 법입니다. 틀린 말이 하나도 없습니다. 일찍 일어나는 것은 당연히 좋고, 남편 식사도 부인이 차려 주는 게 좋고, 돈은 절약해야 옳고, 기름 한 방울 안 나는 나라에서 대중교통 수단을 이용하는 게 맞고, 소박한 환자들이 찾아오는 병원의 사모로서 백화점보다 시장에서 옷 사 입는 게 당연히 맞습니다. 지금은 머리를 잘랐지만 올림머리가 저에게 잘 어울리는 것도 사실입니다. 하지만 그 법을 지키기가 참 어려웠습니다. 그걸 다 지키려니까 숨이 막혔습니다. 치사스러워서 이혼하고 싶은 생각이 아침저녁으로 들었습니다. 문자 그대로 남편에게 매인 바 되어 그의 법이 주관하는 인생을 살았습니다.

그런데 그 법에서 벗어나는 날이 왔습니다. 자유케 되는 날이 저에게 찾아왔습니다. 남편이 죽으면 그 법에서 벗어난다고 하셨으니 남편이 죽은 날이 제가 자유케 된 날일까요? 그렇지 않습니다. 문자적으로 남편이 죽어서 제가 자유케 됐다는 말이 아닙니다. 남편이 살아 있어도 여전히 변하지 않는 법과 규칙으로 주관하고 있어도, 제가 자유를 얻었습니다.

남편에게 욕먹기 싫어서, 남편의 눈치를 보며 법을 지킬 때는 '내가 죽든지 남편이 죽어야 끝나지.' 이런 마음이었습니다. 지키면 지킬수록 자유케 되는 것이 아니라 제 마음이 노예처럼 비참했습니다.

그런데 말씀을 묵상하면서 남편의 구원을 위해 기도하다 보니 전혀 다른 입장에서 법을 지키게 됐습니다. '교회 가는 시간에 훼방 받지 않도록 남편을 감동시켜야지. 남편이 구원에 관심을 갖도록 하나님의 은혜를 나타 내야지.' 이런 마음으로 법을 지키니까 법이 저를 주관하는 게 아니라 제가 법을 주관하게 됐습니다.

저는 점점 자유인이 돼서 치사스러움과 좋고 싫은 감정에서 자유케 됐 습니다. 내 마음대로 쓸 수 없는 시간과 돈에 대해 자유케 됐습니다. 선택이 없는 자유 속에서 돈 걱정, 시간 걱정 없이 구원만 생각하니까 감옥 같던 결 혼생활이 자유로운 선교지가 되었습니다. 오히려 제가 잘 지키는지 안 지 키는지 감시하는 남편이 법에 매인 자였습니다.

부당하게 여겨지는 법과 규칙이 있습니까? 부당하게 나를 구속하 는 남편, 상사가 있습니까? 법이나 사람 때문이 아니라 법을 무시하고 도망갈 생각만 하고 있어서 불편하고 자유롭지 못한 걸 알고 있습니까?

죽은 자의 자유

그러므로 내 형제들아 너희도 그리스도의 몸으로 말미암아 율법에 대하 여 죽임을 당하였으니 이는 다른 이 곧 죽은 자 가운데서 살아나신 이에 게 가서 우리로 하나님을 위하여 열매를 맺게 하려 함이니라_롬 7:4

어떤 죄를 지었어도 죽은 사람은 처벌할 수가 없습니다. 남편이 죽은 뒤에 다른 남자에게 가는 것은 음부가 아니라고 했습니다(롬 7:3). 많은 비리와 부정에 얽혀 조사를 받던 대기업 회장이 자살을 했는데, 그가 죽자 죄에 대한 조사와 처벌도 없어졌습니다. 자살한 대기업 회장이 왜 처벌을 면했습니까? 법이 없어져서 처벌을 면한 것이 아닙니다. 법이 그대로 있어도 죄를 지은 자가 이미 죽었기 때문에 법이 효력을 잃은 것입니다. 율법에 대하여 이미 죽었기 때문에 율법에서 자유해지는 것입니다.

저의 결혼생활이 힘들었다고는 하지만 저보다 훨씬 힘든 환경에 있는 분들도 많습니다. 알코올성 정신분열을 앓고 있는 남편 때문에 고통 속에 살아온 한 집사님의 이야기를 들었습니다. 그분의 남편은 술만 마시면 폭력과 폭언을 퍼부으며 괴물처럼 변하는데, 직장에서는 너무나 평범한 모습으로 정상적인 생활을 한다는 것입니다. 그러니까 본인이 아프다는 것을 인정하지 않고 병원에도 가지 않았습니다. 언제 난폭하게 변할지 모르는 남편, 아빠 때문에 가족들만 고통을 받고 있었습니다.

그 끔찍한 남편에게서 얼마나 놓이고 싶었겠습니까? 남편이 무서워서 교회도 제대로 나오기 힘들고, 아이들이 무슨 일을 당할까 봐 매일 두려움에 떨었습니다. 그런데 밖에서는 너무나 정상적인 생활을 하고 병원 치료도 받지 않으니 얼마나 막막했을까요. 남편이 죽든지 집사님 자신이 죽는 것밖에는 방법이 없다고 생각했을 것입니다.

어느 날 그 남편이 죽었습니다. 아직 젊은 나이였는데 갑자기 쓰러져서 숨을 거뒀습니다. 삼십대에 저와 비슷한 일을 겪었습니다. 그러니 이제 다른 남자에게 가도 음부가 되지 않는데, 저도 그 집사님도 다른 남자에게 가지 않았습니다. 왜 안 갔을까요? 우리가 이미 율법에 대해서 죽은 자였기 때문입니다. 남편이 죽어서 해방된 것이 아니라 남편이 살아 있을 때 이미 예수 그리스도로 말미암아 해방을 누렸기 때문입니다.

법을 남편으로 비유했다고 했는데 법이 죽어서, 남편이 죽어서 해방이 아닙니다. 예수님이 율법에 대해 죽어 주셨기 때문입니다. 예수님과 함께 내가 죽은 것입니다. 법이 그대로 있고 남편이 그대로 있어도 내가 예수 그리스도와 함께 죽었으면, 예수님이 내 죄 값을 지고 대신 죽으셨기 때문에 나는 어떤 죄에 대해서도 처벌받지 않습니다. 남편의 율법은 나에게 더 이상 적용되지 않습니다. 내가 지켜야 할 율법에 대해서 이미 예수님이 죽어 주셨기 때문에 내가 해방된 것입니다.

우리가 육신에 있을 때에는 율법으로 말미암는 죄의 정욕이 우리 지체 중에 역사하여 우리로 사망을 위하여 열매를 맺게 하였더니_
롬 7:5

율법은 우리를 거룩하게 할 수 없습니다. 도리어 "율법으로 말미암는 죄의 정욕"이 있다고 합니다. 모세에게 주신 법이 너무 좋은 줄은 알지만 지키기가 어렵습니다. 타락한 인간의 본성으로는 지킬 수 없습니다. 그래서 율법은 자꾸 내 죄를 더 들추어냅니다. 처벌이 강화되면 될수록 범죄 수법도 더 악랄해지는 것처럼 율법을 알면 알수록 죄가 더 교묘해지는 것입니다.

육신으로 지키는 율법은 지켜도 안 지켜도 다 사망을 위한 열매입니다. 육신에 있다는 것은 내가 삶의 주인이 된다는 뜻이기 때문입니다. 100% 법을 지키는 사람도 없겠지만, 100% 어기는 사람도 없습니다. 다들 나름대로 율법을 지키고 살아갑니다. 그래도 내가 육신으로 행하는 것, 주인이 되어 행하는 것은 모두 죄의 역사입니다. 성실하게 최선을 다해도 내가 하나님 노릇을 하면서 인간 승리를 외친다면 그것은 사망의 열매입니다.

'우리' 가 육신에 있을 때 죄의 정욕이 '우리' 지체 중에 역사하고, '우리' 로 사망을 위하여 열매를 맺게 한다고 합니다. 나쁜 짓을 하는 데도 '우리' 가 필요하죠. 청소년들도 혼자 두면 괜찮은데 떼를 지어 다니면 무섭습니다. 폭력배 중에서도 가장 무서운 것이 '조직' 아닙니까?

악을 행하는 데도 공동체가 있습니다. 힘든 남편을 만났어도 믿음으로 살아 보려고 하는데 예수님을 안 믿는 부모형제들이 다같이 들고 일어나서 "야! 네가 왜 그러고 살아! 당장 이혼해. 우리가 너 먹고 살게 해 줄 테니까 당장 이혼해!" 하고 악을 쓰면 이혼의 열매를 맺게 돼 있습니다.

힘든 남편을 떠난다고 자유가 생길까요? 지금 남편이 사라지고 다른 남자에게, 다른 돈과 직업에게 간다고 해서 열매가 있겠는가 말입니다. 잠시 육신은 편할지 몰라도 이혼도 재혼도 또 다른 형태의 구속(拘束)일 뿐입니다.

제가 남편이 살아 있을 때도 예수님 때문에 자유를 누리고 살았는데, 남편이 죽고 혼자된 마당에 무슨 다른 남자가 필요했겠습니까? 영적인 신랑 예수님이 계시기에, 그 신랑과 날마다 말씀으로 교제하며 슬픈 일, 기쁜 일

모두 나누고 있으니까 외로울 틈이 없었습니다. 육적으로도 부부가 금실이 좋으면 자녀의 열매가 잘 맺히듯이 예수님과 내가 금실이 좋으니 영적 열매들이 맺혔습니다. 육신의 다른 남자에게 가는 것보다 더 기쁜 열매들을 저에게 보여 주셨습니다.

재혼 자체가 나쁘다는 말은 아닙니다. 저나 앞에 말한 집사님이 재혼을 안 해서 훌륭하다는 것도 아니고, 재혼한 분들이 문제가 있다는 것도 아닙니다. 사역 때문인지 기회가 없었는지 아직 재혼을 안 했지만 내일 당장이라도 하나님이 하라고 하시면 저도 할 수 있는 거죠. 장담할 인생은 없습니다. 다만 결혼 자체가 거룩을 위한 고난의 연속인데 재혼은 그 몇 배의 고난이 있을 것이기에 혹시 재혼을 생각하는 분들은 첫 결혼 때보다 천 번, 만 번 더 기도하고 생각해야 할 것입니다.

아직 육신에 머물러서 죽지 못한 법은 어떤 것입니까? 예뻐지는 법, 부자 되는 법, 자녀 공부시키는 법, 위자료 받아 내는 법 속에서 사망의 열매를 맺습니까? 죽을 것 같은 환경에서도 예수님의 죽고 살아나심을 믿는 믿음으로 자유와 기쁨과 감사의 열매가 맺힙니까?

새롭게 만나는 자유

이제는 우리가 얽매였던 것에 대하여 죽었으므로 율법에서 벗어났으니

이러므로 우리가 영의 새로운 것으로 섬길 것이요 의문의 묵은 것으로 아니할찌니라_롬 7:6

인생의 때마다 얽매이는 것이 많습니다. 부모에 매이고, 친구에 매이고, 배우자와 자녀에게 매이고, 직장에 매이고, 돈과 건강과 정욕에 매입니다.

저의 인생도 문자 그대로 얽매여 있었습니다. 학창 시절에는 피아노 연습하느라고 매였습니다. 믿음과 상관없이 주일마다 반주하느라고 교회에 매였습니다. 대학에 들어가서는 장학금을 위해 더 열심히 공부하느라 매였고, 아르바이트에 매였고, 너무 바쁘게 사니까 항상 시간에 얽매였습니다.

그러다 능력 있는 신랑감을 만나서 드디어 인생에 날개를 다는 줄 알고 결혼을 했는데 더 강한 것에 얽매였습니다. 시집살이에 매이고, 분가하고 나니까 남편에 매이고, 내 마음대로 쓸 수 있는 돈도 시간도 없어 결혼 전보다 더 얽매여서 살았습니다. 제 나이 마흔에 처음으로 자유를 맛보게 됐습니다. 피아노 레슨으로 돈을 벌게 된 것입니다. 학창 시절처럼 학비에 대한 부담도 없고, 생활비를 대는 것도 아니고 내 마음대로 써도 되는 돈이 생겼습니다. 그야말로 '프리(free)~' 해졌습니다.

하지만 그때는 더 무서운 예수님에게 매여 있었죠. 육신의 남편과는 비교도 할 수 없는 예수님 남편에게 매이고 나니까 돈이 있고, 시간이 있어도 내 마음대로 살 수가 없었습니다. 누가 강요해서가 아니라 예수님을 사랑해서 자원함으로 매였습니다. 하나님이 제 몸이 편하라고 남편을 데려가셨겠습니까? 저 편하게 살라고 돈을 벌게 하셨겠습니까?

만약 제가 "의문의 묵은 것"에 매였다면 세상 과부의 법에 저를 매이게 했을 것입니다. "남편이 없으니까 막 살더라." 그런 소리 들을까 봐 남편이 있을 때보다 더 외출도 안 하고 살았을 겁니다. 남편이 없어도 아이들 잘 키웠다는 소리를 듣고 싶어서 날마다 애들을 달달 볶았을 겁니다.

지금은 사역을 하다 보니 여전히 외출할 시간이 없고, 미장원이나 백화점에 갈 시간도 없습니다. 여행은 꿈도 꾸기 어렵습니다. 그러나 이제는 '의문의 묵은 것'이 아니라 '영의 새로운 것'으로 섬기는 삶이기에 어떤 것에도 매이지 않습니다. 누가 무서워서 못하는 것이 아니라 하나님을 섬기기 위해, 하나님이 너무 좋아서 기쁘게 매여서 살고 있습니다. 어떤 집사님 아들이 학교도 잘 안 가고, 말도 잘 안 듣고 씻지도 않더니 여자 친구를 사귀기 시작하니까 갑자기 샤워를 하고 공부도 하더랍니다. 학교에도 열심히 간답니다. 그것도 눈꼴시어 봐 주기가 어렵지만 사람은 역시 사랑을 해야 달라집니다.

네덜란드의 엘리나라는 78세 할머니는 평생소원이 담배를 끊는 것이었습니다. 50년 동안 금연 클리닉을 다니고 숱하게 노력을 했는데도 78세까지 못 끊었습니다. 그러다가 연애를 했는데 애인인 할아버지가 "당신하고 같이 살고는 싶지만 같이 살면서 담배 냄새가 나는 걸 생각만 해도 끔찍해서 결혼을 못 하겠다."고 했습니다. 그랬더니 담배를 딱 끊었습니다. 50년 동안의 고질병이 한순간에 끊어졌습니다. 할머니는 이렇게 말했습니다. "나는 이 경험을 통해서 사랑의 힘은 의지의 힘보다 위대하다는 것을 깨달았다."

빛과 질병과 입시에 얽매여서, 예수님을 믿었는데 환경이 달라지지 않아서 낙심의 묵은 것에 매였습니까? 집착과 쾌락과 중독의 묵은 것에 매였습니까? 교회에서도 직분과 열심에 매여 있습니까? 주님을 사랑하고 말씀을 사모할 때 그것들이 저절로 벗어지는 것을 믿습니까?

영의 새로운 자유는 마약을 하는 자유가 아니라 마약을 안 하는 의지의 자유입니다. 술과 담배를 안 하는 자유, 학생으로서 공부에 매여도 공부를 할 수 있어서 감사한 자유, 삼시 세 끼 밥 차리느라 가정에 매여도 남편과 자녀를 섬길 수 있어서 기쁜 자유입니다. 이것이 바로 그리스도인의 자유입니다.

사실 제일 무서운 구속은 나 스스로 나를 얽매는 것입니다. 가족과 일에 대한 집착을 버리지 못해서, 삶의 주인이 돼서 인정받고 싶은 의문의 묵은 것이 아직도 남아 있어서 스스로를 구속하는 것입니다.

신앙의 여정에서 뒤로 돌아가는 길은 없습니다. 돈에 대해서, 사람에 대해서, 심지어 죽음에 대해서도 예수님을 믿는 우리는 자유자입니다. 예수님이 모든 율법에 대해 죽어 주셨기 때문에 우리는 무슨 일이 와도, 무슨 말을 들어도 자유할 수 있습니다. 그리스도인의 자유는 신앙의 최고봉입니다. 어떤 일에도 자유함을 누리는 것이 가장 성숙한 신앙입니다. 환경에 매이지 않는 자유, 사람의 인정과 칭찬에 매이지 않는 자유, 내 속의 미움과 상처에 매이지 않는 자유가 우리에게 있습니다. 누가 시키지 않아도 사랑해서 섬기는 자유, 열심히 일하는 자유가 우리에게 있습니다.

아버지 하나님! 저는 항상 자유를 갈구하며 살았습니다. 인간관계에서 자유하기를, 아프고 힘든 것에서 해방되기를 원했습니다. 그러나 그리스도인의 자유는 지금 제가 속한 환경에서 그 법을 지키는 것이라고 하십니다. 악법도 법이라고 하십니다. 선택이 없다고 하십니다.

하지만 주님, 저는 매여 있을 수 없습니다. 율법에 대해 스스로 죽을 수도 없습니다. 그러나 주님이 저를 위해 죽어 주셨기에, 예수님을 믿기만 하면 율법에 죽은 자가 된다는 것을 알았습니다. 더 이상 육신에 있지 않고 주님과 연합한 새 생명이 되었기에 사망의 열매가 아닌 하나님의 열매로 맺히는 것을 알았습니다.

이제 모든 얽매였던 것에서 벗어나기를 원합니다. 무서워서, 인정받으려고 섬겼던 모든 것에서 벗어나 영의 새로운 것으로 섬기기를 원합니다. 주님을 사랑하고, 가족을 사랑해서 감사함으로 순종하게 하옵소서. 술, 담배, 음란, 거짓말, 이 모든 매인 것을 벗기 위해서는 다른 법이 없습니다. 주님을 사랑하는 것밖에는 길이 없습니다. 주님 찾아오시옵소서. 주님을 사랑합니다. 주님을 사랑합니다. 주님을 사랑하기에 자원함으로 결단하고 나아가오니 모든 얽매인 것을 벗게 하옵소서. 영의 새로운 것으로 섬기는 참 자유를 누리게 하옵소서.

예수님 이름으로 기도하옵나이다. 아멘.

19
율법은 선하다

로마서 7:7~13

하나님, 로마서를 통해 우리가 듣는 율법과 죄에 대한 말씀이 깨닫기는 어려워도 이 말씀으로 종교개혁이 일어나고, 수많은 교회가 부흥되고, 많은 사람들이 살아났습니다. 이 말씀을 통해 우리 믿음의 뿌리가 더욱 굳건히 세워지게 하옵소서. 예수님 이름으로 기도하옵나이다. 아멘.

《모든 남자들의 참을 수 없는 유혹》의 저자 가운데 한 명인 프레드 스토커는 예배를 드리고 기도를 해도 계속해서 하나님과 거리감이 생기는 것에 대해 한동안 괴로웠다고 합니다. 심지어 아들이 병원 응급실에 실려 갔을 때도 아내에게 "당신, 목사님한테 전화했어?" 하고 닦달하면서도 정작 스스로는 기도하지 못했습니다.

무엇이 문제인지도 모른 채 자신의 영적 상태에 대해 괴로워했는데, 문득 그는 그동안 몰랐던 자신의 죄를 발견했습니다. 그가 발견한 죄는 주말 신문에 끼워져 오는 백화점 광고 전단에 있었습니다. 예배를 드리러 가기 전 신문을 읽는 척하면서 그가 훑어본 것은 전단에 실린 속옷 모델의 사진이었습니다. 주일 아침마다 컬러로 찍힌 속옷 모델의 사진을 은근히 기대하고 찾아보면서 "그래도 나는 야한 잡지나 사 보는 사람들하고는 다르잖아?" 하고 위안을 삼았던 것입니다.

저에게도 그런 경험이 있습니다. 요즘에는 이메일 사이트마다 스팸 차단 프로그램을 실행하고 있지만 제가 처음 이메일을 사용할 때에는 하루에도 몇 통씩 스팸 메일이 들어왔습니다. 제목이 이상하면 열어 보지도 않고 삭제할 텐데 '정숙이에요.' 이런 제목으로 메일이 오니까 아는 사람이 보낸 줄 알고 열었다가 화들짝 놀란 적도 많았습니다. 메일을 여는 순간 펼쳐지는 야릇한 사진들을 보면서 제가 재미있어 했을까요, 안 했을까요? '어머머' 하고 호기심과 재미로 쭉 훑어보면서도 '내가 일부러 찾아서 본 것도 아닌데, 뭐.' 하면서 얼른 닫아 버리곤 했습니다.

 ## 율법과 죄, 불가분의 관계

그런즉 우리가 무슨 말 하리요 율법이 죄냐 그럴 수 없느니라 율법으로 말미암지 않고는 내가 죄를 알지 못하였으니 곧 율법이 탐내지 말라 하지 아니하였더면 내가 탐심을 알지 못하였으리라_롬 7:7

예수 그리스도의 십자가 사건으로 우리가 죄와 율법에 대해 죽었고, 그것이 그리스도인에게 자유를 가져다주었다고 했습니다. 그렇다면 율법 자체가 죄일까요? "그럴 수 없느니라!" 바울의 단언입니다.

율법에 대해 죽었으니 자유해지라고 하니까 아예 율법이 필요 없다고 생각할 수 있습니다. 그러나 율법은 없어져야 할 것이 아니라 우리가 잘 알아야 하는 것입니다. 율법을 알아야 죄를 알기 때문입니다.

헬라어로 죄의 의미는 이렇습니다. '표적을 빗나가는 것, 가지 말라는 곳에 가는 것, 건너지 말아야 할 곳을 건너는 것, 불법, 불경건, 불순종, 불의, 외적인 악행, 내적인 악행, 빚' 등 정도와 수준에 따라 하는 것, 하지 않는 것 모두가 죄에 해당됩니다. 탐심은 내적 악행이라고 할 수 있는데, 십계명을 보면 첫 번째 계명부터 아홉 번째 계명까지는 외적인 죄를 언급하고, 마지막 열 번째 계명에서 "탐내지 말라"는 내면의 죄를 말합니다. 비중이 약해서 마지막에 말한 것이 아닙니다. 하나님 외에 다른 신을 섬기고, 안식일을 어기고, 부모를 공경하지 않고, 살인하고, 도적질하고, 간음하는 모든 죄가 탐심에서 비롯되기 때문입니다.

심리학자들은 탐심을 죄라고 하지 않습니다. 인간에게 있는 자연스러운 욕구라고 말합니다. 외적인 도둑질이나 살인만 죄라고 합니다. 그러니 탐심이 죄라는 것을 누가 깨달을 수 있겠습니까?

율법은 외적인 행동과 언어로는 나타나지 않았을지라도 내 속에 있는 탐심이 죄라는 것을 알려 줍니다. 육신과 죄와 율법과 죽음은 떼려야 뗄 수 없는 관계입니다. 육신은 죄의 도구이고, 죄는 율법을 통해 드러나며 그 결과는 죽음입니다.

《모든 남자들의 참을 수 없는 유혹》의 저자 프레드가 어떻게 자기 죄를 알게 됐을까요? 그는 "나는 너희에게 이르노니 여자를 보고 음욕을 품는 자마다 마음에 이미 간음하였느니라"(마 5:28) 하신 말씀을 기억했습니다. 자신이 광고 전단을 보는 것뿐 아니라 일상생활에서 성적인 농담이나 비유를 자주 사용한다는 것도 깨달았습니다. 그것은 "음행과 온갖 더러운 것과 탐욕은 너희 중에서 그 이름이라도 부르지 말라"(엡 5:3)고 하신 주님의 말씀을 무시한 것이었습니다.

책에서 제시하는 남자들의 죄의 목록에는 흔히 생각하는 외도나 유흥업소 출입 같은 건 포함되지도 않습니다. 저자는 "늘씬한 여자가 지나갈 때 곁눈질로 훑어보기, 직장에서 여성 동료의 뒷모습을 보면서 속으로 품평하기, 속옷 광고 모델 멍하니 바라보기, 헐렁한 옷을 입은 여성이 몸을 숙일 때 눈을 피하지 않고 주시하기" 등 모두가 알고 있지만 사소하게 여기는 것들을 가차 없이 죄의 범주에 넣고 있습니다. 저자가 상담했던 남성들 중에는 일주일에 한 번이라도 자위행위를 하지 않고는 못 견디는 남자, 출장 때 호텔에 머물 때마다 포르노 채널을 보는 남자, 가족 모두가 자고 있는 아침에 일찍 일어나서 운동 프로그램에 나오는 여성을 감상하는 남자, 이웃집 여자가 일광욕하는 모습을 훔쳐보는 남자 등이 있습니다. 목욕하는 밧세바를 훔쳐보다가 일을 저지른 다윗이 생각나네요.

아무튼 이런 행동들은 성(性) 중독의 일반적 기준으로 보면 가장 낮은 1단계에도 미치지 못한다고 합니다. 그러나 그리스도인의 기준은 사람이 아닌 하나님께 있기 때문에 온전한 거룩을 이루는 '0단계'여야 한다고 이 책은 말하고 있습니다. 우리는 이런 생각이 지나치게 율법적이라고, 그 정도는 죄가 아니라고 말하고 싶겠지만 예수님은 "음욕을 품는 자마다 마음에 이미 간음하였느니라"(마 5:28)고 말씀하셨습니다.

예수님을 믿고 죄 사함을 받았으니 율법을 안 지켜도 되고 마음 놓고 죄를 지어도 된다고 오해하고 있지는 않습니까? 말씀을 알아 갈수록 전에는 죄인 줄 몰랐던 죄를 깨닫게 되고, 그래서 회개할 죄가 더 많아지는 것을 경험하십니까?

죄는 살리고 나는 죽이는 율법

그러나 죄가 기회를 타서 계명으로 말미암아 내 속에서 각양 탐심을 이루었나니 이는 법이 없으면 죄가 죽은 것임이니라_롬 7:8

'기회' 는 거점이란 뜻인데, 죄가 율법을 거점으로 삼아서 탐심을 이루었다고 합니다. 무슨 뜻입니까? 율법이 하지 말라고 하니까 더 호기심이 생겨서 죄를 짓게 되었다는 말입니다. 하나님이 동산 나무의 실과는 다 먹어도 되지만 "선악을 알게 하는 나무의 실과는 먹지 말라"(창 2:17)고 했더니 사단이 그것을 기회로 삼아 원죄를 짓게 한 것처럼 말입니다.

인간의 본성은 하지 말라고 하면 더 하고 싶어집니다. 길을 가는데 "절대 들여다보지 마시오." 하는 팻말이 있으면 그냥 지나가려고 하다가도 들여다보고 싶어집니다. 인터넷 화면에 "19세 미만은 접속할 수 없습니다." 라는 메시지가 뜨면 무슨 내용이 있나 궁금해서 클릭하게 되죠. 전혀 관심이 없던 사람도 자꾸 만나지 말라고 하면 '도대체 어떤 사람인데 그래?' 하면서 한번 만나 보게 되는 겁니다.

그렇다고 율법이 잘못입니까? 그렇지 않습니다. 율법은 단지 거점이 됐을 뿐 이미 내 속에는 죄성이 있었습니다. 슬그머니 뿌리내린 탐심을 율법이 휘저어 놓았을 뿐입니다. 포도즙의 찌꺼기가 가라앉아 있을 때는 잘 모르다가 흔들면 꺼멓게 올라오는 것과 똑같습니다.

전에 법을 깨닫지 못할 때에는 내가 살았더니 계명이 이르매 죄는 살아나고 나는 죽었도다_롬 7:9

법을 몰라서 죄의식이 없을 때는 내 뜻대로 살았는데, 계명이 이르매 죄가 살아나고 내가 죽었다고 합니다. 죄가 무엇인지를 알게 되자 죄의식이 생기고 내 힘으로 율법을 지킬 수 없다는 것을 아는 것이, 죄는 살아나고 내가 죽는 것입니다.

사도 바울은 유대인 중에 유대인이었고 율법으로는 흠이 없었습니다. 하지만 예수님을 만나고 계명이 그에게 이르고 나니까 무서운 죄책감을 느꼈습니다. 스데반을 돌로 쳐 죽이고도 죄책감이 없었던 그가 스스로를 "죄인 중의 괴수"라고 고백했습니다. 가공할 만한 자기 죄를 보게 된 것입니다.

죄가 살아나는 것은 은혜입니다. 죄가 살아나고 내가 죽는 것은 하나님의 은혜가 아니면 설명이 안 됩니다.

아무리 율법을 읽고 알아도 계명으로 나에게 이르러야 내가 죽을 수 있습니다. 부모를 공경하라, 간음하지 말라, 살인하지 말라, 탐하지 말라 하는 율법은 모두 하나님의 뜻입니다. 이렇게 율법을 통해 하나님의 뜻을 알았지만 계명으로 내게 이르지 않으면 어떤 것이 부모 공경인지, 어떻게 간음과 살인을 안 할 수 있는지 알 수 없습니다. "들여다보지 마시오."라는 율법을 알았지만 왜 안 들여다봐야 되고, 또 어떻게 해야 안 들여다볼 수 있는지는 계명이 '나에게' 이르러야 알 수 있습니다. 성경 지식이 아닌 나에게 일러 주시는 하나님의 말씀이 있어야 죄가 무엇인지 알고, 내 죄를 깨닫고, 죄는 살아나고 나는 죽는 은혜가 임하는 것입니다.

예수님 당시 바리새인, 서기관들은 율법은 알았어도 계명이 그들에게 이르지 못했습니다. 예수님의 새 계명이 이르러서 죄를 깨닫고, 죄가 살아나고 나는 죽는 은혜가 임해야 하는데, 그렇지 못해서 영원히 회개할 기회를 잃고 말았습니다. 그때나 지금이나 지식이 많은 사람들에게 계명이 이르는 것은 참 힘든 일인가 봅니다.

《모든 남자들의 참을 수 없는 유혹》에서 제시하는 죄를 이기는 방법은 의외로 간단합니다. 참을 수 없는 유혹을 이기기 위해서는 먼저 성적 자극으로부터 눈을 피하라는 것입니다. 저자는 실제로 교회에서 강의를 하면서 의도적으로 눈 돌리는 훈련을 6주 동안 하고 나니 대부분의 사람이 자유로

위짐을 느꼈다고 합니다. 그 결과를 통해 남성들이 행하는 성적 부도덕은 본능이 아니라 습관일 뿐이라는 것을 알았다고 했습니다.

일리가 있는 말입니다. 대부분의 경우 눈이 죄를 행동으로 옮기는 통로가 되기 때문에 의지적으로 피하는 것도 효과가 있을 것입니다. 하지만 거기에도 은혜가 필요합니다. 예수 그리스도의 은혜로 하지 않으면 6주 동안의 노력으로 습관을 끊고 온갖 프로그램을 다 동원해도 죄에서 벗어나는 것은 일시적일 뿐입니다. 또 다른 유혹에 빠지게 됩니다. 안목의 정욕을 끊고 나면 이생의 자랑이 틈타고, 이생의 자랑을 내려놓으니 육신의 정욕이 들어오기 시작합니다. 죄를 회개하고 죽었던 내가 자꾸만 살아 돌아옵니다.

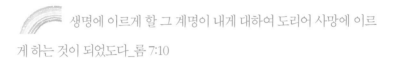 생명에 이르게 할 그 계명이 내게 대하여 도리어 사망에 이르게 하는 것이 되었도다_롬 7:10

문둥병(한센병)이 무서운 것은 아파도 고통을 느낄 수 없기 때문입니다. 피부에 감각이 없어져 잘 때 짐승이 와서 손가락을 갉아 먹어도 모른다고 합니다. 유리 조각을 밟아도 통증을 못 느끼고, 그러다가 점점 손가락과 발가락을 잃어 간다고 합니다.

성경에서 문둥병을 저주 받은 병으로 표현하는 것은 영적 문둥병이 가장 무서운 병이기 때문이라고 생각합니다. 영적 문둥병은 죄에 대한 감각이 없어서 회개하지 못하고 죽어 가는 병이기 때문입니다. 그런데 예수님이 오셔서 감각이 살아났습니다. 영적 문둥병이 고쳐졌습니다.

감각이 살아나니까 가시에만 찔려도 너무 아픕니다. 죄에 대한 감각이 살아나고, 말씀을 알아서 그 감각이 예민해질수록 너무 아파서 견딜 수가 없습니다. 남들은 사소한 죄라고 하는데 나는 그 고통 때문에 참을 수가 없습니다. 내 죄 때문에 너무 아파서 애통하는 것입니다. 만약 지금 내게 죄에 대한 애통함이 없다면 내가 영적 문둥병자라는 것을 알아야 합니다.

미국의 초대 대통령 조지 워싱턴은 성경에 손을 얹고 시작한 나라 미국에서 국부(國父)로 존경받는 사람입니다. 그런데 최근 역사학자 고어 비달과 헨리 윈셋 등이 조사해서 발표한 일화에 의하면, 한 인간이 자신을 둘러싸고 있는 세상 풍속을 넘어서는 일이 얼마나 어려운가를 알 수 있습니다.

1784년 워싱턴이 대통령이 되기 5년 전 일입니다. 나이 52세에 치아가 거의 없던 워싱턴이 치과 의사를 고용해서 집에서 부리던 노예의 치아 9개를 뽑아 자신에게 이식했다는 것입니다.

아무리 믿음이 좋고 교양이 있다고 해도 세상 가치관을 벗어나기가 그토록 어렵습니다. 그런데 계명이 나에게 이르면 도덕과 윤리를 넘어서는 죄를 알게 됩니다. 노예가 법적으로는 주인의 소유물이라고 해도 그가 나와 동등한 인격체라는 것을 안다면 그 누구도 함부로 대할 수 없습니다. 그는 힘이 정의라고 생각하고 '내 위치에서 이 정도는 해도 된다.'고 생각했을지 모릅니다. 이처럼 율법의 기능을 모르면 죄도 알 수 없고, 그래서 피를 철철 흘리며 유리 조각 위를 걸어도 아픈 줄을 모릅니다. 음욕을 품고, 간음을 하고, 살인을 해도 그게 죄인 줄 모릅니다. 그 죄가 자신도 남도 고통스럽게 한다는 걸 전혀 모릅니다. 그러다가 계명이 이르면 그것이 얼마나 무서운 죄인지를 알고 죽을 만큼의 고통을 느끼는 것입니다.

생명에 이르는 율법이 도리어 우리를 사망에 이르게 했다는 말은 이런 뜻입니다. 성경을 읽으니 내가 죽게 생겼습니다. 하나님의 말씀을 알아 갈수록 내 죄가 보여서 죽을 것 같습니다. 큐티를 해서 인생이 괴로워졌다고 하는 사람도 있습니다. 일주일에 한 번 설교를 듣고 찔림을 받는 것도 힘이 드는데 날마다 말씀을 보고 죄를 깨달으니까, 또 자꾸 죄를 보라고 하니까 고통스럽다고 합니다. 죄를 깨닫는 것은 아주 고통스러운 일입니다.

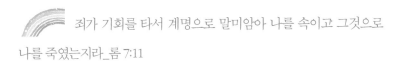
죄가 기회를 타서 계명으로 말미암아 나를 속이고 그것으로 나를 죽였는지라_롬 7:11

죄는 언제나 기만을 동반합니다. 보엔이라는 신학자는 죄의 기만을 "죄 가운데서 만족을 찾을 수 있다. 죄에 대해서 충분히 핑계 댈 수 있다. 죄의 결과로부터 도피할 수 있다." 이 세 가지로 정의했습니다.

죄는 우리가 죄를 지으면 만족할 수 있다고 속입니다. "너 뭔가 허전하지? 그 여자 만나 봐. 만족할 수 있어." "넓은 집을 사 봐. 만족할 수 있어. 애들이 좋은 대학에만 들어가면 만족을 찾을 수 있어." 이렇게 죄에 대해서 얼마든지 핑계를 댈 수 있다고 속입니다. "너는 그럴 수밖에 없어서 죄를 지었어. 부모님 때문이야. 환경 때문이야. 남편(아내)이 너무 불성실했어."

"다른 여자 만난다고 큰일 나는 거 아니야. 포르노 한 번 봤다고 누가 뭐라고 하겠어? 남들도 다 그렇게 살아. 괜찮아. 괜찮아!" 죄의 결과를 피할 수 있다고 속입니다. 그렇게 속이고 또 속여서 결국은 나를 죽이는 것이 죄의 기만입니다.

율법의 요구는 내적인 것과 외적인 것을 다 포함하고 있습니다. "살인하지 말라"는 외적인 것이지만, 내적으로 미워하는 것도 살인이니까 미워하지 말라고 합니다. "간음하지 말라"는 외적인 것인데, 내적으로 음욕을 품어도 간음이라고 했습니다. 외적인 살인과 간음도 안 하기가 어려운데 내적인 미움과 음욕마저 하지 말라고 하니까 지킬 수 있는 사람이 없습니다. 그 틈을 타서 사단이 나를 속입니다. "너는 살인은 안 했잖아. 간음한 사람하고 넌 질이 틀리다니까. 넌 흠이 없어. 그러니까 넌 구원에 이를 수 있어." 이것이 죄가 기회를 타서 계명으로 말미암아 나를 속이는 것입니다.

어떻습니까? 이래도 나 정도면 괜찮은 사람이라고 생각하십니까? 살인한 적도, 바람피운 적도, 누구에게 사기를 친 적도 없으니 흠이 없다고 생각합니까? 다들 나만큼만 하고 살면 이 세상이 깨끗해질 수 있을 거라고 믿습니까? 그런 죄의 기만에 넘어가서 회개할 기회를 잃는다면 나에게 남는 것은 죽음뿐입니다.

내게 계명이 이르도록 매일 말씀을 묵상합니까? 말씀으로 내 죄가 살아나는 것이 은혜로 믿어집니까? 큐티까지 하니 "나 정도는 괜찮아." 하면서, 실상은 말씀에도 죄에도 감각이 없는 영적 문둥병자는 아닙니까?

그러나 율법은 선한 것

이로 보건대 율법도 거룩하며 계명도 거룩하며 의로우며 선하도다_롬
7:12

율법에는 하나님의 의로우심이 나타납니다. 구원에 이르는 지혜가 있습니다. 구별된 삶, 거룩한 삶을 살게 해 주는 것이 성경입니다. 가난한 자를 도우라는, 이웃을 사랑하라는 하나님의 선하심이 나타난 책입니다.

그런즉 선한 것이 내게 사망이 되었느뇨 그럴 수 없느니라 오직 죄가 죄로 드러나기 위하여 선한 그것으로 말미암아 나를 죽게 만들었으니 이는 계명으로 말미암아 죄로 심히 죄 되게 하려 함이니라_롬
7:13

선한 율법으로 내 죄를 알고 나니까 절망합니다. 사업이 부도가 나고, 남편이 외도를 하고, 자식이 속 썩이고, 시어머니가 힘들게 하는 것이 최고의 고난인 줄 알았는데 그보다 더한 고난이 내 자신을 직면하는 것입니다. 내 속의 죄와 더러움을 보고 '나도 싫은 내 자신'을 보면서 죽을 것 같은 절망을 느낍니다.

그렇다고 율법이 나쁜 것입니까? 율법이 악하다고 할 수 있습니까? "그럴 수 없느니라" 율법은 죄가 아닙니다. '죄로 심히 죄 되게' 하는 율법은 고마운 것, 선한 것입니다. 죄가 드러나고 그 죄를 인정하는 것이 너무나 힘

들지만, 그것을 인정하는 것만이 살 길이기 때문입니다.

제가 설교하는 강대상은 처음에는 투명 아크릴이었습니다. 그런데 지금은 아랫부분을 불투명 테이프로 가렸습니다. 학교 체육관에서 예배를 드리다 보니 추운 날에는 정장을 제대로 갖춰 입고 오기가 어려웠습니다. 강대상이 투명이라 입은 옷이 다 비치는데, 옷을 잘 갖춰 입지 못하니 신경이 쓰여서 아랫부분을 가렸습니다. 내가 감추고 싶은 아랫부분이 다 드러난다고 생각해 보십시오. 가려진 줄 알고 다 떨어진 내복 바지를 입고 섰는데 사람들이 보고 있다면 얼마나 부끄럽겠습니까? 드러난 윗부분만 계속 보이고 싶고 아랫부분을 인정하기는 죽기보다 싫은 겁니다.

죄를 깨닫기가 그토록 어려운데 내 죄를 보게 해 주는 율법이야말로 얼마나 고마운 것입니까? 죄로 심히 죄 되게 하는 율법을 어찌 죄라고 하겠습니까? 율법은 내가 살 수 있는 길을 가르쳐 줍니다. 불치병으로 죽어 가는 나에게 치료자 예수님을 소개해 줍니다. 예수님이 아니면 길이 없다고 가르쳐 줍니다. 생명공학을 연구하고, 우주를 연구하고, 바다의 심연을 연구해도 자신에 대해서는 무지한 것이 인간입니다. 율법을 바르게 안다는 것은 내가 얼마나 죄인인지를 깨닫는 것입니다. 내가 얼마나 불쌍한 존재인지를 깨닫는 것입니다.

율법 자체는 너무나 선한 것입니다. 선한 것을 지킬 수가 없어서 고통일 뿐입니다. 율법의 행위로는 그의 앞에 의롭다 하심을 얻을 육체가 없습니다(롬 3:20). 그런데도 하나님이 선한 율법을 주신 이유는 죄를 깨닫게 하시기 위해서입니다.

그럼 이런 질문이 나오겠죠? "차라리 성경을 모르는 게 낫지! 큐티도 안 하고, 설교도 안 듣는 게 낫지! 뭣 때문에 말씀은 알아서 죄를 죄 되게 하느냐!" 그것은 영원한 사망으로 가겠다, 살 길을 포기하겠다는 말입니다.

죄가 살아나는 은혜, 죄로 심히 죄 되게 하는 은혜는 십자가 없이는 알 수 없습니다. 율법이 선한 것으로 나에게 역사하려면 예수 그리스도의 십자가를 통과해야 합니다. 십자가가 무엇입니까? 죄인인 내가 예수 그리스도와 함께 죽은 것입니다.

십자가를 통과하지 않은 사람은 내가 할 수 있다고, 내 힘으로 선하게 살 수 있다고 뚝심으로 버티고 살아갑니다. 내가 왕 노릇하면 지금은 좋은 것 같아도 인생이 얼마나 슬프고 괴로운지 모릅니다. 율법을 통해 내가 아무것도 할 수 없다는 것을 알고 어린아이가 엄마 품으로 파고드는 것처럼 주님 품으로 파고드는 것이 은혜입니다.

낸시 마이어즈는 "범죄를 불가능하게 하는 것은 사랑밖에 없다."고 했습니다. 어거스틴도 "사랑으로가 아니면 선해질 자가 누구냐!" "하나님을 사랑하라. 그리고 당신이 하고 싶은 대로 하라!"고 했습니다.

하나님을 사랑하면서 술을 먹든지 담배를 피우든지 마음대로 해 보십시오. 하나님을 사랑하면서 바람을 피우고 거짓말을 하고 살아 보십시오. 진심으로 하나님을 사랑하면서 누군가를 시기하고 미워해 보십시오.

율법은 그것이 죄라는 건 알게 해 주지만 술과 담배와 거짓과 미움의 문제를 해결해 줄 수 없습니다. 죄를 끊는 것은 오직 사랑으로만 가능합니다. 하나님을 사랑하면 내 가족과 이웃도 사랑하게 되고, 술과 담배도 끊게 됩니다. 내 몸이 하나님의 성전인 것을 알기에 음란과 거짓도 끊게 됩니다.

율법을 통해 내 죄가 살아나는 은혜를 경험하고, 내가 아무것도 할 수 없는 죄인이기에 하나님만을 사모하는 것! 삶의 모든 영역에서 하나님만을 의지하고 전심으로 사랑하는 것! 이것이 바로 율법의 정신입니다.

그러므로 율법은 선한 것입니다. 율법은 죄가 아닙니다.

죄를 드러내는 말씀이 지겹고 힘듭니까? 큐티를 해도 죄가 해결되지 않는다고 죄를 끊는 대신 큐티를 끊었습니까? 하나님을 전적으로 의지하지 않아서 나의 큐티와 예배와 기도가 무력하다는 것을 인정합니까?

아버지 하나님! 믿음으로 의롭다 함을 얻어 우리가 이제는 죄와 율법에 대해 자유하다고 하시니 율법은 쓸데없는 것인가 하는 의문이 있었습니다. 그런데 죄를 짓지 말라는 율법으로 말미암아 도리어 죄에 대한 호기심이 생겨 죄가 기회를 타고 내 속에 탐심을 이룹니다. 내가 알고 있는 율법을 총동원해서 내 죄를 합리화합니다. 율법을 모를 때는 몰라서, 알면 아는 만큼 교만해져서 나도 속고 남도 속입니다.

그래서 율법이 죄인가 하고 생각하지만 율법은 선한 것이라고 하십니다. 율법으로 죄가 살아나고 내가 죽는 것이 진정 살아나는 길임을 말씀해 주십니다. 내 자신을 직면하고 죄를 보는 것은 죽을 것 같은 고통이지만 하나님의 계명이 내게 이르러서 죄가 살아나는 것이, 죄로 심히 죄 되게 하는 것이 하나님의 은혜라고 하십니다.

주님, 날마다 말씀을 주시고 내 죄가 살아나는 은혜, 죄로 심히 죄 되게 하는 은혜를 주시니 감사합니다. 100% 죄인인 것을 날마다 보게 하셔서 세상과 나는 간 곳 없고 예수님만이 나의 주인이라고 고백할 수 있는 은혜를 주시니 감사합니다.

나에게는 선한 것이 없습니다. 사도 바울이 자신을 죄인 중의 괴수라고 했는데 저는 무엇이라고 고백하겠습니까? 살아갈수록 말씀을 통해서 내 죄가 낱낱이 드러나서 주님 앞에 너무나 죄송스럽습니다. 그래서 오늘도 주님을 바라볼 수밖에 없습니다. 나를 위해 죽어 주신 십자가의 주님을 의지할 수밖에 없습니다. 불쌍히 여겨 주시고 도와주옵소서.

우리의 가정과 교회와 공동체마다 죄가 살아나는 은혜를 허락하여 주옵소서. 하나님의 계명이 이르러서 죄가 살고 내가 죽어지는 은혜를 허락하여 주옵소서. 그 죄 때문에 애통하며 날마다 순간마다 주님을 사랑한다고, 주님을 사랑한다고 고백하기 원합니다. 율법으로도, 어떤 지식과 능력으로도 끊을 수 없는 죄를 주님을 사랑함으로 끊기 원합니다. 은혜를 내려 주옵소서. 예수님 이름으로 기도하옵나이다. 아멘.

20
건강한 성도의 세 가지 기준

로마서 7:14~25

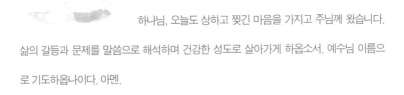 하나님, 오늘도 상하고 찢긴 마음을 가지고 주님께 왔습니다.

삶의 갈등과 문제를 말씀으로 해석하며 건강한 성도로 살아가게 하옵소서. 예수님 이름으

로 기도하옵나이다. 아멘.

괜찮은 공무원 한 사람이 있었습니다. 세금 업무를 보면서 남들이 뇌물을 받아도 자신은 안 받으려고 애쓰고, 혹시 받더라도 적은 액수만 받았습니다. 나름대로 참 의로운 사람이었습니다.

"세상에 나 같은 사람도 없다."고 생각하면서 살고 있었는데 신실한 친구의 전도로 교회에 가고, 예수님을 만나게 되었습니다. 세례를 받고 신앙생활을 하다 보니 지금까지 의롭다고 생각했던 것들이 자꾸만 걸리기 시작했습니다. 적당한 인사치레라고 생각했던 것도 하나님 앞에서는 잘못이라는 걸 깨닫고 심한 갈등에 빠졌습니다.

그는 힘들었지만 용단을 내려 당시 강남에서 제일 비싸다는 자신의 아파트를 팔았습니다. 정당한 월급만 가지고 살기로 하나님께 약속하고 강남에서 가까운 경기도의 한 동네로 이사를 갔습니다. 대중교통을 이용하려면 몇십 분이나 걸어야 하는 동네의 허름한 주택이었지만 자신에게 가장 알맞은 환경이라고 생각하니 마음이 편했습니다.

 ## 건강검진 1 : 갈등지수

우리가 율법은 신령한 줄 알거니와 나는 육신에 속하여 죄 아래 팔렸도다 _롬 7:14

우리는 예수 그리스도를 믿음으로 의롭다 함을 받고 거룩한 성도의 신분이 되었습니다. 그러나 아직도 육신에 속해 있습니다. 예수님을 주인으로 모시고 살아가지만 아직 세상에 속해서 육신의 일을 해야 합니다.

세상이 보기에는 십자가 지는 것이 너무나 미련해 보입니다. 예수님의 보혈로 죄가 씻긴다고 해도 뭔가 개운치 않습니다. 동창회에 가서 "너도 예수님을 믿으라."고 전도했다가 "얘, 괜히 분위기 깨지 말고 믿어도 좀 교양 있게 믿어." 하고 무안이나 당하게 마련입니다. 회식 자리에서 "예수 믿고 술을 끊었다."고 하면 "종교가 사람 버렸다. 너무 광신 아니냐?" 고 합니다.

성화의 과정에서 갈등은 필수적인 것입니다. 제가 외치는 '성령 충만은 갈등 충만' 이 이런 뜻입니다. 율법이 신령한 것을 알면 알수록 내가 죄에 팔린 부분이 많다는 것을 자꾸만 보게 되기 때문입니다.

예수님을 믿고 은혜를 받았지만 가정과 직장에서 십자가 지는 건 싫어합니다. 내가 희생하고 양보하지 않아도 다른 길이 있지 않을까 하면서 한눈팝니다.

물론 한눈판다는 걸 아는 것만으로도 성도로서 달라진 것입니다. 믿기전에는 내가 죄에 팔렸는지 어떤지도 모르고 살았으니까요. 병을 발견해야 치료도 할 수 있지 않겠습니까? 생각 없이 지었던 죄와 중독을 깨닫자 갈등이 생기는 것은 낙심할 일이 아닙니다. 그 갈등을 말씀으로 치료받으면서 건강한 성도가 되는 것입니다.

영적으로 건강해지기까지는 시간이 걸리지만 감사한 것은 "우리"가 있다는 것입니다. "우리"가 율법이 신령한 줄을 아는데 "나는" 죄에 팔렸다고 했습니다. 그렇습니다. 나 혼자 있으면 죄에 팔리기 쉽기 때문에 율법이 신령한 줄 아는 "우리" 속으로 들어가야 합니다.

미성숙한 사람일수록 혼자 신앙생활한다고 합니다. 사람 보고 교회 다니는 게 아니라고 하면서 실컷 다른 사람들 정죄하고, 혼자 말씀 깨닫고 예배 드리는 것이 제일 은혜롭다고 합니다. 하지만 혼자 하는 신앙생활은 위험할 수 있습니다. 큐티를 해도 목장에서 나눔을 해 보면 각자 다르게 말씀을 적용하는 경우가 대부분입니다. 혼자 깨달은 것만 옳은 줄 알고 있으면 오류에 빠질 수 있기 때문에 지도자의 인도도 필요하고, 지체들을 통한 격려와 도움도 받아야 합니다.

나의 행하는 것을 내가 알지 못하노니 곧 원하는 이것은 행하지 아니하고 도리어 미워하는 그것을 함이라 만일 내가 원치 아니하는 그것을 하면 내가 이로 율법의 선한 것을 시인하노니_롬 7:15~16

로마서 7장에는 '나'라는 단어가 7~25절까지 34번 나옵니다. 그만큼 자신과의 싸움이 치열하기 때문입니다. 분명 내가 하는 일인데도 나도 모르는 일이 있습니다. 예배와 설교에 은혜를 받고 말씀대로 살기를 기도하고 결단합니다. 하지만 가정과 직장, 내 삶의 현장에 가면 도리어 미워하는 그것, 게으름과 거짓말과 중독으로 사는 나를 보게 되는 것입니다.

내가 원치 않는 악을 행하는 것이 율법의 선한 것을 시인한다고 합니다. 표준새번역 성경에는 "그런 일을 하면서도 그것을 해서는 안 되겠다고 생각하는 것은, 곧 율법이 선하다는 사실에 동의하는 것입니다."라고 돼 있습니다. 내가 죄를 지으면서도 죄를 짓지 말아야 한다고 생각하는 것은 율법, 곧 말씀이 선을 알려 주기 때문이라는 뜻입니다. 말씀을 모를 때는 죄를 안 지어야 한다는 생각을 못했는데, 하나님을 믿고 그 말씀이 옳다는 것을 알기 때문에 죄를 지으면서도 안 지어야겠다는 생각을 하는 것입니다.

온갖 합리화를 하면서 우리가 '미워하는 그것'을 행할 때가 얼마나 많은지 모릅니다. 뇌물, 외도, 거짓말 같은 도덕적인 관점에서 말하는 게 아닙니다. 우리가 넘어가는 것은 놀라운 영적인 파워, 놀라운 지식과 능력, 친밀감, 육체적 매력입니다. "감정에 충실하라."고 외치는 문화적인 메시지에 모두가 넘어갑니다.

내 감정대로 한다면 이혼 안 할 사람이 있습니까? 부부가 살면서 감정에만 충실하다면 바람 안 피우고 살 사람이 있습니까? 영적인 사람은 영적으로 잘 통해서, 지식적인 사람은 지적 수준이 맞는다고, 육적인 사람은 육체적으로 끌린다고 얼마든지 합리화할 이유가 있습니다. 일부러 배신하고 상처 주려고 한 것이 아니더라도 원치 아니하는 외도와 이혼을 행하고 마는 것입니다.

그러나 그 모든 것 위에 "하나님이 짝지어 주신 것을 사람이 나누지 못할찌니라"(마 19:6) 하신 말씀이 있습니다. 내 뜻과 감정을 좇아 행했다가 실패를 맛보고 나면 어쩔 수 없이 말씀의 선한 것을 시인하게 됩니다. 실패를 통해 내 감정과 의지보다, 세상 어떤 가치보다 말씀이 우선이라는 것을 인정하게 됩니다. 그렇기 때문에 역시 고난이 축복입니다.

 이제는 이것을 행하는 자가 내가 아니요 내 속에 거하는 죄니라_롬 7:17

나는 책임이 없고 죄가 책임을 져야 한다는 말이 아닙니다. 나도 모르는 사이에 죄가 나를 통제하고 압도한다는 뜻입니다. 죄 사함을 받고 거룩한 성도의 신분이 되었지만 죄는 여전히 거대한 세력으로 나를 삼킬 듯이 노려보고 있습니다. 주님의 재림 때까지는 완전한 승리란 없습니다.

내 속 곧 내 육신에 선한 것이 거하지 아니하는 줄을 아노니
원함은 내게 있으나 선을 행하는 것은 없노라 내가 원하는 바 선은 하지
아니하고 도리어 원치 아니하는 바 악은 행하는도다_롬 7:18~19

죄는 내가 하나님 자리에 가 있는 것입니다. 하나님이 계셔야 할 자리에
내 욕망과 야심이 있는 것이 죄입니다. 아직 처리되지 않은 야망과 욕심 때
문에 악을 행할지라도, 중요한 것은 내게 선을 행하려는 원함이 생겼다는
것입니다. 우리가 예수님을 믿고 선과 악의 가치가 달라져서 "원하는 바"
악이, "원하는 바"' 선으로 바뀌었다는 게 중요합니다.

'행하는 바' 선이 아니라 "원하는 바" 선입니다. 선을 원하지만 내게는
그것을 행할 능력이 없습니다. 누구도 완벽하게 "원하는 바" 선을 행할 사
람은 없습니다. 여전히 원함과 행함에 차이가 있을지라도 신앙이 성숙하면
서 그 차이가 줄어듭니다. 성화라는 것은 원함과 행함의 차이가 점점 좁혀
지는 것입니다.

일부 학자들은 이 고백이 예수님을 믿기 전의 상태라고 말하기도 합니
다. "예수님을 믿은 다음이라면 원치 아니하는 바 악을 행할 수가 없다. 원
하는 바 선을 행하는 것이 맞다."고 합니다.

로마서 주석의 대가인 마틴 로이드 존스도 이것이 예수님을 믿기 전의
상태라고 말하고 있습니다. 어거스틴은 처음에는 예수님을 믿기 전의 상태
라고 했다가 나중에는 믿은 후의 상태라고 했습니다.

옥한흠 목사님은 당연히 예수님을 믿고 난 뒤의 갈등이라고 생각했는

데, 미국에서 공부하면서 지도 교수님의 논리적인 설명을 듣고 예수 믿기 전의 상태라고 믿었답니다. 그런데 한국에 와서 목회를 하다 보니 입장이 다시 바뀌었습니다. 성화의 과정에서도 얼마든지 이런 갈등이 있다는 것을 수많은 사람들을 통해서 직접 보았기 때문입니다.

저는 학문적인 선입견 없이 예수 믿고 난 뒤의 갈등으로 믿었는데 제게 고난이 많아서 그랬는지도 모르겠습니다.

그러므로 내가 한 법을 깨달았노니 곧 선을 행하기 원하는 나에게 악이 함께 있는 것이로다_롬 7:21

《천로역정》의 작가 존 번연이 어떤 젊은 목사님에게 가서 구원 받은 뒤의 갈등을 상담했습니다. 그랬더니 "당신은 구원 받지 못한 사람이고 저주받은 사람이다. 구원을 받았다면 모든 것에 감사해야지 무슨 갈등이 있을수 있는가?" 하고 말하더랍니다.

예수님을 믿어 의롭다 함을 받고 거룩한 신분이 되었지만, 생활의 거룩을 이루지 못할 때마다 저는 항상 안타깝습니다. 믿기 전 양심 때문에 겪던 갈등과 믿고 나서 죄 때문에 겪는 갈등은 괴로움의 크기를 비교할 수조차 없습니다. 양심의 갈등은 얼마든지 합리화시킬 수 있습니다. 그러나 남들이 다 괜찮다고 해도 내가 괜찮지 않은 갈등과 고통은 누가 해결해 줄 수 없습니다. 사람은 몰라도 하나님 보시기에 어떨지를 생각하면서 겪는 갈등은 차원이 다릅니다. 신앙이 성숙할수록 사소한 일도 마음대로 할 수 없고 갈등지수가 높아집니다. 그래서 '성령 충만은 갈등 충만' 입니다.

제일 무서운 원수가 내 속에 있다는 것을 깨닫는 것은 축복 중의 축복입니다. 그 축복을 주시려고 7장 14절부터 25절까지 절마다 갈등 이야기를 하십니다. 율법과 죄, 구원의 원리를 깨닫는 정점에 갈등 문제가 있기 때문입니다.

힘들게 예수님을 믿었는데 갈등이 생겼습니까? 가족, 직장, 돈 문제의 갈등으로 "괜히 예수 믿었다." 는 생각까지 들었습니까? 말씀을 알수록 갈등이 생기는 것이 성화의 과정임을 알고 예배와 신앙 공동체 안에서 힘을 얻고 있습니까?

건강검진 2 : 절망지수

내 속사람으로는 하나님의 법을 즐거워하되 내 지체 속에서 한 다른 법이 내 마음의 법과 싸워 내 지체 속에 있는 죄의 법 아래로 나를 사로잡아 오는 것을 보는도다_롬 7:22~23

세 가지 시선이 있습니다. 첫째는 내 지체에 속한 육신의 눈, 둘째는 하나님의 법을 즐거워하는 믿음의 눈, 셋째는 "내 마음의 법과 싸워 내 지체 속에 있는 죄의 법 아래로 나를 사로잡아 오는 것을 보는" 눈입니다. 믿음의 눈에서 한 단계 더 나아가서 객관적으로 나의 죄와 욕심을 바라보는 눈입니다. 내가 죄의 포로가 되어 사로잡혀 가는 것을 보는 눈, 내 자신 때문에 안타까운 눈입니다.

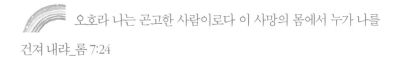 오호라 나는 곤고한 사람이로다 이 사망의 몸에서 누가 나를 건져 내랴_롬 7:24

그 안타까움으로 유명한 사도 바울의 고백이 나왔습니다. 내 자신에 대한 절망의 고백, 전쟁에서 적의 포로가 되어 완전히 기진맥진한 상태의 고백입니다.

신학자 케제만은 이 구절을 "경건한 인간은 어느 누구보다도 이기적이고 반항적이고 도착되고 상실된 피조물의 본성을 실증하고 있다."고 주석했습니다. 죄가 없는 것이 경건이 아니라, 경건한 인간이야말로 자기의 이기적이고 반항적이고 도착된 모습을 잘 본다는 것입니다. 하나님께 가까이 갈수록 하나님이 원하시는 거룩함에 미치지 못하는 자신을 보면서 "오호라!"를 외치는 것이 경건한 성도의 태도입니다.

세상 사람들은 죄를 모릅니다. 하나님을 모르는 세상 사람 중에 누가 "오호라, 이 사망의 몸에서 누가 나를 건져 내랴!" 하는 고백을 할 수 있겠습니까? "오호라!"의 고백은 믿는 우리에게 주신 하나님의 은혜입니다. 세상 사람들은 모르는 "오호라!"의 은혜입니다.

7~25절까지 '나'라는 단어가 34번 나온다고 했는데, 그만큼 내 자신에게 적용해야 할 "오호라!"입니다. 이 사망의 몸에서 누가 '나'를 건져 내랴 했지 누가 '너'를 건져 내랴 하지 않았습니다. 남편이, 부인이, 자식이, 목사가 죄인이라고 해도 그들에게 적용하는 "오호라!"가 아닙니다.

어느 집사님이 아들에게 "아버지가 너를 위해 기도하는 걸 아니?"라고 물었더니 "아버지도 100% 죄인인데 뭘 날 위해서 기도하겠어요?" 이러더랍니다. 우리들교회에서 설교 때마다 '인간은 100% 죄인'이라고 외쳤더니 이렇게 써 먹고 있습니다. "오호라!"의 적용을 그렇게 갖다 붙이면 안 되죠.

누구보다도 내 자신이 사망의 몸이라는 사실을 애통해야 합니다. 남편이 사망의 몸이고, 자식이 사망의 몸이라는 사실을 알았다면 그들을 위해 애통하며 기도만 하면 됩니다. "누가 너를 건져 내랴! 넌 정말 구제할 길이 없다!"고 하면 안 됩니다.

폴 투르니에는 이렇게 말했습니다.

"이 세상에서 가장 놀라운 것은 우리가 성취하는 선함이 아니라 그러한 선함이 우리가 행하는 악행으로부터 나올 수 있다는 사실이다. 나는 별로 좋아하지 않는 사람들의 영향 때문에 하나님께로 돌아온 사람들을 여러 명 보았다. 우리들의 소명은 악함으로부터 선함을 건설하는 것이다. 선함 속에서 선함을 이끌어 내려고 한다면 우리는 원자재의 고갈이라는 위험에 직면하게 될 것이다."

우리는 선함 속에서 선함을 이끌어 낼 수 없습니다.

사업도 안 망하고, 애들도 공부 잘하고, 돈도 잘 벌고, 절대 고생 안 하고 살면서 예수님을 믿겠다는 것이 선함에서 선함을 이끌어 내려는 것입니다. 온 가족이 잘 먹고 잘살면서 예수님을 믿겠다는 것, 착하고 성실한 내 성품으로 화목을 이루겠다는 것이 선함에서 선함을 이끌어 내려는 것입니다. 그러나 그것은 원자재의 고갈에 직면할 수밖에 없습니다. 우리에게는 선한 것이 없기 때문입니다. 선함에서 선함을 이끌어 내려 하지 말고 악한 것, 좋아하지 않는 사람과 환경을 통해 하나님께로 돌아오는 선함을 이루어야 합니다.

그러기 위해 "오호라!"의 은혜가 필요합니다. 성화를 이루어 가기 위해서는 진실로, 진실로 내 죄를 보는 것밖에 없습니다. 이것이 절대적입니다. 자기 자신을 제대로 보지 못하는 사람이 어떻게 "오호라!"의 고백을 할 수 있겠습니까?

플로이드 맥클랑은 "겸손은 우리 내면에 일어나고 있는 일들을 드러내는 것"이라고 했습니다. 겸손은 감정이 아닙니다. 겸손한 표정을 하고 겸손한 언어를 쓴다고 겸손한 게 아닙니다. 죄에 대해 무력한 내 자신을 알고 절망할 때 겸손할 수 있습니다. 내 죄를 보면서 "오호라!"의 고백이 나오는 것, 죄에 사로잡힌 내 속의 더러움을 드러내는 것이 진정한 겸손입니다.

돈의 법, 교양의 법에 사로잡혀 있습니까? 외모와 학벌의 법 아래 시기, 질투에 사로잡힌 자신을 보면서 "오호라!"의 은혜를 깨닫습니까?

건강검진 3 : 회복지수

우리 주 예수 그리스도로 말미암아 하나님께 감사하리로다 그런즉 내 자신이 마음으로는 하나님의 법을, 육신으로는 죄의 법을 섬기노라_롬 7:25

"이 사망의 몸에서 누가 나를 건져 내랴" 한 후에 '그러나' 라고 하지 않았습니다. "누가 나를 건져 내랴"(롬 7:24) "우리 주 예수 그리스도로 말미암아"가 쉼표 하나 없이 이어졌습니다. 건강한 성도는 갈등과 절망의 시간이 짧습니다. "오호라!"의 시간이 짧습니다. "누가 나를 건져 내랴?" 다음에 곧바로 "우리 주 예수 그리스도로 말미암아" 건짐을 받는 것이 건강한 성도입니다.

내 힘으로는 안 됩니다. 칭의(稱義)도 내 마음대로 되는 게 아니고 성화(聖化)도 내 마음대로 되는 게 아닙니다. 믿음으로 의롭게 되었지만 성화에 있어서 내가 할 수 있는 것은 아무것도 없습니다.

그래서 "하나님께 감사하리로다"가 저절로 나옵니다. 나 자신도, 그 어떤 것으로도 건질 수 없는 나를 예수 그리스도로 말미암아 하나님이 건져 주셨기 때문입니다.

아직도 마음으로는 하나님의 법을, 육신으로는 죄의 법을 섬기고 있지만 그래도 감사할 수 있는 근거는 예수님 때문입니다. 100% 죄인이어도 예수님을 쳐다볼 때 희망이 있습니다.

누가 건강한 자입니까? 잠들지 않고 깨어 있기만 한 사람이 건강한 자입니까? 하루 종일 일하고 지쳤어도 "나는 잠을 안 자도 돼." 이러는 사람이 건강한 자일까요?

나는 잠을 자야 회복된다고 하는 사람이 건강한 사람입니다. 누구는 가진 것이 없고, 누구는 가진 것이 많아도 모두가 똑같이 다 잠을 자야 하는 인생입니다. 나이가 많아도, 적어도 우리는 다 잠을 자야 회복되는 인생입니다. 아무리 높은 지위를 가지고 대단한 일을 해도 잠을 자야 합니다. 열악한 환경에서 육체노동을 해도 잠을 자야 다음날을 예비할 수 있습니다.

회복이 필요하지 않은 사람은 이 세상에 단 한 사람도 없습니다. "나는 안 자도 돼."하는 것은 나는 회개할 필요가 없다는 것과 똑같습니다. 바로 그런 사람이 건강하지 못한 사람입니다. "나는 지쳤어. 내 힘으로는 할 수 없어." 하는 사람이 건강한 사람입니다. 입만 열면 "나는 아무 문제없어. 내가 회개할 게 뭐가 있어?" 하는 사람이 정작 병원에 가야 할 사람입니다. 날마다 회복을 위해 자야 한다는 것을 아는 사람이 건강한 성도입니다. 날마다 내 힘으로는 죄를 이길 수 없다는 사실을 절실히 깨닫고 회개하는 사람이 건강한 성도입니다.

그러므로 "오호라 나는 곤고한 사람이로다 이 사망의 몸에서 누가 나를 건져 내랴"(롬 7:24) 하고 고백했어도 바울 사도는 건강한 사도요, 건강한 사람입니다.

갈등이나 절망 없이 순탄하게(?) 신앙생활을 했습니까? 그것이 건강한 믿음이라고 생각하고 돈 문제, 죄의 문제로 힘들어하는 사람을 정죄하진 않았습니까? 내가 회복이 필요한 존재임을 인정하며 예수 그리스도로 말미암아 감사하는 것이 회복의 길인 것을 믿습니까?

강남의 아파트를 팔고 서울 인근의 허름한 주택으로 이사 간 세무 공무원은 지금 어느 교회의 장로님으로 열심히 섬기고 있습니다. 이사 간 동네가 서울 강남으로 편입되면서 아파트에 살 때보다도 더 부자가 되었습니다.

하나님은 무언가를 빼앗아 가시는 분이 아닙니다. 갈등과 절망 속에서 "우리 주 예수 그리스도로 말미암아 하나님께 감사하리로다" 생각만 해도 하나님이 회복시켜 주십니다. 갈등의 시간이 짧아져서 즉시 적용하고 감사드릴 때 끊을 수 없던 죄의 문제도, 환경도 하나님이 해결해 주십니다.

그래서 하나님을 믿는 사람은 음욕으로 갈등하더라도 간음으로 행하지 않을 것을 믿습니다. 미움과 원망으로 절망할지라도 살인까지는 안 갈 것을 믿습니다. 이미 죄를 지었을지라도 "오호라"의 은혜를 깨달은 지금부터는 죄가 끊어질 것을 믿습니다.

거룩함을 이루는 과정이 힘들어도 주님이 같이 짐을 져 주시기 때문에 감사합니다. 마음으로는 주의 법을 섬기고 육신으로는 죄의 법을 섬기는 것을 아시지만 부족한 나를 이끌어 가실 것을 믿기에 감사합니다. 우리 주 예수 그리스도로 말미암아 하나님께 감사와 찬양을 드립니다.

하나님 아버지, 참으로 내가 믿음으로 의롭게 되었어도 아직 죄의 법 아래 사로잡혀 가는 내 모습을 봅니다. 아버지께서 내 손을 잡아 주시는데도 아직도 집착하는 것이 많고 한눈을 팔고 있습니다. 날마다 하나님의 거룩을 이루어 가려고, 주님의 뜻에 합당하게 살려고 해도 원하는 바 선은 행하지 아니하고 원치 아니하는 바 악을 행하는 내 자신을 고백합니다.

그런 나를 보며 갈등하고 절망하지만 그럼에도 "오호라 나는 곤고한 사람이로다 이 사망의 몸에서 누가 나를 건져 내랴"하는 고백이 저의 고백인 것에 감사를 드립니다. 예수님을 믿지 않았으면 깨달을 수도 없었던 수많은 죄들을 발견하고 내려놓게 하시니 감사합니다. 내 자신의 교만과 비참함을 보며 그래서 바라볼 것은 예수 그리스도밖에 없다는 것을 알게 하시니 감사합니다.

날마다 찾아오는 죄와의 싸움에서 회복이 필요한 존재임을 인정하고 영적으로, 육적으로 건강한 성도가 되기 원합니다. 하나님을 믿기에 사람과의 갈등, 유혹의 갈등이 있을지라도 타협하지 않게 하옵소서. 그러한 갈등이 오는 것을 오히려 감사하고 육신으로는 죄의 법을 섬기는 내 자신 때문에 절망할지라도 그 시간이 짧아지게 하옵소서. 내 힘으로는 할 수 없사오니 주님이 붙들어 주옵소서. 그리하여 겸손한 자가 되게 하옵소서.

내 욕심 때문이 아니라 하나님 때문에 갈등하고 절망한다면 그 어떤 것도 하나님이 책임져 주시는 것을 믿습니다. 힘들고 막막해도 우리 주 예수 그리스도로 말미암아 감사를 드릴 때 하나님이 채워 주시는 것을 믿고 감사드립니다. 예수님 이름으로 기도하옵나이다. 아멘.

21
자신을 인정하면 축복이 온다

로마서 8:1~11

로마서에서 계속되는 죄인 된 인간의 본성을, 저희가 알기 원합니다. 오늘도 찾아오셔서 제 모든 사건에서 주님의 말씀이 들릴 수 있도록 역사하여 주옵소서. 예수님 이름으로 기도하옵나이다. 아멘.

연예인의 누드 화보 촬영이 인기를 끌면서 이런저런 말들이 많았는데 잊을 수 없는 것 중 하나가 '종군위안부 누드'입니다. 한 여배우가 나름대로 생각해서 촬영했다는데, 연예인 생명이 위태로울 정도로 사회적으로 큰 파장을 일으켰습니다.

촬영에 임했던 배우의 입장은 이렇습니다. 나름대로 역사적 메시지를 담은 작품을 만들고 싶어서 일본군이 주둔했던 곳을 촬영 장소로 잡았답니다. 먼저 위안부 수용소가 있던 팔라우로 가서 희생을 표현하고, 다음으로 일본에 가서 복수를 표현하고, 마지막으로 네팔에 가서 극복을 다루려고 했다는 겁니다(구약 선지서의 주제가 멸망, 포로, 회복인데 그 여배우도 비슷한 소리를 했습니다). 더구나 누드집 판매로 얻은 수익금을 종군위안부 할머니들을 위해 쓰려 했다고 합니다. 너무나 순수한 의도로 종군위안부를 돕고 싶었고, 역사적인 재조명을 하고 싶었답니다.

본인 말대로 순수한 의도였을 수도 있습니다. 그러나 종군위안부가 개인의 선택이 아니고 불가피한 시대적 산물이라 해도, 그것을 객관적으로 보고 극복하기에는 아직 시기상조입니다. 그 배우가 단지 돈 때문에 다른 사람의 상처를 이용한 것은 아닐 겁니다. 그렇다고 돈에 대해 완전히 자유했다고도 생각지 않습니다. 자신이 그것을 인정하려 하지 않으니까 여러 사람에게 상처를 주고 자신도 치명적인 위기를 겪었습니다.

 ## 정죄와 심판에서의 해방

그러므로 이제 그리스도 예수 안에 있는 자에게는 결코 정죄함이 없나니 이는 그리스도 예수 안에 있는 생명의 성령의 법이 죄와 사망의 법에서 너를 해방하였음이라_롬 8:1~2

한 시대가 안겨 준 상처에서 자유하지 못한 할머니들도, 돈과 여론에 대해 자유하지 못한 여배우도 진정한 해방을 누리지 못했습니다. 그래서 타인을 정죄하고 자신을 정죄합니다.

정죄의 기본 뜻은 심판입니다. 예수 그리스도 안에서 정죄함이 없다는 것은 죄에 대한 책임이 없고 죄의 영향력에서 벗어났다는 뜻입니다. 그리스도께서 우리가 받을 심판을 십자가의 죽음을 통해 이미 다 받으셨기 때문입니다. 그 사실을 믿으면 하나님의 정죄도 사단의 정죄도 내게 없습니다.

그런데 있는 것이 있습니다. 2절 말씀을 보니 생명의 성령의 법이 있다고 합니다. 로마서 6장은 죄로부터의 자유, 7장은 율법으로부터의 자유를 다루고 8장에서는 사망으로부터의 자유를 다룹니다. 우리가 죄의 심판에서, 사망의 법에서 자유해졌지만 이제 새로운 법이 우리를 다스립니다.

"오호라 나는 곤고한 사람이로다"(롬 7:24) 하는 고백으로 내 자신을 인정하면 하나님이 생명의 성령의 법으로 나를 이끌어 가십니다. 그러면 내가 아무렇게나 살아도 무조건 성령님이 도와주십니까? 그건 아닙니다.

그리스도 예수 안에서 하나님의 정죄를 벗어난 사람은 사람들의 정죄에 책임을 져야 합니다. "하나님이 내 죄를 다 책임지시니까 나는 죄를 지어도 괜찮아." 이럴 수가 없습니다. 믿음 때문에 받는 핍박이 아니라면, 그리스도인은 이웃과 사회의 정죄에서 내 잘못을 인정해야 합니다. 내 의도가 선한 것이었다고 해도 누가 나의 잘못을 지적하면 즉시 인정하고 용서를 구하는 것이 성령의 법대로 사는 사람의 자세입니다.

율법이 육신으로 말미암아 연약하여 할 수 없는 그것을 하나님은 하시나니 곧 죄를 인하여 자기 아들을 죄 있는 육신의 모양으로 보내어 육신에 죄를 정하사_롬 8:3

구원은 자신을 인정하는 데서 시작됩니다. 하지만 자신의 연약함을 인정하는 것이 얼마나 어려운지 모릅니다. 하나님의 말씀인 성경이 나를 죄인이라고 해도 공감이 안 되는 게 우리들입니다. 나보다 잘난 것도 없는 사람이 내 실수나 연약함을 지적하면 더욱더 인정하기가 어렵습니다. "네가 뭘 안다고 내가 잘못했다는 거냐. 너나 잘살아라." 하는 마음 때문에 내 자신을 인정하기가 더 싫어집니다. 잘난 척해 봤자 아무 소득이 없는데도 무시당하는 건 절대 싫어서 인정을 안 합니다. 멀쩡하게 서 있는 차를 들이받아도 안전거리 미확보니, 뭐니 하면서 소리부터 지르는 것이 우리의 모습입니다.

자신의 연약함을 인정하지 못하는 것은 스스로를 정죄하는 것임을 알아야 합니다. 스스로 잘났다고, 잘나야 한다고 생각하지만 실상이 그렇지 못하니까 날마다 자신을 정죄합니다. 못났다는 건 인정하기 싫어서 체면과 자존심으로 합리화하려니 얼마나 고생이겠습니까? 그래서 고위층 인사일수록 잘못이 드러났을 때 자살하는 경우가 많습니다.

우리가 그렇게 연약하지만 중요한 것은 "하나님이 하신다." 는 것입니다. 어떻게 하실까요? "죄를 인하여 자기 아들을 죄 있는 육신의 모양으로 보내어 육신에 죄를 정하사" 우리를 도우십니다. 우리가 연약해서 지킬 수 없는 율법을 그리스도의 영, 성령으로 좇아 이루게 하십니다.

그리스의 어떤 왕이 나라의 성도덕이 너무 문란해지자 무서운 법을 제정했습니다. 간음죄에 걸리는 사람은 두 눈을 뽑아서 장님을 만들겠다고 한 것입니다. 법을 제정하고 나서 제일 먼저 걸려든 사람이 누구인가 하니 바로 하나뿐인 왕의 아들이었습니다.

왕으로서 법은 지켜야 하고 아들도 사랑하는데 어쩌면 좋습니까? 고민하던 왕은 법대로 아들의 눈을 뽑되 하나만 뽑고 대신 자신의 한쪽 눈을 빼어서 아들의 죄 값을 치렀습니다. 법도 지키고 아들도 살렸습니다.

예수님이 육신으로 오셔서 육신을 내어 주시지 않았다면 우리는 율법의 고소를 피할 수 없습니다. 그러나 십자가의 예수님을 보여 주면 나를 고소하고 정죄하는 악한 세력이 물러갑니다. 가정과 직장에 사망의 사건이 찾아와도 십자가를 보여 주면 사단이 물러갑니다. 십자가를 보여 준다는 것이 무슨 의미입니까? 예수님처럼 내가 죽어지는 모습, 내 목숨을 내어 주는 사랑이 있을 때 모든 악한 세력이 물러갑니다.

나를 정죄하고 남을 심판하며 우울함과 분노와 사망의 법에 사로잡혔습니까? 내가 하나님의 심판에서 해방되었기에 누구도 심판하지 않으며 내 잘못을 인정하는 생명의 법으로 살고 있습니까?

생명과 평안이 있는 생각

육신을 좇지 않고 그 영을 좇아 행하는 우리에게 율법의 요구를 이루어지게 하려 하심이니라_롬 8:4

영을 좇아 행한다는 것은 성령을 따라 걷는 것입니다. 이는 반복적이고 지속적인 훈련입니다. 인생의 끊임없는 사건 속에서 육신을 좇는 생각을 하느냐 영을 좇는 생각을 하느냐는 너무나 중요합니다. 성령도 생각을 점령하고 사단도 생각을 점령하기 때문입니다.

우리가 생각하고 좇아야 할 것은 십자가입니다. 시험을 당할 때 어떻게 피하고 벗어날 것인지만 생각하는 것은 육을 좇는 생각입니다. 어떻게 십자가를 질 것인가, 어떻게 죽고 썩어지는 밀알이 될 것인가를 생각하는 것이 영을 좇아 행하는 생각입니다. 내가 연약해서 십자가 지는 것이 너무나 힘들지만 성령님이 우리를 도우십니다. 빌 바도 알지 못하는 우리를 위해 탄식함으로 빌어 주십니다.

육신을 좇는 자는 육신의 일을, 영을 좇는 자는 영의 일을 생각하나니 육신의 생각은 사망이요 영의 생각은 생명과 평안이니라_롬 8:5~6

육신의 생각은 무엇이고 영의 생각은 무엇일까요?

제 이야기부터 해 보겠습니다. 저는 여러분도 아시다시피 여성 목회자입니다. 아직도 여성에 대한 고정관념이 많은 우리나라에서, 사회보다도 더 깊은 편견이 기독교계에 존재하고 있습니다.

저는 그것에 대해 좌절하거나 원망하지 않습니다. 여성의 사회적 위치와 그에 대한 고정관념을 그대로 인정하고 받아들입니다. 제가 여자인 것이 사실이기 때문입니다. 여자로서 아내와 엄마, 며느리의 훈련을 통해 하나님이 저를 사용하셨기 때문에 누가 저를 무시하거나 차별한다고 해도 울분을 토할 이유가 없습니다. 이것이 제가 가진 영의 생각입니다.

'내가 남자라면 목회를 더 잘했을 텐데.' 한다면 그것은 육신의 생각입니다. 더 나아가서 '남편이 살아 있었다면, 내가 과부가 아니었다면…' 이런 생각을 한다면 그것은 저를 죽이고 교회를 죽이는 육신의 생각입니다.

여자는 여자인 것을 인정하고, 못 배운 사람은 못 배운 것을 인정하고, 어떤 경우에도 내 주제를 인정하는 것이 영의 생각입니다. 무시해도 좋습니다. 인정을 못 받아도 좋습니다. 모든 일에 하나님을 생각하고, 하나님을 사랑하는 마음으로 할 때 생명과 평안이 있기 때문입니다. 여자라서 힘들고 과부이기 때문에 힘든 게 아닙니다. 영을 좇지 않고 육신을 좇기 때문에 평안이 없다는 걸 알아야 합니다.

직원 월급으로만 한 달에 1억 원을 지출하던 사업체의 사장님이 완전히 망해서 우리들교회에 왔습니다. 모태신앙이었지만 오랫동안 신앙생활에서 떠나 있던 분인데 말씀을 들으면서 망한 환경에 순종하기 시작했습니다. 떡볶이와 어묵 장사를 하는 다른 집사님의 조언을 받으며 떡볶이 포장마차를 시작했습니다. 집도 다세대 주택 반지하 방으로 옮기고 부인과 함께 포장마차를 하는데, 1미터도 안 되는 거리에서 손님들을 상대하다 보니 전도가 저절로 된다면서 기쁘게 그 일을 하고 있습니다.

그분의 사연은 KBS〈인간극장〉이라는 프로그램에 일주일 동안 방영되

기도 했습니다. 우연히 포장마차에 들렀던 프로듀서가 그분의 사연을 듣고는 방송을 기획한 것입니다. 교회에 와서 예배드리는 것도 찍고, 솔직하게 살아가는 모습도 보여 줬습니다. 그런데 방송 후에 인터넷 게시판을 보니까 부정적인 견해도 몇 개 올라와 있었습니다. "부자가 망해서 떡볶이 장사 하는 게 대수냐? 그보다 훨씬 힘들게 사는 사람도 많다."고 합니다.

제가 간증을 해도 그런 사람이 있습니다. 시집살이 이야기나 한다고, 사고를 당해 장애인이 되고 망한 사람도 많은데 그것도 간증이냐고 합니다. 하지만 지나고 나서 보니 제가 평범한 인생을 살았기 때문에 모두에게 다가갈 수 있었습니다. 고부간의 갈등도 누구에게나 있을 수 있는 일이고, 남편을 먼저 보내는 것도 누구나 겪을 수 있는 일입니다. 사람들은 그런 일보다도 뭔가 드라마틱한 것을 보여 주고 싶어하지만 그런 평범함을 드러내고 나눴기 때문에 더 많은 분들과 공감할 수 있었습니다. "그런 것도 간증이냐?"는 소리를 들어도 그것을 그대로 인정하고 왔기 때문에 20여 년 동안 평신도로 사역을 할 때부터 하나님이 열매를 보여 주셨습니다.

〈인간극장〉에 출연한 집사님도 마찬가지입니다. 남들이 "그게 뭐가 대단하냐?"고 하면 "그래, 대단한 건 없다. 사업이 망한 것은 내 욕심의 결론이고 그래서 지금은 환경에 맞춰서 살고 있을 뿐이다." 이렇게 인정하면 그것이 생명과 평안을 주는 영의 생각입니다.

주님을 만나고도 현재를 불평한다면 그것은 사망의 생각입니다. 절대 그 환경에서 벗어날 수가 없습니다. 사망의 생각은 막대기 같아서 아무리 높이 던져 올려도 떨어질 수밖에 없기 때문입니다. 그러나 생명의 생각은 새와 같아서 낮은 곳에 있어도 창공을 치고 올라갑니다.

C. S.루이스는 이런 말을 했습니다. "구속 받은 사람은 지금 이 땅 위에서도 개선된 모습을 보일 뿐 아니라 결국에는 상상도 못할 정도로 개선된 모습을 갖추게 되지만, 그런데도 개선이 곧 구속은 아니다. 하나님은 이 피조물들을 아들로 삼기 위해 인간이 되셨다. 단순히 옛사람을 개선시키기 위한 정도가 아니라 완전히 새로운 종류의 인간을 만들기 위해 이 땅에 오신 것이다. ⋯ 말이 더 높게 뛰는 법을 가르쳐 주시는 대신, 말을 아예 날개 달린 동물로 변신시키는 일과 같다. ⋯ 일단 날개가 돋은 말은 전에는 한 번도 넘지 못하던 담장을 가뿐히 뛰어넘을 것이며, 보통 말은 그의 상대조차 되지 못할 것이다."

내가 날개 달린 말로 변화되어 보통 말은 상대조차 되지 않는다는 것을 믿으십니까? 하나님을 믿고도 여자라서, 돈이 없어서, 아파서 무시를 받는다고 생각하십니까? 그렇다면 절대로 환경과 처지를 뛰어넘을 수 없습니다.

육신의 생각은 하나님과 원수가 되나니 이는 하나님의 법에 굴복치 아니할 뿐 아니라 할 수도 없음이라 육신에 있는 자들은 하나님을 기쁘시게 할 수 없느니라_롬 8:7~8

타락한 인간의 생각은 아무리 고상해도 하나님과 원수가 될 수밖에 없습니다. 세상의 인본주의, 종교, 철학이 고상하게 보여도 하나님을 섬기는 것을 교묘하게 방해합니다. 이 세상은 절대로 하나님을 공경하지 않습니다. 하나님과 원수 되게 합니다. 하나님께 굴복하지 않을 뿐 아니라 굴복할 수도 없습니다. 대단한 철학을 가진 학자, 노벨상을 받은 과학자가 예수님을 믿었습니까? 인류에게 존경을 받는 슈바이처도 예수님을 부인하고 죽었다고 합니다. 그가 온몸을 불사르게 내어 주고 구제를 했어도 목적이 육신에 있었기 때문에 하나님을 기쁘게 하지 못했습니다.

지혜롭고 슬기로운 자들에게는 감추셨고 어린아이에게는 보이셨다고 했습니다(눅 10:21). 자신의 지혜와 슬기 때문에 하나님의 법에 굴복하지 못하는 사람들은 결국 하나님과 원수가 되는 것입니다.

내 힘으로 뭔가 해 보려는 생각 때문에 잠을 못 이루십니까? 상처 받은 일을 생각하고 또 생각하면서 죽고 싶고, 죽이고 싶어서 사망에 처했습니까? 집착과 부정적인 육의 생각 대신 하나님의 뜻을 구하는 영의 생각으로 평안을 누립니까?

죽을 몸도 살리시는 축복

만일 너희 속에 하나님의 영이 거하시면 너희가 육신에 있지 아니하고 영에 있나니 누구든지 그리스도의 영이 없으면 그리스도의 사람이 아니라_롬 8:9

하나님의 영, 그리스도의 영은 성령입니다. 예수님은 이 땅에 오셨을 때는 육신으로, 부활하신 다음에는 영으로 우리와 함께 계십니다. 재림하실 때는 영과 육의 온전한 모습으로 오실 것입니다. 그때까지 우리는 하나님의 영, 그리스도의 영으로 살아가는 그리스도의 사람입니다.

또 그리스도께서 너희 안에 계시면 몸은 죄로 인하여 죽은 것이나 영은 의를 인하여 산 것이니라 예수를 죽은 자 가운데서 살리신 이의 영이 너희 안에 거하시면 그리스도 예수를 죽은 자 가운데서 살리신이가 너희 안에 거하시는 그의 영으로 말미암아 너희 죽을 몸도 살리시리라_롬 8:10~11

모든 것을 가지고도 죽고 싶은 것이 인간입니다. 《그리고 아무 말도 하지 않았다》라는 자서전으로 유명한 전혜린 씨는 그녀의 또 다른 책 《이 모든 괴로움을 또다시》라는 책에서 이렇게 썼습니다. "가끔 몹시도 피곤할 때면 기대서 울고 위로받을 한 사람이 갖고 싶어진다. 나는 생후 한 번도 위안자(慰安者)를 갖지 못했다. 고독이 가슴속에서 병균으로 번식했다. 꽃향기만 무섭게 공기에 얽혀 있는 밤, 온갖 겪지 못한 생과 격동과 회한이 나를 엄습한다. 다르게 살고 싶다."

전혜린 씨는 서울대학교 법대를 졸업한 인재로, 유망한 사람과 결혼해서 유학도 했고 글도 잘 쓰고, 지성과 외모를 갖춘 부족할 것이 없는 사람이었습니다. 그런데도 결국 자살을 했습니다.

그렇게 '죽을 몸'으로 살아가는 우리를, 우리 안에 거하시는 성령님이 도우십니다. 어떻게 도우십니까? 고독도, 좌절감도 없는 완전한 인격체가 되도록 도우십니까?

물론 성령님이 내 안에 거하시면서 나를 진정한 인격체로 만들어 가실 것입니다. 하지만 진정한 인격을 얻을 목적으로 주님께 나아가서는 절대 그것을 얻을 수 없습니다. 내 인격의 완성에 신경을 쓰는 한은 결코 주님께 나아갈 수 없습니다. 성령님이 나를 도우실 때 내가 해야 할 일은 내 자아를 통째로 잊어버리는 것입니다. 잊어버리려고 노력하는 것입니다.

C. S. 루이스는 또 이렇게 말했습니다. "진정한 새 자아는 그 인격 자체를 추구하는 한 얻을 수 없다. 그 자아는 그리스도를 찾을 때에만 얻을 수 있다. 인간관계에서도 자기가 상대방에게 어떤 인상을 주고 있는지 신경 쓰고 있는 동안에는 결코 좋은 인상을 줄 수 없다. 문학과 예술에서도 내가 독창성을 가지고 작품을 해 봐야지 하는 사람은 절대로 독창적이 될 수 없다. 반면에 단순히 진실만을 말하려고 노력하다 보면 십중팔구 자신도 모르는 사이에 독창적이 된다."

신문에서 다음과 같은 칼럼 한 편을 읽었습니다. 1999년 영국에서 〈달력 속의 여인들〉이라는 제목으로 아줌마들의 누드 달력이 발행됐습니다. 그 달력은 1998년 백혈병으로 남편을 잃은 한 미망인을 돕고 백혈병 연구 기금을 모으기 위해, 요크셔 지방의 평범한 시골 아줌마들이 누드 사진을 찍어 만든 것입니다. 처음에는 삼각대를 놓고 자신들끼리 촬영하다가 나중에는 전문가에게 부탁해 달력을 만들었다고 합니다.

이 아줌마들의 누드 사진을 보고 선정적이라거나 상업적으로 이용했다고 손가락질을 하는 사람은 아무도 없었습니다. 그렇다면 앞에서 말한 여배우의 '종군위안부 누드'와 무슨 차이가 있을까요? 똑같이 남을 돕겠다는 목적으로 촬영했는데 왜 한쪽은 세계적으로 칭찬을 받고, 한쪽은 비난을 받았을까요?

문제는 진실성입니다. 위안부를 돕고 싶다는 여배우의 의도는 좋았습니다. 틀린 말이 없습니다. 그런데 위안부 할머니들이 거기에 공감을 못합니다. 역사의 당사자들이 용납을 못합니다. 할머니들의 상처는 너무나 큰 것입니다. 자신이 위안부였다는 사실을 밝히지 못한 분도 많습니다. 사실을 밝힌 분들도 어려운 환경에서 근근이 살아갑니다. 역사적 진실을 알리기 위해 일본 대사관 앞에서 시위를 하며 힘든 싸움을 하고 있습니다. 아무리 힘들게 살아도 그런 수익금은 안 받겠다는 겁니다.

그 여배우가 "돕고 싶은 생각에 여자로서 누드 촬영까지 한 것"이라고 하니까, 그러면 할머니들이 시위하는 일본 대사관 앞에 한 번이라도 가 봤느냐는 소리가 나왔습니다. 할머니 가운데 한 분이라도 찾아가서 손이라도 잡아 본 적이 있느냐고 했습니다. 이 질문에 여배우는 답을 못했습니다. 그런 적이 없었기 때문에 그 사람의 진실이 와 닿지 않습니다.

큐티를 하고, 말씀으로 깨달은 것을 나눌 때도 마찬가지입니다. 틀린 말이 없는데도 상대방이 공감을 못할 수 있습니다. 옳은 것을 열심히 전한다고 했는데 열매가 하나도 없을 수 있습니다. 왜인 줄 아십니까? 진실성이 없기 때문입니다.

설교도 언변이 뛰어나고 원고가 잘 쓰였다고 은혜를 끼치는 게 아닙니다. 저도 대단한 지식과 화술을 가지고 큐티 모임을 하고 사역을 하지는 않았습니다. 제 인생이 드라마틱하지는 않아도 저의 진실을 드러내고 나눴을 때 다른 사람들이 은혜를 받았습니다. 시집살이, 남편의 죽음 이런 사건 자체가 아니라 그 속에서 치사하고 이기적인 저의 모습을 고백했을 때 공감을 얻었습니다.

중견 탤런트 김혜자 씨는 해마다 아프리카로 가서 아이들을 끌어안고, 손을 붙잡고 울어 줍니다. 본인이 직접 돕고, 다른 사람도 도울 수 있도록 열심히 홍보하고 있습니다. 그분이 옷을 벗었으면 아무도 돌을 안 던졌을 것입니다. 평소 그분의 삶 속에서 그들을 돕고자 하는 진실한 마음이 보였기 때문입니다. 그래서 삶이 따라 줘야 합니다. 삶이 따라 주지 않는 큐티와 기도와 예배는 나도, 다른 사람도 변화시킬 수 없습니다.

진실함이 결여된 일은 오래 가지 못합니다. 결혼도, 취업도, 사역도 그 자체에 성실하기 위해서가 아니라 어떤 다른 목적을 위해서 한다면 어려움에 부딪칠 수밖에 없습니다. 죽을 수밖에 없는 고난과 배신의 사건이 와도 하나님이 들어오시면, 성령님이 들어오시면 생명과 평안으로 바뀝니다. 진실함이 없었던 내 자신을 인정하고 "이 일이 내 삶의 결론이구나." 생각하면 인생이 달라집니다. "나에게 사랑이 없었다. 내가 죄인이었다." 인정할 때 죽을 몸도 살리시는 성령님이 도우십니다.

C. S. 루이스는 진정한 새 자아를 발견하기 위해서 자신을 포기하라고

합니다. 자기 생명을 버리라고 합니다. 죽음을 받아들이라고 합니다. 매일의 야망과 이루고 싶은 바람들의 죽음, 그리고 언젠가 찾아올 몸의 죽음을 받아들이라고 합니다. 그러면 영원한 생명을 발견한다는 것입니다. 내 속에서 죽지 않은 것은 절대로 죽음을 떨치고 일어서지 못합니다.

내 자신을 찾으면 미움과 외로움과 절망과 분노와 파멸과 쇠퇴만을 볼 뿐입니다. 그러나 그리스도를 찾으면 그를 만날 것이며 그와 함께 모든 것을 얻습니다. 영원하고 새로운 생명을 얻습니다.

지금 닥친 환경에서 내 자신을 직시하고, 내가 죄의 법을 섬길 수밖에 없다는 것을 인정하기 바랍니다. "내 모습 이대로 주 받으옵소서." 고백할 때 누구도 나를 정죄할 수 없습니다. 거기에 생명과 평안이 있습니다.

내 안에서 죽지 못한 것은 죽음을 떨치지 못한다고 했습니다. 내 자아와 인격이 죽고 내 안의 성령을 좇아 행할 때 죽을 몸도 살아납니다. 죽을 것 같던 가정과 직장과 공동체가 살아납니다.

그리스도의 사람으로서 모든 일에 진실한 태도로 임하고 있습니까? 위기에 처한 가정, 직장, 이웃을 위해 무엇보다도 그리스도의 영이 임하기를 기도합니까? 개선된 환경, 개선된 내 자신이 아니라 그리스도 안에서 죽었다가 살아난 새 생명으로 세상이 놀라는 순종과 헌신을 보여 주고 있습니까?

주님! 내 속에서 죽지 않은 것은 결코 살아날 수 없다고 하는데 아직도 포기하지 못하고, 죽지 못한 부분이 있습니다. 내 욕심과 자존심이 살아서 잘못을 인정하지 못합니다. 인정하기가 너무 싫습니다.

그러나 내 모습 이대로 주님께 내어 놓습니다. 혈기도, 아픔도, 날마다 일어나는 부정적인 생각도 주님 앞에 내어 놓습니다. 내 모습 이대로 주 받으옵소서. 그리스도의 영으로 내 안에 채워 주옵소서.

그리스도의 사람으로서 모든 일에 진실하기 원합니다. 내가 완전하지 못할지라도 진실함으로 행하기 원합니다. 어떤 상황에서도 잘못을 인정하고 죽어질 때 누구도 나를 정죄할 수 없습니다. 그것이 영의 생각이고 거기에 생명과 평안이 있음을 믿습니다.

성령님의 도우심으로 죽을 몸, 죽을 일 가운데서도 내가 다시 살아날 것을 믿습니다. 주님이 임하여 주옵소서. 성령으로 나와 가족들이 회복되게 하옵소서. 예수님 이름으로 기도하옵나이다. 아멘.

22
자녀가 되는 축복

로마서 8:11~17

하나님 아버지, 모태신앙이고 오래 신앙생활을 했어도 교회 건물만 드나드는 처치맨(churchman)으로 살 때가 많습니다. 이 시간 성령이 뚫고 들어오셔서 처치맨이 아닌 주님을 영접하는 참 그리스도인이 되도록 역사하여 주옵소서. 예수님 이름으로 기도하옵나이다. 아멘

일제(日帝)시대 일본이 우리 민족의 정기를 끊기 위해서 한국의 중요한 산 꼭대기마다 수천 개의 쇠말뚝을 박았다고 합니다. 몇 년 전 그 장면이 신문에 보도되면서 온 국민이 놀라움과 분노를 느낀 일이 있었습니다. 보도된 사진 중에는 태평양전쟁이 한창이던 때에 일본군이 백두산 천지에 쇠말뚝을 박고 일본의 천조대신 아마테라스 오미카미에게 제사를 드리는 모습도 있었습니다. 1943년 7월 23일부터 8월 7일까지 16일 동안 조선총독부 관계자들, 군인, 무속인 등 70여 명이 백두산에 머물면서 그 제사를 주관했다고

합니다. 이렇게 명산마다 쇠말뚝을 박는다고 해서 민족의 정기를 끊을 수 있겠습니까?

그리스도인 중에도 풍수지리설을 믿고 따르는 사람들이 많습니다. 전직 대통령 중에는 조상의 묏자리가 안 좋다고 해서 옮긴 분도 있었고, 또 대통령 후보의 정기를 끊겠다고 선산에 쇠말뚝을 박은 사건도 있었습니다. 하지만 그렇게 쇠말뚝을 박고, 묏자리를 옮긴다고 사람이 강해지거나 약해지겠습니까? 제사를 드리고 굿을 한다고 해서 하나님의 자녀인 우리들에게 어떤 영향이라도 줄 수 있겠습니까?

 ## 몸을 죽이고 영으로 사는 사람

예수를 죽은 자 가운데서 살리신 이의 영이 너희 안에 거하시면 그리스도 예수를 죽은 자 가운데서 살리신 이가 너희 안에 거하시는 그의 영으로 말미암아 너희 죽을 몸도 살리시리라_롬 8:11

쇠말뚝이나 묏자리가 사람을 약화시키고 불행하게 만드는 게 아닙니다. 사람을 변질시키고 불행하게 만든 사건은 에덴동산에서 시작되었습니다. 하나님의 명령을 어기고 에덴동산에서 쫓겨나는 것, 하나님의 창조 질서를 벗어나게 하는 것이 인간을 약화시키는 사단의 수법입니다.

하나님은 자기의 형상대로 사람을 지으시고 정기를 사람에게 불어넣어 주셨는데, 인간이 하나님을 떠나는 순간 그 정기를 잃어버렸습니다. 사단의 계략으로 인간은 하나님과 관계가 단절되고, 아버지의 집을 떠난 가출 소년이 되고 말았습니다.

그래서 우리는 죽을 수밖에 없습니다. 이 세상에서 가장 큰 고통은 죽는 것입니다. 죽음이야말로 가장 무섭고 힘든 일입니다. 그래서 "맨 나중에 멸망 받을 원수는 사망"이라고 했습니다(고전 15:26). 인간이 느끼는 스트레스 지수도 사별(死別)의 고통이 가장 크다고 합니다.

죽을 수밖에 없는 우리를 그리스도의 영, 성령님이 살아나게 하십니다. 11절에만 "살리신다"는 표현이 세 번이나 쓰였습니다. 여기서 '살린다'는 것이 꼭 죽은 몸의 소생을 의미하는 것은 아닙니다. 로마서 4장 17절에 쓰인 "죽은 자를 살리시며"는 아브라함이 자녀를 낳을 수 있게 된 상태를 말하고 있습니다. 성경에서 '살린다'라는 단어는 약하고 병든 몸에 정기가 넘치고, 활력이 회복되고, 상처가 회복되고, 감각이 되살아나는 것을 뜻하기도 합니다.

가인이 아벨을 살해한 뒤 하나님은 아벨 대신 다른 씨인 셋을 주셨는데, 셋의 아들 에노스가 비로소 여호와의 이름을 불렀다고 합니다. 에노스의 뜻은 '약하고 병든 사람'입니다. 힘이 센 가인은 에덴동산을 떠나 자기 성을 쌓고, 기계 문명을 창시하고, 풍악을 울리며 음악의 조상을 만들어 냈습니다. 그래서 한 일이 축첩과 살인입니다. 하지만 에노스는 약하고 병들어서 하나님의 이름을 부를 수밖에 없었습니다. 에노스가 여호와의 이름을 불렀기 때문에 예수님은 힘세고 강한 가인의 후예 중에서가 아니라 약한 에노스의 후예 중에서 오셨습니다.

이것이 성령님이 살리시는 것입니다. 약하고 병들어도, 도무지 아무 가능성이 없어도 하나님의 이름을 부르면 살아납니다. 작은 믿음의 불씨만 있으면 성령님의 기름 부으심으로 확 살아납니다.

그러므로 형제들아 우리가 빚진 자로되 육신에게 져서 육신대로 살 것이 아니니라_롬 8:12

성령으로 우리를 살리시고 고쳐 주신 하나님이십니다. 그래서 우리는 빚진 자입니다. 하나님의 사랑에 빚진 자로, 사랑의 빚을 갚고 살아야 합니다. 그런데 자꾸 육신에 빚진 자로 살겠다고 합니다. 육신으로 뭔가 이루려고 육신의 노예로 살아갑니다.

결혼을 앞둔 한 형제가 위암 말기 판정을 받았습니다. 앞으로 몇 달을 살지 모른다고 했습니다. 결혼 자체가 불가능한 상황에서 자매가 한 달을 살아도 좋으니 그냥 결혼하겠다고 했습니다. 눈물과 기도 속에 결혼을 했는데 기적이 일어났습니다. 말기 암이 치료되고 건강한 모습으로 결혼생활을 하게 된 것입니다.

그런데 살다 보니 남편이 하나님 자리에 가 있었습니다. 하나님이 살려 주셨다고 하면서도 하나님께 빚진 자가 아니라 남편에게 빚진 자로 살았습니다. 남편의 건강을 지켜 주려고 온갖 수고를 했습니다. 그러다 아이가 생기니까 그 다음에는 아이에게 빚진 자로 살았습니다. 그렇게 내 남편, 내 자식 하다 보니 돈이 필요하고, 돈으로 그들을 기쁘게 하려다 보니 돈에 빚진 자로 살게 됐습니다.

영화보다 더 감동적인 순애보라고 모두들 자매를 칭찬했습니다. 착한 아내, 착한 엄마라는 소리를 듣고 본인도 착하게 살려고 애를 썼습니다. 그런데 평안이 없었습니다. 눈만 뜨면 남편의 건강, 아이의 장래, 갚아야 할 빚이 생각나고 날마다 불안과 갈등에 시달립니다. 그래서 육신에 져서 육신대로 사는 인생이 됐습니다.

빚을 갚아야 한다는 것은 얼마나 절박한 마음인지 모릅니다. 하나님이 살려 주셨으면 그 절박한 마음으로 하나님의 사랑을 전하며 생명의 열매를 맺어야 합니다. 육신에 져서 육신에 빚진 자로 내 남편, 내 자식만 찾고 있으니까 평강이 없는 것입니다.

너희가 육신대로 살면 반드시 죽을 것이로되 영으로써 몸의 행실을 죽이면 살리니_롬 8:13

죽지 않으려면 몸의 행실을 죽이라고 합니다. 식욕과 성욕과 자고 싶은 욕구를 죽이라는 뜻일까요? 먹고 자는 것이 몸의 행실입니까? 아닙니다. 그것은 생명과 관련된 일입니다. 생명은 하나님이 주신 것입니다. 생명과 몸의 행실을 혼동해서 지나친 금욕주의에 빠져서는 안 됩니다.

우리가 죽여야 할 몸의 행실은 통제되지 않는 본능입니다. 인간은 짐승과 다르게 지음을 받았습니다. 짐승은 본능을 따라서 살고, 사람은 이성을 따라서 살도록 지음을 받았습니다. 이성은 하나님의 말씀으로 통제를 받아야 합니다.

하나님은 아담과 하와에게 이성과 지혜와 창의력을 가지고 세상과 만물을 다스리게 하셨습니다. 그러나 선악을 알게 하는 나무의 실과는 먹지 말라고 하셨습니다. 선악과의 용도는 그것을 볼 때마다 하나님의 명령을 기억하라는 것입니다. 인간은 절대 자기 마음대로 살아서는 안 되고 하나님의 말씀대로 살아야 한다는 진리를 생각나게 하는 것입니다.

그것을 무시하고 선악과를 보면서 '먹고 싶다' 고 생각하는 것이 몸의 행실입니다. 하나님의 진리를 외면하고 내 마음대로 살고 싶은 마음이 몸의 행실입니다. 그 몸의 행실을 따라 살면 결국 죽는 것입니다.

큐티선교회에 참여하는 어떤 분이 이런 나눔을 올렸습니다. 그분은 지방에서 본인 소유의 아파트에 살고 있었지만, 평생 큰돈을 만져 본 적은 없었습니다. 그런데 주위에서 재테크니 부동산이니 하는 소리를 들으니까 왠지 뒤처지는 기분이 들더랍니다. 지방은 집값이 오를 일이 없는데 서울에서는 아파트 한 채만 있으면 금세 1억 원씩 올라간다는 말을 듣고는 살던 아파트를 팔고 서울의 허름한 재개발 아파트를 샀습니다. 집을 줄여서 이사를 했지만 이제 곧 재산이 불어날 생각에 흐뭇했습니다.

그런데 그분이 서울에 아파트를 산 그때부터 집값이 떨어지기 시작했습니다. 10년 넘게 살아도 꿈쩍도 안 하던 지방의 아파트 값은 올라가기 시작했습니다. "무엇을 입을까 마실까 염려하지 말라" 는 하나님의 진리를 떠나 잘살고 싶은 몸의 행실을 따랐다가 평강을 잃었다고 회개하는 마음으로 글을 올렸습니다.

우리 주위에는 눈만 뜨면 몸의 행실을 따라 살도록 유혹하는 것들이 너무 많습니다. 구원을 받았지만 아직 육신이 구속되지 않아서 육신에 질 일이 날마다 찾아옵니다. 서울에 아파트를 샀다는 그분은 말씀을 안 보는 분도 아니고 큐티까지 하는 분입니다. 그래도 큐티를 하니까 금세 깨닫고 회개를 했지만 이렇게 매일 말씀을 묵상해도 우리는 육신을 이길 힘이 없습니다.

육신에 져서 육신대로 살면 "반드시" 죽는다고 하셨습니다. 하나님이 우리 잘못을 용납지 않고 죽이신다는 뜻입니까? 아닙니다. "오호라 나는 곤고한 사람이로다 이 사망의 몸에서 누가 나를 건져 내랴"(롬 7:24) 고백할 수밖에 없는 우리지만 그리스도 안에 있는 사람은 결코 육신대로 살지 않는다는 뜻입니다.

죽을 길로 가지 않도록 성령님의 강력(强力)으로 내 삶을 간섭하시는 것이 사랑입니다. 내가 하나님의 자녀이기 때문에 하나님은 어떻게 해서든지 딴 길로 못 가게 막으십니다. 오르던 집값을 떨어지게 해서라도 막으십니다. 매를 때려서라도 하나님의 자녀로 데리고 가십니다.

성령의 사람은 죽을 수가 없습니다. 성령의 사람은 마음이 몸의 행실을 원해도 대답은 "아니오"로 나옵니다. 내가 넘어가려고 할 때마다 말씀을 주시고, 다른 이들의 간증을 듣게 하셔서 돌이키게 하십니다. 손해 보는 것 같아도 몸의 행실을 "죽이면 살리라"의 약속을 반드시 확인시켜 주십니다.

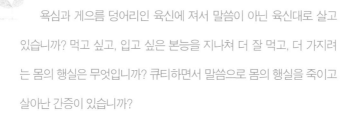

욕심과 게으름 덩어리인 육신에 져서 말씀이 아닌 육신대로 살고 있습니까? 먹고 싶고, 입고 싶은 본능을 지나쳐 더 잘 먹고, 더 가지려는 몸의 행실은 무엇입니까? 큐티하면서 말씀으로 몸의 행실을 죽이고 살아난 간증이 있습니까?

하나님을 아버지라 부르는 사람

무릇 하나님의 영으로 인도함을 받는 그들은 곧 하나님의 아들이라 너희는 다시 무서워하는 종의 영을 받지 아니하였고 양자의 영을 받았으므로 아바 아버지라 부르짖느니라_롬 8:14~15

아람어인 "아바"는 '아빠'라는 뜻입니다. '아버지'나 '아버님', '아바마마'가 아니라 아버지에 대한 가장 친밀한 표현입니다. 하나님을 아빠라고 부르십니까? 하나님과 얼마나 친하십니까?

"부르짖는다"는 말의 뜻은 아기가 너무 행복하고 즐거워서 내는 소리입니다. 아빠를 보고 반가워서 급하게 내는 소리입니다. 나를 위해 무엇이든 해 줄 것 같은 아빠이기에 두려움이 없습니다. 두려움 없이 즐겁게 부르는 아빠입니다.

헨리 블랙코비는 이런 이야기를 했습니다.

"예수님은 비전을 내걸지 않으셨다. 대신 아버지의 뜻을 구하셨다. 세상의 리더십 전문가들은 예수님이 마치 산꼭대기에 올라가 예루살렘을 내려다보며 이렇게 혼잣말하는 것처럼 그리곤 한다. '어떻게 추종 세력을 모아서 온 세계에 복음을 전할까? 기성 종교인을 설득해야 할까? 군중에게 설교해야 할까? 거창한 기적을 연달아 행해야 할까? 아니다. 열두 명의 인생에 내 자신을 투자하자. 내가 떠난 뒤에 대신 사명을 수행할 수 있도록 그들을 철저히 훈련시키면 그들이 다른 사람들에게 투자하며 그 수가 배가 될 것이다. 그렇게 내 나라를 전 세계로 확장되게 하자.'"

하지만 이것은 예수님의 사역을 너무나 오해한 것이라는 겁니다. 예수님의 리더십의 핵심은 아버지와의 관계였습니다. "때가 차매 하나님이 그 아들을 보내사 여자에게서 나게 하시고 율법 아래 나게 하신 것"(갈 4:4)이었습니다. 무슨 뜻입니까? 예수님이 이 땅에서 리더십을 가질 수 있었던 것은 때가 차매 보내서서 여자에게서 나게 하시고 율법 아래 나게 하신 하나님의 뜻이라는 말입니다.

제가 목회를 성공적으로 하려고 목회 방법론을 배웠습니까? 세미나와 훈련 프로그램을 쫓아다녔습니까? 처녀 몸에서 나신 예수님처럼 저도 수치와 낮아짐을 경험하고, 시집살이와 결혼과 여자라는 율법 아래 살았습니다. 많은 사람의 고통을 돕기 위해 저도 고통을 당해 봐야 했던 것입니다. 그것이 리더십의 근거가 됐습니다. 세상의 리더십도 영적 리더십에서 출발하지만 목회는 사람을 구원하는 일이기 때문에 방법론으로 할 수 있는 게 아닙니다. 주인 되신 아버지와 친밀하지 않으면 영적인 사역을 해 나갈 수 없습니다.

예수님은 아버지를 아셨기 때문에 그분의 목소리를 알고, 그분의 뜻을 이해하셨습니다. 아버지의 뜻을 이해하셨기 때문에 학벌도 없고 목수의 아들이었어도 좌절하지 않으셨고, 사람들을 사랑하셨지만 사람들의 의견에 휩쓸려 사명에서 빗나가는 법이 없으셨습니다.

헨리 블랙코비는 말합니다.

"예수님의 모본은 그분의 '방법론' 속에 있지 않다. 그것은 아버지 뜻에 대한 그분의 절대적 순종에 있다. 영적 리더는 하나님이 자신의 리더임을 안다. 열쇠는 아버지가 계시하신 모든 뜻을 잘 간직하고 순종하는 것이다. 궁극적으로 리더는 하나님 아버지다."

하나님이 무엇을 좋아하시고 싫어하시는지 아십니까? 하나님이 돈에 대해 무엇이라고 말씀하시는지 아십니까? 분노에 대해 무엇이라고 말씀하시는지 아십니까? 무너지는 부부 관계에 대해 무엇이라고 하시는지 아십니까? 직장생활에 대해 무엇이라고 말씀하시는지 아십니까? 하나님이 우리나라에 대해, 북한에 대해 어떻게 말씀하시는지 아십니까?

하나님과 친하다면 그것을 알아야 합니다. 하나님을 '아빠'라고 부르는 사람에게는 알려 주십니다. 아기가 엄마 품으로 뛰어들 때 무슨 거짓말을 하겠습니까? 내가 순수하고 진실하게 아버지의 뜻을 구하면 하나님이 알려 주십니다.

사람들은 아픔은 알지만 그 아픔의 원인은 잘 모릅니다. 아픔의 원인을 찾기 위한 방법으로 요즘 유행처럼 퍼지고 있는 내적 치유가 있습니다. 내적 치유는 과거가 현재에 영향을 미친다는 현대 심리학 논리를 신앙 상담 것입니다. 치유 과정에서 과거의 상처를 현재의 모습과 연관시 판단을 하기도 합니다. 그런 상담을 들은 사람은 마치 새로운 진리 ...은 것처럼 "내가 그래서 이런 성격을 가지게 됐구나."라고 생각합니다. "나는 원래 나쁜 사람이 아닌데 부모 때문이야, 환경 때문이야." 하고 안심하며 위로를 얻습니다.

거기에는 분명히 긍정적인 효과도 있습니다. 인정하기 싫었던 자신의 실체를 인정하면서 하나님의 은혜를 경험하기도 합니다. 하지만 과거의 상처가 현재의 성격과 연관되었다는 걸 알았다고 해서 현재가 고쳐집니까? 과거를 치유할 것이 아니라 현재를 치유하는 것이 필요하지 않겠습니까? 문제가 생길 때마다 과거의 잘못과 상처를 떠올리고, 과거에 매여 있다면 해결은 더 어렵습니다. 아담과 하와가 범죄하고 나서 '당신 때문'이라고 서로를 탓한 것처럼 과거를 탓하기 때문입니다.

현재의 행동과 증상을 과거의 상처나 기억으로 이해할 수 있다는 심리학 이론이 비록 맞는 논리일지는 몰라도, 그 논리에 치우쳐서 신앙생활을 하는 것은 바람직하지 않습니다. 하나님은 우리가 다시는 무서워하는 종의 영을 받지 않았다고 하셨습니다. 과거가 현재를 붙잡고 압박하는 것은 무서워하는 종의 영입니다. 종의 영이 아닌 아들의 영을 받은 사람, 성령이 내 속에 있는 사람은 과거의 상처가 문제될 수 없습니다.

과거가 현재를 결정한다는 이론을 따르기에는 우리의 현재, 오늘과 내일의 삶이 너무나도 소중합니다. 현재(present)는 선물(present)입니다. 과거가 우리의 현재를 결정하는 것이 아니라 오늘 현재의 삶을 감사함으로 살 때

미래를 결정할 수 있습니다.

 성령이 친히 우리 영으로 더불어 우리가 하나님의 자녀인 것을 증거하시나니_롬 8:16

앞날을 향해 힘차게 나아가기 위해 필요한 것은 과거의 치유가 아닌 성령 충만입니다. 현재 나의 삶에서 성령의 충만함을 받는 것이, 과거의 상처가 나에게 어떤 영향을 끼쳤는지를 아는 것보다 훨씬 중요합니다. 성령만이 살리는 영이기 때문입니다.

종이 아닌 아들의 영을 가진 사람, 하나님을 아빠라고 부를 수 있는 사람에게는 어떤 과거도 힘을 잃습니다. 우리의 모든 상처와 저주는 그리스도의 피로, 오늘의 성령 충만함으로 끊어집니다. 성령 충만은 현재의 삶에 정기를 불어넣어 줍니다. 성령의 은혜로 현재를 활기차게 살아가는 것이 하나님 자녀의 특권입니다. 내가 하나님의 자녀라는 것을 성령님이 증거하십니다.

종의 영을 벗고 당당한 하나님의 자녀로 살고 있습니까? 세미나와 치유 프로그램에서 훈련 받는 것이 아니라 하나님과 친밀하게 지내는 것이 현재를 잘 사는 비결임을 믿습니까?

고난도 함께 받는 사람

자녀이면 또한 후사 곧 하나님의 후사요 그리스도와 함께한 후사니 우리가 그와 함께 영광을 받기 위하여 고난도 함께 받아야 될 것이니라 _ 롬 8:17

성령님이 하나님의 자녀인 것을 증거하는 사람은 하나님의 상속자로서 후계자 수업을 받아야 합니다. 세상에서도 후계자가 되려면 힘든 훈련을 거칩니다. 후계자로 만들기 위해서 자녀를 혹독하게 고생시키는 재벌 총수들도 있습니다. 우리나라의 유명한 대기업에서는 하청 업체 사장의 아들들을 데려다가 훈련을 시킨다고도 합니다. 더 좋은 물건을 납품하게 하기 위해서입니다. 나중을 생각해서 투자를 하는 겁니다.

세상은 어떠한 고난의 훈련도 그 목적이 '무너질 세상 것' 이 전부입니다. 하지만 우리는 무너지지 않을 하나님 나라를 상속받은 영적 후사입니다. 그렇다면 재벌 후계자가 받는 훈련보다도 훨씬 더 강도 높은 훈련을 받아야 하지 않겠습니까? 영적 후사인 나에게 당연히 십자가 훈련이 있다는 것을 알고, 그리스도와 함께 영광 받을 것을 알기 때문에 기쁘게 고난의 훈련을 감당할 수 있습니다.

아이들에게 "너는 우리가 너를 위해 해 준 모든 것에 감사해야 한다."고 부르짖는 부모가 있습니까? 그렇다면 심각할 정도로 사랑이 결핍된 사람들입니다. 사랑은 자기희생이 아닙니다. '자기 확대' 입니다. 사랑은 자기가 좋아서 하는 것입니다. 부모가 서로 사랑해서 아이를 낳았습니다. 그 사랑을 확장시켜서 아이들을 사랑하는 것입니다.

진정한 사랑은 목적이 내가 사랑하는 사람들의 건강과 성장에 있습니다. 그 외의 어떤 것도 목적이 될 수 없습니다. "내가 당신한테 이렇게 했으니까 당신도 이렇게 해야지." 하는 것은 사랑이 아닙니다. 그 사람이 영적으로, 정신적으로, 육적으로 건강하기를 바라고 성장하기를 바라는 것, 그것이 사랑입니다.

목사로서 저의 사랑은 우리 교회 성도들이 육적으로, 영적으로 건강하게 자라기를 바라는 것입니다. 목자가 목원에게 갖는 사랑도 그것입니다. 나한테 뭘 줘서가 아니라 목원들이 건강하게 자라기를 구하는 것이 사랑입니다.

하나님이 원하시는 것은 우리가 영육 간에 건강하게 성장하는 것입니다. 나를 후사로 세우셨기 때문에 무언가를 요구하거나 바라지 않으십니다. 고행을 하고 선을 행해서 보답하라고 하지 않으십니다.

나를 자녀 삼으시고, 사랑하시고, 그 어떤 것도 물려 줄 후사로 세우신 하나님은 우리가 영육 간에 건강하기를 바라십니다. 하나님의 자녀로 성장하기를 원하십니다. 그래서 우리에게 아픔과 고난도 허락하셨습니다.

하나님의 상속자로서 내 신분이 너무나 대단하기 때문에 이 땅에서 잠시 받는 고난은 얼마든지 기쁘게 받을 수 있습니다. 팔자(八字)가 변해 십자가(十字架) 지는 인생이 될 때 그리스도와 함께 영광을 누리는 것입니다. 하나님의 자녀로서 그리스도의 본을 따르면 그리스도의 부활의 능력이 우리와 함께할 것이며, 결국 우리는 승리를 얻을 것입니다.

그리스도와 함께 받은 고난과 영광의 간증이 있습니까? 나와 내 가정에 피하고 싶은 고난이 하나님 나라를 상속하는 후계자 훈련임을 깨닫습니까?

하나님! 참으로 하나님의 자녀가 되는 것, 하나님의 정기를 받은 사람답게 사는 것은 내가 잘났을 때가 아니라 병들고 연약할 때 가능하다는 것을 알았습니다. 병들고 연약해서 하나님을 부를 수밖에 없는 그때에 예배가 회복되고, 성령님이 살리시는 은혜가 임하는 것을 알았습니다.

아직도 죽을 수밖에 없는 두려움이 있습니다. 하나님이 살려 주셨는데 아직도 육신대로 살아서 육신에게 지는, 육신에 빚진 자로 살아가는 것을 불쌍히 여겨 주옵소서. 몸의 행실을 버리면 산다고 하셨으니 끊지 못하는 중독과 집착의 몸의 행실을 이제는 끊게 하옵소서. 무서워하는 종의 영을 벗고 아들의 영, 그리스도의 영으로 살아나게 하옵소서.

몸의 행실을 끊기 위해 '아빠' 라고 부를 수 있는, 하나님과의 친밀한 관계를 허락하여 주옵소서. 그렇습니다. 잘난 것이 없기 때문에 나는 아버지를 사랑할 수밖에 없습니다. 이 세상에 부를 이름이 참으로 주님밖에 없습니다. 그러기에 성령님이 친히 우리를 하나님의 아들이라고 증거하는 축복을 우리에게 주옵소서. 우리 배우자에게 허락해 주옵소서. 자녀에게 허락해 주옵소서. 부모형제에게 허락해 주옵소서.

주님을 너무 사랑하기 때문에, 엄청난 하나님의 상속자이기 때문에 우리가 그 사랑을 전하기 위해 고난도 함께 받기로 결단합니다. 예수님과 함께 고난을 받기로 작정하며 현재에 충성하기를 원합니다. 과거의 상처와 죄의 영을 완전히 벗어버리고 그리스도와 함께 영광 받기를 사모하며 현재의 십자가 훈련을 기쁨으로 감당하기 원합니다. 도와주옵소서. 예수님 이름으로 기도하옵나이다. 아멘.

23
그리스도인의 세 가지 숙제

로마서 8:18~26

하나님 아버지, 올바른 삶을 살기 위해서 제가 풀어야 할 과제가 있다고 하십니다. 이 시간 오셔서 말씀해 주옵소서. 예수님 이름으로 기도하옵나이다. 아멘.

한국과 미국 학교의 차이, 특별히 숙제에 대한 차이가 무엇인지 들어 보신 적 있습니까? 미국에서 중학생 아들과 살고 있는 한 성도가 이런 이야기를 했습니다. 한국에서도 미국에서도 숙제를 잘 안 하고 게으름을 부리던 아들이 미국에서 한 달 정도 학교를 다니더니 이렇게 말을 하더랍니다.

"엄마, 아무래도 앞으로 열심히 숙제를 해야겠어."

"그래? 왜 그렇게 생각했는데?" 하고 물었더니 아들이 이렇게 대답했습니다. "한국에서는 숙제를 안 해 가면 한 대 맞고 끝나는데 미국은 안 그래. 야단은 야단대로 맞고 기어이 숙제는 해 가야 해. 그러니까 아예 처음부터 해 가는 게 나을 것 같아."

우리들의 숙제는 무엇입니까? 아이들을 잘 돌보는 것이 숙제입니까? 직장에서 새 프로젝트를 맡은 것이 숙제입니까? 다 큰 자녀가 결혼을 하지 않아서 큰 숙제입니까? 건강이 숙제입니까? 그것 말고 하나님이 우리 각자에게 주신 평생의 숙제가 있다는 것을 아십니까?

숙제를 잘하기 위해 생각할 것과 비교할 것

생각건대 현재의 고난은 장차 우리에게 나타날 영광과 족히 비교할 수 없도다_롬 8:18

"생각"해야 할 것과 "비교"해야 할 것이 있습니다. "생각건대"는 '신중히 생각하다, 논리적인 결정을 내리다.' 라는 뜻이 있습니다. 그러면 나의 고난을 어떻게 생각하는 것이 신중하고 논리적인 것일까요?

고난은 "현재의 것" 이라고 하십니다. 예수님의 인생에서 공생애 사역은 3년이었고, 십자가에서 극심한 고통을 겪으신 시간은 여섯 시간이었습니다. 죽음에 이르는 고통이었지만 그 고통이 지난 뒤 이천 년 동안 영광을 보이시고, 앞으로도 영원한 영광 가운데 계실 것입니다.

"현재"는 예수님의 초림(初臨)에서 재림(再臨)까지의 시간을 말합니다. 우리 인생도 내가 태어나서 죽을 때까지가 현재입니다. 태어나서 죽을 때까지 평생 고난을 당한다고 해도 그것은 현재의 고난입니다. 70년 동안 고난을 당해도 그것은 현재의 고난입니다. 여기서 생각해야 할 것은 내 고난이 잠깐의 고난이라는 것입니다. 70년 고난을 당해도 잠깐이라는 것을 생각하면 천국을 살 수 있고, 그렇지 않으면 1시간 고난을 겪어도 지옥의 삶을 삽니다.

그렇게 현재의 고난을 생각하고 장차의 영광과 비교하라고 합니다. 그런데 그걸 거꾸로 하니까 문제가 생깁니다. 장차의 영광이 아니라 현재의 고난만 비교하고 있으니까 인생이 슬픈 겁니다.

장차 대통령이 될 남편을 바라보며 삼사십 년의 고난을 기쁘게 감당하는 부인들도 있습니다. 우리는 예수 그리스도의 신부입니다. 대통령의 부인과는 비교할 수도 없는 창조주 예수님의 신부입니다. 현재가 아무리 힘들어도 장차 나타날 영광과 비교할 때 무엇이 문제가 되겠습니까?

고난이 언제 끝날지만 생각하고, 다른 사람과 나의 현재를 비교하며 슬퍼합니까? 비교할 수 없는 하나님의 영광과 사랑을 현재의 고난 속에서도 누리고 있습니까?

피조물의 탄식을 제거하라

피조물의 고대하는 바는 하나님의 아들들의 나타나는 것이니_롬 8:19

피조물들은 하나님의 자녀들이 나타나기를 고대합니다. "고대한다"는 것은 머리를 빼고 열렬히 기다리는 것입니다. 피조물들이 이제나 저제나 하나님의 자녀들이 나타나기를 기다리고 있습니다. 왜 그럴까요?

> 피조물이 허무한 데 굴복하는 것은 자기 뜻이 아니요 오직 굴복게 하시는 이로 말미암음이라_롬 8:20

많은 예술가들이 자연을 찬양하고, 사람들은 아름다운 자연을 보기 위해 찾아다닙니다. 그러나 막상 그 자연 속으로 들어가 보면 먹이사슬로 이루어진 약육강식의 세계를 볼 수 있습니다. 아름다운 산호초로 덮인 바다 속에서도 피비린내 나는 전쟁이 일어나고 있습니다. 서로 잡아먹고, 공격하고, 도망 다니고 살기 위한 전쟁의 연속입니다.

"아담에게 이르시되 네가 네 아내의 말을 듣고 내가 너더러 먹지 말라 한 나무 실과를 먹었은즉 땅은 너로 인하여 저주를 받고 너는 종신토록 수고하여야 그 소산을 먹으리라 땅이 네게 가시덤불과 엉겅퀴를 낼 것이라"(창세기 3:17~18)고 하셨습니다.

인간의 타락과 함께 땅도 저주를 받았습니다. 인간에게 축복으로 주어진 자연이 인간의 수고를 요청하는 대상이 됐습니다. 굴복케 하시는 이로 말미암아 피조물도 허무한 데 굴복하게 됐다는 것이 이 뜻입니다. 아담과 하와의 범죄함으로 더불어 살아야 할 인간과 자연이 함께 타락했습니다. 인간은 자연을 훼손하고 오염시키고, 자연은 폭풍과 산사태, 천재지변으로 인간을 위협하는 대상이 된 것입니다.

광우병은 소의 뇌가 스펀지처럼 녹아서 발작하다가 죽는 것입니다. 그 무서운 병이 소에 국한되지 않고 양, 닭은 물론 사람에게까지 전염되고 있습니다. 현재까지 드러난 병의 원인은 소에게 다른 죽은 소의 뼈와 고기를 섞어 만든 사료를 먹였기 때문이라고 합니다. 소는 본래 채식 동물입니다. 풀을 먹어야 합니다. 그런 소에게 썩은 고기를 섞어 만든 육식 사료를 주었기 때문에 뇌를 녹이는 무서운 병이 생겼다는 것입니다. 인간의 무지와 자만이 부른 재앙이 바로 광우병입니다.

우리는 먹고 마셔도 되는 것과 안 되는 것을 구분하지 못하는 몰상식의 시대에 살고 있습니다. 인간과 자연, 모든 피조물이 허무한 데 굴복해서 먹어서는 안 될 술을 마시고, 담배를 피우고, 스스로 썩어짐의 종노릇을 합니다. 그것이 죄와 타락의 결과라는 걸 모릅니다. 교회를 다녀도 그것이 죄인 줄 모릅니다.

그 바라는 것은 피조물도 썩어짐의 종 노릇한 데서 해방되어 하나님의 자녀들의 영광의 자유에 이르는 것이니라_롬 8:21

그래서 인간의 구원은 자연의 구원으로 연결됩니다. 내가 구원되지 않으면 자연도 구원될 수 없습니다. 그렇기 때문에 피조물이 영광의 자유에 이르기 위해서 하나님의 자녀인 나를 고대하는 것입니다.

저희 집 베란다에는 오래된 벤자민 화분이 있었습니다. 남편이 가기 전부터 17년을 키웠더니 아름드리나무로 자랐습니다. 그런데 몇 해 전 겨울, 집이 건조한 것 같아서 창문을 열어 놓았더니 그만 죽고 말았습니다. 아니 죽이고 말았습니다. 아무리 바빠도 친구에게 하듯 매일 "안녕" 하고 인사를 했는데 외출할 일이 많고 바빠지면서 제대로 돌보지 못해 죽였습니다. 동물도 17년을 키우면 정이 들 텐데 화분을 죽이고 나니 제 마음이 아팠습니다.

피조물 스스로는 절대로 자기의 생명을 보장 받을 수 없습니다. 제가 죽이면 그것은 죽을 수밖에 없습니다. 물을 안 주고, 춥게 내버려 두면 화초는 죽습니다. 그래서 피조물이 머리를 빼고 하나님의 자녀들이 나타나기를 고대하는 것입니다. 나를 구원해 주지 않을까 해서 안타깝게 우리를 쳐다보고 있습니다.

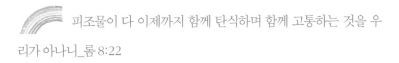 피조물이 다 이제까지 함께 탄식하며 함께 고통하는 것을 우리가 아나니_롬 8:22

오래전 이재철 목사님에게서 들은 이야기입니다. 일본의 한 수도원에 베드로, 요한, 야고보, 유다 등 예수님의 열두 제자들의 이름을 붙인 나무 열두 그루가 있었다고 합니다. 이상하게도 가룟 유다 팻말을 붙인 나무가 자꾸 말라 죽더랍니다. 그래서 수제자 베드로의 팻말과 바꿔서 걸었습니다. 팻말만 바꿨을 뿐인데도 가룟 유다 팻말을 붙인 나무가 또 말라 죽더라

는 겁니다. 왜 죽었겠습니까? 수도원에 방문한 사람들이 유다 나무를 보면서 욕을 하든지 침을 뱉든지 하면서 저주를 했기 때문입니다.

나무도 인간의 행위에 반응합니다. 동물도, 식물도, 물도 인간의 심리 상태나 행위에 따라 반응합니다. 벤자민 화분을 기르면서 17년 동안 특별히 비료를 주거나 한 적은 없었습니다. 햇빛이 잘 드는 베란다에 두고, 집에서 큐티 모임을 하고 성경공부를 하니까 그 기운까지 받아서 잘 자랐습니다. 그런데 얼마 돌보지 못한 사이에 금세 반응을 보여서 죽고 말았습니다.

인간과 함께 탄식하고 고통받는 피조물의 탄식을 제거하는 것, 그것이 우리에게 맡겨진 숙제입니다. 피조물의 탄식에 귀를 기울이고 더 이상 탄식이 나오지 않도록 환경 운동도 해야 합니다. 하나님의 자녀들이 노력해야 피조물도 살아납니다.

환경 단체 가입이나 모피 반대 운동은 하지 않더라도 가까운 주변 환경에 대해 관심을 갖고 돌아봅니까? 혹시 내가 얻은 자유함으로 다른 피조물들을 해치지는 않습니까? 나의 구원이 자연과 사람을 살리는 일에 쓰임 받고, 피조물이 고대하는 인생이 된 것에 자랑스러움과 책임감을 느끼십니까?

인간의 탄식을 제거하라

이뿐 아니라 또한 우리 곧 성령의 처음 익은 열매를 받은 우리까지도 속
으로 탄식하여 양자 될 것 곧 우리 몸의 구속을 기다리느니라_롬8:23

"처음 익은 열매"를 받은 우리에게도 탄식이 있다고 합니다. 처음 익은
열매인 예수님을 받고 구원을 얻었어도 두 번째 열매인 성화(聖化), 거룩함으
로 가는 과정에서 근심이 있습니다. 갈등과 탄식이 있습니다.

성경을 보면 인간에게는 두 가지 근심이 있다고 합니다. 먼저는 하나님
의 뜻대로 하는 근심이 있습니다. 그 근심은 구원에 이르게 하는 근심이요
회개를 이루는 근심입니다. 나머지 하나는 세상 근심입니다. 그 근심은 사
망을 이루는 것입니다.

하나님의 열매를 받은 사람은 세상 근심이 아닌 하나님의 뜻대로 하는
근심으로 탄식해야 합니다. 그래서 바울 사도는 하나님의 뜻을 따라 우리
가 근심해야 할 것을 가르칩니다. "양자 될 것", 곧 하나님의 자녀로서 온전
한 몸의 구속을 기다려야 한다는 것입니다.

어떤 자매가 거듭난 뒤에 하나님을 안 믿는 사람을 사랑하게 됐다고 합
니다. 어떻게 안 믿는 사람을 사랑하게 됐는지 스스로가 믿어지지 않는다
고 했습니다. 영이 구속되었어도 몸이 구속되지 않았기 때문에 우리는 그
렇게 탄식할 일이 있습니다. 하지만 그때 하나님의 뜻을 생각하고 탄식하
기 때문에 희망이 있습니다.

저는 조건만을 보고 가책도 없이 믿음 없는 사람과 결혼했습니다. 지금

은 제 자녀를 놓고 생각할 때 억만장자 재벌 집안의 자식이라고 해도 믿음이 없으면 결혼 못 시킬 것 같습니다. 완전하지는 못하지만 저도 그때보다는 조금 성화가 되었습니다. 믿음으로 분별하고 절제하는 몸의 구속이 조금은 이루어졌습니다.

그 과정에서 탄식할 일이 많지만 주님은 우리를 반드시 성화에서 영화로 이끌어 가십니다. 내 힘으로 할 수 없기에 탄식할지라도 영과 혼과 몸의 구속을 단계적으로 이루어 주십니다.

우리가 소망으로 구원을 얻었으매 보이는 소망이 소망이 아니니 보는 것을 누가 바라리요_롬 8:24

'탄식'을 원어로 보면 '해산의 고통'입니다. 해산의 고통은 절망의 고통이 아니라 희망의 고통입니다. 진통이 너무 아파서 탄식할 수밖에 없지만 그것은 곧 아기가 태어난다는 소망의 고통이기 때문입니다.

그런 탄식이 우리에게 있습니다. 내 자녀를 사랑하고 남편, 부인을 사랑하는데, 그들이 예수님을 믿기 원하는 탄식의 고통이 있습니다. 소리를 지르고 아프게 하는 일도 있습니다.

저도 엄마로서 아이들한테 소리를 잘 지릅니다. "너, 계속 그렇게 할 거야~?" 하고 제가 소리를 지르니까 "엄마가 소리 지르는 걸 아무도 모를 거야." 하면서 성도들한테 알린다고 협박을 합니다. 알리면 어떻습니까. 한 생

명이 태어나는데 "음~ 좀 아프군." 하면서 교양을 떨겠습니까? "악!" 비명을
지르고 머리를 쥐어뜯는 탄식이 있어야 한 생명이 태어나는 것입니다.

눈물과 탄식은 다릅니다. 탄식은 조용히 우는 게 아닙니다. 절규를 하면
서 우는 게 탄식입니다. 우리 집안에 예수가 임하기 위해서, 기가 막힌 탄식
이 있는 겁니다. 이것은 절망의 탄식이 아니라 희망의 탄식입니다. 소망의
고통입니다.

 만일 우리가 보지 못하는 것을 바라면 참음으로 기다릴찌니
라_롬 8:25

보이는 소망이 전부라면 예수 믿는 사람처럼 불쌍한 사람이 어디 있겠
습니까? 믿는 배우자를 찾다가 결혼을 못하고 있는 형제, 자매들도 많습니
다. 믿음 때문에 보지 못하는 것을 바라고 기다리는 것은 참 어렵습니다. 혼
기가 늦어져도 믿음 때문에 참고 기다리는 형제, 자매들을 주의 이름으로
축복합니다. 기다린 만큼 주님이 친히 보여 주실 장차의 영광이 있는 것을
믿습니다.

저는 믿음 있는 사람과 결혼하지 못했습니다. 남편은 장로님, 권사님 집
안의 아들이었지만 정작 본인은 믿음이 없었습니다. 조건이 좋다는 이유로
결혼 전에 참음으로 기다리지 못하고 갔기 때문에 결혼하고 나서 참고 기다
려야 할 일이 많았습니다. 물론 그것도 하나님의 인도하심이고 축복이었지

만, 결혼하기 전에 참고 기다리는 것이 훨씬 더 홀륭하다고 생각합니다. 아직 보이지 않고 마지막까지 결혼을 못하더라도 오래 기도하며 믿음의 배우자를 구하는 분들은 저보다 받을 상급이 훨씬 더 클 것입니다.

제가 이런 이야기를 하면 "목사님은 결혼을 해 봤으니까 저런 소리를 한다."고 합니다. 그렇습니다. 저는 결혼도 해 봤고, 아들도 낳고, 딸도 낳고, 큰 집에서도 살아 봤습니다. 시집살이도 해 봤기 때문에 주님을 만나고 깨닫고 적용할 것들이 많았습니다.

하나님이 저를 이런 인생으로 만세 전부터 택하셔서 이 길을 걸어 왔지만 그것이 나을 것이 무엇입니까? 제가 결혼한 것 때문에 무슨 큰 영광을 누렸겠습니까! 결혼 자체가 아니라 그 안에서 참고 기다린 훈련 때문에 혼자된 지금 더 큰 영광을 보고 있지 않습니까! 제가 결혼을 해 봤기 때문에 더 자신 있게 이런 말씀을 드리는 것입니다.

하나님의 자녀들이 가진 소망이란, 기대에 찬 소원이 아니라 '절대적인 확실성' 위에 있는 것입니다. 젊은 날 믿음의 적용으로 참고 기다리면서 탄식을 제거하고 간다면 그 영광은 무엇과도 비교할 수 없습니다. 인생은 잠깐입니다. 우리가 천국에서 만날 날이 얼마 안 남았습니다. 기다리신 김에 더 확실히 기다리십시오. 절대 타협하지 마시기 바랍니다.

타협할 수 없는 거짓말과 뇌물과 제사, 이미 타협해 버린 불신 결혼과 음행 때문에 가슴 아픈 탄식이 있습니까? 나의 탄식이 구원을 위한 소망의 탄식이 되도록 끊고, 참고, 기다리는 훈련을 잘 받고 있습니까?

성령 하나님의 탄식을 제거하라

이와 같이 성령도 우리 연약함을 도우시나니 우리가 마땅히 빌 바를 알
지 못하나 오직 성령이 말할 수 없는 탄식으로 우리를 위하여 친히 간구
하시느니라_롬 8:26

"우리를 위하여" 성령 하나님도 탄식을 하십니다. 내가 마땅히 빌 바를
알지 못하기 때문에 탄식하십니다. 혹시 지금 무엇을 구하고 빌어야 할지
알고 있습니까? 내가 구하는 것이 뭔지는 알고 있습니까?

돈을 구하십니까? 돈보다 더 큰 것을 구하시기 바랍니다. 돈은 소중한
것입니다. 우리 아버지이신 하나님은 우리에게 물질이 필요한 것을 아시고
물질의 축복을 약속하셨습니다. 나가도 복을 받고, 들어와도 복을 받고, 떡
반죽 그릇까지도 복을 주겠다고 약속하신 분이 하나님이십니다.

미국에 '인앤아웃(In and Out)'이라는 패스트푸드점이 생겼다고 합니다.
생긴 지 얼마 안 되었는데 어떤 지역에서는 대기업인 '맥도날드'보다도 매
출이 더 많았습니다. 믿는 사람이 창업을 한 곳이라 음료수 잔에 요한복음
3장 16절을 새겨 넣었다고 합니다. 'In and Out'이라는 상호도 바로 "들어
와도 나가도" 복을 주신다는 약속의 말씀에 근거해서 지은 것입니다.

저는 하나님이 모든 성도들에게 이 'In and Out'의 축복을 주시기를 바
랍니다. 모든 물질의 축복을 받으시기 바랍니다. 집도 번듯한 것으로 마련
하고, 좋은 차도 장만하십시오.

그러나 그 이상이 되시라는 겁니다. 돈으로 침대를 살 수 있지만 잠

을 살 수는 없습니다. 돈으로 책을 살 수는 있지만 지혜를 살 수는 없습니다. 돈으로 비싸고 맛있는 음식을 살 수는 있지만 입맛을 살 수는 없습니다. 돈이 없어 김치 하나 놓고도 밥을 맛있게 먹을 수 있다면 얼마나 큰 축복입니까?

침대를 구하지 말고 단잠을 구하십시오. 책을 구하지 말고 지혜를 구하십시오. 음식을 구하지 말고 좋은 입맛을 구하십시오. 돈보다 더 큰 것을 구하십시오. 돈 이상으로, 집 이상으로 무엇을 구해야 할지 아는 사람에게 하나님은 이렇게 말씀하실 것입니다. "저 녀석은 이제 됐군. 뭘 맡겨도 알아서 잘 살겠어." 그래서 돈도 주시고, 건강도 주시고, 구하지 않은 것까지 다 주실 것입니다.

부모가 비싼 옷을 사 준다고 하는데 자녀가 "엄마, 제가 예수님을 믿는 사람인데 이런 비싼 옷을 입는 건 하나님이 기뻐하지 않으실 것 같아요. 친구들을 전도하기 위해서라도 애들하고 비슷하게 입고 싶어요. 그냥 평범한 옷으로 사 주세요." 이런다면 그 자녀에게 무엇인들 못 맡기겠습니까? 달라고 하지 않아도 저절로 주고 싶은 마음이 들지 않겠습니까?

믿음이 없으면 머리라도 좋아서 그렇게 기도를 해야죠. 물론 하나님이 우리 진심을 다 아십니다. 그렇더라도 "주님, 돈을 안 주셔도 지금 가진 것으로 열심히 주님을 섬기게 해 주세요." 하고 기도를 해 보시라는 말입니다. "하나님, 돈이 인생의 다가 아니에요." 이러면 돈을 주실 것입니다. "혹시라도 그렇게 기도했다가 하나님이 영영 안 주시면 어떡해." 이러지 말고 일부러라도 연습해 보기 바랍니다.

건강을 구합니까? 건강보다 더 큰 것을 구하십시오. 몸이 건강한 것은 분명 하나님의 은총입니다. 그러나 교도소에 가 보니 사지가 멀쩡한 건강한 사람들이 가득 앉아 있었습니다. 건강한 육신으로 무엇을 하면서 살 것인지 삶의 목적이 분명하지 않다면 건강도 필요가 없습니다.

자녀의 대학 입학을 구합니까? 대학보다 더 큰 것을 구하십시오. 제가 청소년 아이들에게 "서울대학교 가기를 원하느냐, 성령 받기를 원하느냐?"고 물었더니 두 가지 다 원한다고 합니다. 정말 머리가 좋아요.

부모님들에게 묻겠습니다. 자녀가 서울대학교 가기를 원합니까, 성령 받기를 원합니까? 왜 목소리가 작아집니까?

부인들에게 묻겠습니다. 남편이 돈을 많이 벌었으면 좋겠습니까, 성령을 받았으면 좋겠습니까? 이건 대답이 크네요. 역시 여자들이 믿음이 좋은 것 같습니다.

남편들에게 묻겠습니다. 부인이 성령 받았으면 좋겠습니까, 살림을 잘하면 좋겠습니까? 역시 소리가 작습니다.

마땅히 빌 바를 알고 구해야 합니다. 무엇이 진정 중요한 것인지를 모르고 구하는 우리 때문에 성령님이 탄식하십니다. 우리의 연약함을 아시고, 우리를 위하여 친히 간구하시는 성령님의 탄식에 귀를 기울이십시오. 그 탄식 가운데서 하나님의 마음을 알아 갈 때 마땅히 빌 바를 알고 구할 수가 있습니다.

무엇을 기도해야 할지 아는 사람은 이미 연약한 자가 아닙니다. 그는 이미 강한 그리스도의 군사입니다. 하나님의 마음을 알아서 마땅히 빌 바를 알고 구하는 사람만이 하나님의 탄식을 제거할 수 있습니다.

사랑이 있을 때 탄식이 들립니다. 자연을 사랑하고, 인간을 사랑하고, 하나님을 사랑할 때 그 탄식을 듣고 제거할 수 있습니다. 탄식을 제거하는 것이 사역입니다. 피조물과 인간과 하나님의 탄식을 들으며 그것을 제거하기 위해 노력하는 것이 우리 인생의 숙제입니다.

피조물과 인간의 탄식을 제거하기 위해 돈과 권력이 필요하다고 생각하고 그것을 구합니까? 잘못 구하는 나 때문에 성령님이 탄식하시지는 않을까요? 말씀 묵상과 기도에 집중함으로써 나를 위해 간구하시는 성령님의 탄식에 귀를 기울입니까?

하나님 아버지! 현재의 고난은 장차의 영광과 족히 비교할 수 없다고 하셨습니다. 하나님의 자녀인 우리들에게 왜 고난이 오는지, 현재 고난의 이유를 가르쳐 주시니 감사합니다. 또 현재의 고난이 아무리 힘들어도 잠깐이라고 하시니 감사합니다.

현재의 고난을 장차의 영광과 비교할 때 어떤 것도 참고 기다릴 수 있다는 것을 알았습니다. 결혼을 못하고, 가난하고, 병에 걸렸어도 믿음으로 참고 기다린다면 비교할 수 없는 영광이 있는 것을 믿습니다.

그럼에도 아직 내 몸의 구속이 온전히 이루어지지 않아서 탄식할 일이 있습니다. 내 속사람의 탄식이 들려지게 하옵소서. 탄식이 있을지라도 그것은 절망의 고통이 아닌 소망의 고통이라고 하셨으니, 바라는 것들을 실상으로 놓고 보지 못하는 것들을 증거하며 앞으로 나아가는 믿음의 자녀가 되기 원합니다.

하나님을 사랑하기에 피조물의 탄식이, 힘든 사람의 탄식이 내게 들리기 원합니다. 마땅히 빌 바를 알지 못하는 나를 위해 친히 간구하시는 하나님의 탄식이 들리기 원합니다. 하나님의 자녀로서 피조물의 탄식을 제거하고, 힘든 사람들의 탄식을 제거하는 자가 되게 하옵소서. 또한 이제는 하나님의 마음을 알아서 마땅히 구할 것을 구하며 하나님의 탄식이 그쳐지는 인생을 살게 하옵소서. 오늘도 성령님을 통해 친히 가르치시고 간구하시는 주님의 사랑을 찬양합니다. 예수님 이름으로 기도하옵나이다. 아멘.

24
합력하여 선을 이룬다

로마서 8:26~30

하나님 아버지, 저의 힘든 사건에서 합력하여 선을 이루는 것
이 무엇인지 알기 원합니다. 제가 원하는 선이 아니라 하나님이 이루시는 선을 깨닫고 그 뜻
에 순종하게 하옵소서. 예수님 이름으로 기도하옵나이다. 아멘.

예언기도와 금식기도를 많이 하던 어떤 권사님이 그렇게 기도를 하면서
도 세 번의 이혼을 했습니다. 권사님의 딸도 이혼을 했는데, 딸은 이혼 후에
신학을 공부했습니다. 그러자 그 권사님이 "내가 이혼을 했기 때문에 딸도
이혼을 했고, 딸이 이혼을 했기 때문에 신학을 했고, 이제 주의 일을 하게
됐으니 내가 이혼을 안 했으면 어쩔 뻔했느냐. 내가 이혼한 것이 합력해서
선을 이루시는 일이었다."고 합니다. 맞는 말일까요?

연약한 자에게 선을 이루신다

이와 같이 성령도 우리 연약함을 도우시나니 우리가 마땅히 빌바를 알
지 못하나 오직 성령이 말할 수 없는 탄식으로 우리를 위하여 친히 간구
하시느니라_롬 8:26

우리는 연약해서 마땅히 빌 바도 알지 못하는 인생입니다. 내 미래를 모
르기 때문에 나에게 유익한 것이 무엇인지도 알 수 없습니다.

그런 우리가 믿음으로 의롭게 되었습니다. 죄에서 자유합니다. 율법에
서 자유하고 사망에서 자유합니다. 그런데도 나의 기도하는 모습을 한번
살펴보십시오. 아직도 얼마나 이기적인 기도를 하고, 얼마나 욕심에 찬 기
도를 하며, 얼마나 형식적인 기도를 하며, 얼마나 입으로만 내뱉는 기도를
하고 있습니까! 얼마나 죄를 짓고도 감추는 기도를 하는지 모릅니다.

그런 우리를 보고 성령님이 탄식하십니다. "내가 너를 의롭게 해 주었는
데 넌 어쩜 그렇게 안 변하니!" 나 때문에 말도 못하십니다. 말할 수 없는
탄식으로 "네가 교회 다닌 지가 몇 년이니? 네가 구원 받은 지가 도대체 몇
년이니?" 하십니다.

내가 하나님의 자녀가 되었기 때문에, '그따위' 기도를 하고 있는데도
순전히 아버지 잘 만난 덕에 성령님이 나를 위해 간구해 주십니다. 정말 부
모를 잘 만났습니다. 우리가 무슨 '빽'으로 하나님을 아버지로 만나서 이
런 기도를 받을 수 있는 인생이 되었습니까?

중학교 교사이신 한 집사님이 홈페이지에 다음과 같은 글을 올려 주었

습니다. 그 학교의 졸업식이 있던 날 3학년 한 학생이 자살을 했다고 합니다. 공부도 잘하고 임원을 맡아서 하던 학생인데 졸업식에도 오지 않고 스스로 목숨을 끊었습니다. 사정을 알고 보니 아버지는 알코올중독이고, 엄마가 생계를 책임지고 일을 하는데 일 때문에 졸업식에도 못 온다고 했답니다. 엄마가 졸업식에 못 가서 미안하다고 했고, 학생은 괜찮다고 하면서 함께 아침 식사를 했습니다. 그렇게 평소와 다름없이 식사를 하고 학교에 갔는데 유서도 남기지 않고 자살을 한 것입니다.

공부도 잘하고 학급 임원을 할 만큼 인기가 많았어도 그 학생에게는 무엇이 서운하고 힘이 드는지 털어놓을 한 사람이 없었습니다. 그래서 유서도 없이 스스로 죽음을 택했습니다.

공부 잘하고 똑똑한 자녀보다 연약해서 성령이 탄식해 주시는 인생이 축복입니다. 내 힘으로는 자녀를 잘 키울 수 없습니다. 눈동자처럼 자녀를 지키시는 성령님의 보호가 필요합니다. 부모라고 어떻게 늘 쫓아다닐 수가 있겠습니까? 성령님이 도와주시고 보호하시고, 성령님이 경고해 주셔야 합니다. 그것이 부모로서 마땅히 빌 바입니다.

미국인들이 쓰는 험한 욕 중에 '갓댐(God damn)'이라는 말이 있는데, 이것은 '성령이 너를 떠나라.'는 뜻입니다. 그런데 '성령 없이 목사나 해 먹어라.'가 더 큰 욕이라고 합니다. 우리는 성령님의 도우심 없이는 한순간도 살 수 없는 인생입니다. 성령님이 도우시지 않으면 기도도 묵상도 설교도 찬양도 할 수 없습니다.

"도우시나니"는 누군가의 손을 잡아 준다는 뜻입니다. LA에서 목회를 하시는 손인식 목사님이 십여 년 전 중국 용정의 한 교회에서 집회를 인도했습니다. 자그마한 체구의 한 아주머니가 집회가 끝난 뒤 목사님에게 다가와서 물었습니다.

"목사님, 손 씨입니까?"

"예, 저는 손 씨입니다."

"본관이 어디십니까?"

"밀양입니다."

"목사님, 저도 밀양 손 씨입니다."

십여 년 전이면 중국과의 교류가 그리 활발하지 않았던 시절입니다. 그런 시절에 밀양 손 씨라는 한 가지가 아주머니와 목사님을 이어 주는 고리가 되었습니다. 그 아주머니는 그날 교회에 처음 오셨다고 했습니다. 손 목사님은 아주머니의 손을 잡고 말했습니다.

"힘드시죠? 수고하셨습니다."

그 말 한마디에 아주머니가 손 목사님 다리를 붙잡고 울기 시작했습니다. 사연을 들어 보니 중국인 3세로 공안국 검사였던 남편이 자본주의 앞잡이로 몰려서 자신과 딸이 보는 앞에서 돌로 쳐 죽임을 당했다는 것입니다. 그렇게 죽었기 때문에 그분은 누구의 아내로 내놓고 살 수가 없었습니다. 기막힌 어둠의 세월을 살아온 분이었습니다.

그런데 목사님의 따뜻한 한마디에 성령님의 감동이 그분에게 임했습니다. 그 자리에서 주님을 영접했습니다.

손 목사님은 미국에 돌아간 뒤에도 그 아주머니의 딸에게 장학금을 보내 공부를 시켰습니다. 지금은 아주머니의 자녀가 연길 어느 교회에서 충성된 일꾼으로 섬기고 있다고 합니다.

내가 지치고 기도할 수 없을 때 성령님이 손을 잡아 주십니다. "주님!" 하고 이름만 불러도 성령님이 나를 도우십니다. 나를 위해 기도해 주십니다.

옆 사람의 손을 잡고 말해 주십시오.

"힘드시죠? 수고하셨습니다."

저도 여러분의 손을 잡아 드리고 싶습니다.

마음을 감찰하시는 이가 성령의 생각을 아시나니 이는 성령이 하나님의 뜻대로 성도를 위하여 간구하심이니라_롬 8:27

"하나님이 사람의 심장을 감찰하시나이다"(시 7:9)라고 했습니다. 주님은 내 마음을 감찰하십니다. 죄를 지어도 내 진심이 하나님을 향해 있음을 주님이 아십니다. 의롭게 살아도 내 마음이 욕심으로 가득 찬 것을 주님이 아십니다.

결혼생활 13년 동안 저의 기도는 남편이 주님을 믿고 거듭나는 것이었습니다. 그렇게 좋은 기도 제목이었지만 주님은 빨리 응답해 주시지 않았습니다. 너무 오랫동안 응답을 안 해 주시니까 성령님의 탄식이 저에게 전해져 왔습니다. 남편의 구원을 위한 탄식이 내 속의 탄식으로 바뀌어졌습니다. 남편을 위해 기도할수록 나의 이기심과 욕심과 교만 때문에 탄식하게 됐습니다.

남편의 구원보다 먼저 내 죄를 깨닫는 것이 저를 위해 필요한 것이었기 때문입니다. 나보다 나를 더 잘 아는 주님이 내게 유익한 것이 무엇인지를 아셨기 때문입니다. 내게 좋은 것이 무엇인지, 어느 때에 주시는 것이 좋은지를 성령님이 너무 잘 아시고 나를 인도하셨습니다. 그 과정에서 하나님은 나의 불완전한 기도를 하나님의 뜻대로 온전하게 바꾸어 주셨습니다.

남편의 구원도 너무나 급하고 선한 일이었지만, 날마다 내 죄를 깨닫게 하신 것이 저에게 이루신 최고의 선하심이었습니다.

성령님이 탄식하시는 내 연약함은 구체적으로 무엇입니까? 성령님이 나를 감찰하시고 도우심으로 내 연약함마저도 합력하여 선을 이루게 하시는 것을 믿습니까? 연약한 가족을 위해 성령의 도우심을 간절히 구합니까?

사랑하는 자에게 선을 이루신다

우리가 알거니와 하나님을 사랑하는 자 곧 그 뜻대로 부르심을 입은 자들에게는 모든 것이 합력하여 선을 이루느니라_롬 8:28

자기의 연약함을 보고 하나님의 도우심을 구하는 자, 하나님을 사랑하는 자들에게는 모든 것이 합력하여 선을 이루게 하십니다.

많은 사람들이 이 말씀을 오해하고 있습니다. 예수님을 믿는 사람은 이래도 저래도 다 잘된다는 겁니다. 결국은 만사형통이라고 걱정할 것이 없다고 합니다. 자신의 연약함에 대해 탄식하지도 않고 자꾸 합리화를 하면서 "괜찮아, 괜찮아. 다 합력해서 선을 이루시는 거야." 이러는 겁니다.

어떤 두 권사님이 동창 모임에 갔다가 서로 중매를 하기로 했습니다. 한 분은 시골에 있는 총각을 소개하고, 다른 분은 서울에 사는 색시를 소개하기로 했습니다. 어렵게 시간을 내서 시골에 사는 총각을 서울에 데려왔는데, 색시를 소개하기로 한 권사님이 그만 약속을 까맣게 잊어버렸습니다. 그 바람에 시골 총각이 그냥 돌아가고 말았습니다. 그런데 처녀를 데리고 나가기로 했던 권사님이 "아휴~ 괜찮아. 둘이 못 만난 게 하나님 뜻일지도 몰라. 더 좋은 사람 만나라고 오늘 만나지 못한 거야. 하나님이 합력해서 선을 이루실 거야." 이렇게 얘기를 했습니다.

어떤 분은 안 믿는 며느리를 맞아들이면서, 우리 아들이 그 며느리 때문에 고생을 하다가 예수님을 더 잘 믿게 될 것이기 때문에 합력해서 선을 이룬다고 합니다.

하지만 이 말씀은 아무데나 그렇게 갖다 붙이는 말씀이 아닙니다. 자신의 실수와 욕심은 인정하지 않고 무조건 하나님이 합력해서 선을 이루신다고 부르짖어서는 안 됩니다. 물론 결과적으로 그 말은 맞는 말입니다. 하나님은 성도의 인생에서 모든 것이 합력하여 선을 이루게 하십니다. 그러나 이 말씀은 하나님 쪽에서 우리에게 하시는 말씀이지 내가 마음대로 써 먹을 수 있는 말이 아니라는 겁니다.

잘못한 입장에서는 자기 잘못만 인정하면 됩니다. 시골 총각을 힘들게 데리고 온 권사님이 그 말을 했다면 차라리 괜찮습니다. 하지만 실수한 당사자가 그렇게 말하면 안 되죠. 맞는 말이지만 듣고도 기분 나쁜 겁니다.

28절 말씀을 반대로 읽어 보면 이렇게 됩니다.

"우리가 알거니와 하나님을 사랑하지 않는 자, 곧 자기 뜻대로 부르심을 입은 자들에게는 모든 것이 합력하여 악을 이루느니라."

하나님이 주신 것이 많이 있습니다. 자녀도 주셨습니다. 가족도 주셨습니다. 명예도 주시고 돈도 주셨습니다. 지위도 주셨습니다. 그런데 하나님을 사랑하지 않고 자기 뜻대로 사는 사람은 그 모든 것을 총동원해서 악을 이룹니다.

국회의원은 국회의원의 지위를 이용해 비리와 부정의 악을 이룹니다. 그 자녀들까지도 부모의 권세를 동원해서 악을 이룹니다. 과학자들은 지식을 동원해서 인간 복제를 연구하며 악을 이룹니다. 이렇게 돈과 능력과 외모와 매체를 총동원해서 악하고 음란하게 사는 것이 하나님 없이 사는 인생입니다.

그렇다면 선(善)은 무엇입니까? 결과적으로 우리가 성화를 이루고 영화롭게 되기 위한 모든 사건과 경험이 선입니다. 나 보기에 좋은 게 선이 아닙니다. 보기에 좋고 만족스럽다고 해도 우리가 하나님의 자녀로서 영화롭게 되는 데 방해가 된다면 그것은 선이 아닙니다.

고난도 축복입니다. 그러나 고난 자체가 선은 아닙니다. 고난은 좋은 것도, 좋아할 이유도 없는 것입니다. 그런데도 고난이 축복이라고 하는 것은 고난을 통해 우리가 하나님께 더 가까이 나아가기 때문입니다. 내 죄를 깨닫고 거룩함을 이루어 가기 때문입니다. 그렇지 않다면 고난이 좋을 게 뭐가 있겠습니까?

하나님을 사랑하는 사람, 내 연약함을 인정하고 하나님의 뜻대로 살고자 하는 사람에게는 가난과 무력함과 질병까지도 선을 이루는 도구가 됩니다. 내가 하나님을 사랑하는지 하나님의 뜻에 관심이 있는지 없는지에 따라서 가진 것도 못 가진 것도 선이 되기도 하고 악이 되기도 하는 것입니다.

하나님이 내 인생에서 합력하여 선을 이루신 일들을 간략하게 적어 봅시다. 무조건 선을 이루실 것을 믿고 방관하는 것이 아니라 더욱 간절히 하나님을 사랑하며 하나님의 뜻을 구합니까?

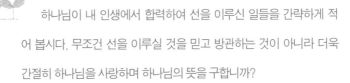

선을 이루시는 목적

하나님이 미리 아신 자들로 또한 그 아들의 형상을 본받게 하기 위하여 미리 정하셨으니 이는 그로 많은 형제 중에서 맏아들이 되게 하려 하심이니라 또 미리 정하신 그들을 또한 부르시고 부르신 그들을 또한 의롭다 하시고 의롭다 하신 그들을 또한 영화롭게 하셨느니라_롬 8:29~30

28절 "합력하여 선을 이루느니라"와 29절 말씀 사이에 '왜냐하면' 이라는 접속사가 생략되었습니다. 원래대로 읽는다면 하나님이 모든 것을 합력하여 선을 이루시게 하는 이유는 '왜냐하면' 그 아들의 형상을 본받게 하기 위해서입니다. 아들도 그냥 아들이 아니고 "맏아들" 예수님과 같은 반열에 세워서 영화롭게 하시려고 나를 미리 아시고, 정하시고, 부르셨습니다.

나는 '하나님이 미리 아시고, 정하시고, 부르시고, 의롭다 하시고, 영화롭게 하신' 존재입니다. 이 모든 것에 하나님이 주어입니다. 하나님이 미리 아셨고, 하나님이 미리 아신 인생을 하나님이 정하셨고, 하나님이 정하신 인생을 하나님이 부르셨고, 하나님이 부르신 인생을 하나님이 의롭다 하셨고, 하나님이 의롭다 하신 인생을 하나님이 영화롭게 하셨습니다. 이 모든 것을 하나님이 하셨습니다.

또 미리 아시고, 정하시고, 부르시고, 의롭다 하시고, 영화롭게 하셨다는 것이 다섯 번의 과거 동사로 나옵니다. 이 모든 것을 이미 이루어진 일로 선포하시는 것입니다.

로마서 8장까지의 모든 교리의 결론이자 구원의 핵심이 이 다섯 가지 동사에 담겨 있습니다. 밥 필드 박사는 이것을 "끊어질 수 없는 다섯 개의 고리로 만든 황금 사슬" 이라고 했습니다.

구원은 하나님이 주권을 가지고 이루신 일입니다. 하나님은 끊어질 수 없는 이 다섯 개의 고리로 우리를 인도해 가십니다.

하나님은 만세 전에 나를 이미 아셨습니다. 우리를 이미 아셨습니다. 잘나서 아셨습니까? 그냥 우리의 존재 자체를 아셨습니다. 착해서 나를 정하셨습니까? 우리가 죄인 되었을 때에 죄인인 우리를 맏아들이 되게 하시려고 미리 정하셨습니다.

미리 정하셨다는 '예정(豫定)'은 미래가 정해져 있어서 그것을 알 수 있다는 뜻이 아닙니다. 미래가 다 정해져 있다면 "너는 지옥 갈 거니까 하나님을 믿을 필요도 없어." 이렇게 되는 겁니까? 그건 말이 안 됩니다. "100% 죄인인 내가 구원을 받고 보니까 만세 전부터 예정된 인생이더라. 내 인생 전체가 구원을 위한 하나님의 계획이었다." 이처럼 구원 받은 자가 과거를 돌아보면서 하는 신앙고백이 예정론입니다.

그런데 칼빈이 죽은 뒤 예정론이 부풀려지기 시작하면서 '미리 다 정해졌는데 교회는 가서 뭐하냐, 성경은 읽어서 뭐하냐?' 이런 식으로 오해가 되고 교파가 나뉘어졌습니다. 이것은 절대 그런 이야기가 아닙니다. 예정은 미래를 말하는 것이 아닙니다.

저희 아버지는 어머니와 결혼하기 위해 교회에 나가셨습니다. 결혼 당시 아버지 쪽은 유교 집안이었고, 어머니 쪽 외가는 기독교 집안이었습니다. 어머니와 결혼을 하려고 학습을 받으셨는데, 학습을 받은 다음 6개월 후에 받아야 할 세례를 30년이 지나서 어머니가 돌아가신 뒤에 받으셨습니다. 그러고 나서 장로님으로 교회를 섬기다가 돌아가셨습니다.

저희 아버지는 정말 마음 좋으신 분이었습니다. 어머니가 교회 나가시는 것에 대해서도 100%, 200% 지원하셨습니다. 새벽기도, 철야기도, 기도원에도 얼마든지 가게 하셨고 집을 팔아서 헌금을 한다고 해도 하게 두셨을 분입니다. 그럼에도 정작 자신은 교회에 나가지 않았습니다.

그렇지만 결혼하려고 교회 간 것, 그것을 하나님이 기억하시고 나중에 찾으셨습니다. 결혼하려고 나갔다가 결혼 후에는 핍박하는 사람도 있습니다. 그렇게 결혼하고 싶어서 교회를 나오더니 결혼하자마자 핍박하기 시작해서 지금까지 안 나오는 남편도 있습니다. 그런 분도 하나님이 나중에 찾으실 줄 믿습니다.

그러나 잘 들으십시오!

지금 아직 결혼하지 않은 입장이라면 그걸 믿고 타협해서는 안 됩니다. 미리 아시고 정하셨으니까 나중에 찾으시겠지 하면 안 됩니다. 그 과정에서 성령님이 탄식할 일이 너무 많기 때문에 말리고 싶은 겁니다.

자기 의지와 상관없이 오늘 처음 교회에 끌려오신 분이라도 하나님이 미리 아시고 정하셔서 오신 것을 믿습니다. 잘 믿고 살아보겠다고 자원해서 오신 분도, 지금까지 딴 길로 돌아 돌아 오신 분도 하나님이 미리 아시고 정하시고 부르셔서 오신 것을 믿습니다.

어떻게든 한 번이라도 복음을 들었다면, 교회에 발을 들여 놓았다면 그것은 우연이 아닙니다. 언젠가는 반드시 불러 주실 것입니다. 40년, 50년 고생을 하더라도 꼭 돌아올 것입니다. 그랬을 때 합력해서 선을 이루신다는 말은 나중에 결과적으로 쓰이는 말입니다.

하나님이 미리 아시고 정하신 사람을 어떻게 부르실까요? 직분으로 부르실까요? 은사로 부르실까요? 목사와 선교사로 부르십니까?

그보다도 하나님은 나의 약점으로 부르십니다. 나에게 자식이 우상이면 자식의 수치로 나를 부르십니다. 돈을 좋아하면 돈을 빼앗아서 부르시고,

건강이 우상이면 건강을 빼앗아서 부르십니다. 권세면 권세를 빼앗아서 부르십니다. 명예를 좋아하면 명예를 빼앗아서 부르십니다.

다른 사람의 약점으로는 안 부르십니다. 나의 약점으로 부르십니다. 없으면 죽을 것 같은 그것, 그것만 있으면 예수님을 잘 믿을 것 같은데 하나님은 꼭 그것을 안 주셔서 나를 부르십니다.

수치당하는 그것 때문에 우리가 부름을 받습니다. 그렇게 약점으로 부름을 받았을 때 나중에 직분으로, 사역으로 부름을 받아도 생색이 안 나게 돼 있습니다. 갖은 수치를 통해 전적인 하나님의 은혜로 부름을 받았는데 어찌 감히 직분을 주네, 안 주네 말을 할 수가 있겠습니까? 우리에게는 교회에서 직분 타령을 하는 사치가 있을 수 없습니다.

그러나 수치 가운데서 불러 주시는 하나님은 반드시 나를 의롭게 해 주십니다. 예수 믿는 사람에게는 전과가 없습니다. 인육(人肉)을 먹은 지존파도 하나님이 불러 주시면 의롭게 됩니다. 하나님이 불러 주시면 의롭게 되지 않을 자가 없습니다. 세상은 그 사람들을 조롱할지 모릅니다. 망해서 예수님을 믿었다고 조롱할지도 모릅니다. 그러나 하나님이 의롭게 해 주셨는데 누가 나를 송사하겠습니까?

수치와 고난으로 주님 앞에 부르신 것이 나를 잘 아시는 하나님의 배려인 것에 감사합니까? 주님을 만난 뒤 죄를 깨닫고 회개하며 의롭게 되고 영화롭게 된 간증이 있습니까?

중3 학생의 자살 이야기를 올려 주신 집사님이 학교 선생님인데, 정작 그분의 아들은 학교에도 잘 나가지 않는 문제아였습니다. 그런데 모범생으로 잘 지내는 것 같다가 하루아침에 자살을 택한 학생을 보며 집사님은 속 썩이는 자기 아들을 생각했습니다.

학교 졸업식이 있던 그날, 아침부터 울며 기도하다가 차라리 아들이 없었으면 하는 생각이 반짝 드는 순간 너무 가슴이 아파서 회개하고 있었습니다.

그런데 출근길에 학생의 자살 소식을 듣고 장례식장으로 달려가 선생님들과 함께 얼마나 오열했는지 모릅니다. 어린 학생의 주검 앞에서 죽음을 함부로 생각했던 저의 이기적인 모습을 회개했습니다. 어디에도 말 못하고 죽은 아이를 생각하니 솔직하게 다 드러내며 죄를 짓고 돌아다니는 아들이 차라리 감사했습니다.

아들 때문에 우리 부부가 하나님만 바라보게 하시며, 하루라도 말씀을 듣지 않고는 살 수 없는 은혜로 몰고 가심이 많이 감사했습니다. 하지만 그 기다림의 끝이 언제인지 몰라 힘이 듭니다.

오늘 주님이 오신다면 제일 수지맞는 사람이 바로 이 부모님 아니겠습니까? 이분은 아직도 탄식할 일이 많습니다. 하나님이 언제 불러 주실지 모르는 아들 때문에 날마다 눈물과 기도가 끊이지 않습니다. 하지만 이렇게 아들의 영혼을 위해 탄식하다가 천국의 아랫목에 가지 않겠습니까?

하나님은 수치를 벗어나고자 하기보다 수치를 드러내면서 부르심에 응답하는 인생을 영화롭게 하십니다. 집사님이 교사로서 문제아 아들이 부끄러울 때도 있었지만, 아들 때문에 학교의 문제 학생들을 끌어안을 수 있었습니다. 아들이 사건을 일으킬 때마다 숨기지 않고 기도 부탁을 하고 함께 기도하고 나누니까 그 아들이 한 번 교회에 올 때면 온 교인들이 반가워하고 쓰다듬어 줍니다.

자식이 공부 잘하고 모범생인 것이 부러운 게 아니라 힘든 자녀를 보며 하나님의 마음을 알아 가는 것이 부러워야 합니다. 이것이 합력해서 선을 이루시는 하나님의 역사입니다.

아버지 하나님! 내가 얼마나 연약하고 마땅히 빌 바도 알지 못하는 인생인가를 다시 한 번 알았습니다. 아직도 탐심과 욕심의 기도, 낙심의 기도를 할 수밖에 없는 인생임을 고백합니다. 지쳐 있음을 고백합니다. 아직도 욕심이 처리되지 않은 것을 고백합니다.

그것으로 주님 앞에 너무나 죄송하지만, 성령님이 나를 위해 말할 수 없는 탄식으로 기도해 주시니 감사합니다. 성령님의 탄식이 나의 탄식이 되게 하시니 감사합니다. 참으로 성령님이 우리의 뜻을 감찰하시고, 하나님의 뜻대로 우리를 위해서 간구하시니 감사합니다.

지금 어렵고 힘든 상황에 있다 할지라도 하나님을 사랑합니다. 내가 그 뜻대로 부르심을 입은 자임을 확신합니다. 그러므로 모든 것이 합력해서 선을 이룰 것을 믿습니다.

내가 무엇이관대 하나님의 맏아들 예수님과 같이 세워지는 영화를 누리게 되고, 목적을 가진 인생이 되었습니까! 어떤 환경에 있어도 나는 하나님이 미리 아시고 정하신 인생입니다. 함부로 살아서는 안 됩니다. 하나님의 목적을 이루시기 위해 나의 수치를 통해, 나의 약점을 통해 부르신 주님을 찬양합니다. 멋지게 부르시면 좋을 것 같아도 내가 죄인이기 때문에 연약함으로 깨어지기 전에는 하나님의 부르심에 응답할 수 없는 인생인 것을 알게 하여 주옵소서. 주님의 부르심에 응답하도록 주신 사건과 고난들이 합력하여 선을 이루시는 일인 것을 깨닫게 하옵소서.

수치를 통해서 나를 부르셨다면, 반드시 의롭게 해 주실 것도 믿습니다. 더 나아가서 영화롭게 해 주실 주님을 믿습니다. 나뿐 아니라 하나님이 미리 아시고 정하신 내 가족들, 동료와 이웃들도 불러 주옵소서. 합력하여 선을 이루시는 하나님의 역사로 주님을 인생의 구주로 영접하며 부르심에 응답하게 하옵소서. 예수님 이름으로 기도하옵나이다. 아멘.

25
결국은 승리한다

로마서 8:31~39

 하나님, 힘든 환경에서도 복음이 뚫고 들어와서 승리하는 역

사가 있도록 말씀하여 주옵소서. 예수님 이름으로 기도하옵나이다. 아멘.

어느 세도 있는 양반 집안에 4대 독자 아들이 있었습니다. 아버지가 집을 비운 어느 날, 그 아들이 집안의 보물인 백자 항아리를 깨뜨렸습니다. 깨뜨리는 장면을 하인이 보고 말았는데, 겁을 먹은 아들은 하인을 붙잡고 "아버지께 이르지 말라."고 부탁을 했습니다.

약점을 잡은 하인은 주인이 안 볼 때마다 아들을 괴롭히기 시작했습니다. 물 길어라, 장작 패라 하며 자기가 할 일을 모두 시켜 먹었습니다. 힘든 표정을 지으면 눈을 부릅뜨며 아버지한테 일러바치겠다고 위협했습니다. 4대 독자 귀한 아들이 졸지에 하인의 종이 되고 말았습니다.

대적할 자가 없는 승리

그런즉 이 일에 대하여 우리가 무슨 말 하리요 만일 하나님이 우리를 위하시면 누가 우리를 대적하리요_롬 8:31

결혼해서 시집살이를 하는데, 시댁에는 살림을 돕는 가사 도우미가 둘 있었습니다. 한 사람은 저보다 연장자인 아주머니였고, 한 사람은 저보다 어린 아가씨였습니다. 제가 집안일에는 전혀 서툴렀기 때문에 두 사람에게 책잡힐 일이 많았습니다. 어쩌다 실수라도 하면 "새댁, 자꾸 그러면 사모님한테 말씀드릴 거야." 하는데, 저는 사람을 부려 본 적이 없는지라 무조건 주눅이 들었습니다. 그들이 가만히 있어도 "어머님께는 이야기하지 마세요." 하면서 먼저 눈치를 보게 됐습니다.

어머님 한 사람한테 잘 보이기도 힘든데 그들에게까지 잘 보이려니까 엄청나게 시달렸습니다. 그러다 돈을 찔러 주기도 하고, 또 그것이 알려질까 두려워서 더 전전긍긍했습니다. 제가 명문대학을 나왔어도 무슨 소용이 있습니까? 부려야 할 사람들에게 도리어 종노릇을 하고 살았습니다.

사나운 개를 만났을 때도 겁을 먹고 피하면 도리어 달려들고, 정신을 차리고 눈을 정면으로 쳐다보면 개가 알아서 슬슬 피한다고 합니다. 구원 받은 하나님의 자녀들도 자신의 정체와 신분을 알지 못하면 마귀의 공갈에 벌벌 떨면서 살아갑니다. 두려워하지 않아도 될 일을 두려워하고 근심하고 불안해할 때가 많습니다.

백자를 깨뜨리고 하인에게 잡혀 살던 양반집 아들이 드디어 한계에 도

달했습니다. 아버지에게 자신이 백자를 깨뜨렸다고 자복을 했습니다. 그랬더니 뜻밖에도 아버지는 이미 알고 있었다면서 아들을 용서해 줬습니다.

그것을 모르는 하인은 아들과 마주치자 또 불러서 일을 시켰습니다. 하지만 이미 용서를 받은 아들은 "내가 그걸 왜 해. 안 해!" 하고 당당하게 말했습니다. 하인이 눈을 부릅뜨면서 일러바친다고 했지만 아들은 더 큰 소리로 "이를 테면 일러 봐!" 하고 맞섰습니다. 그러니까 하인도 꼼짝 못하고 움츠러들었습니다.

31절 본문 말씀에서 "이 일"은 하나님이 나를 미리 아시고, 정하시고, 부르시고, 의롭게 하시고, 영화롭게 하신다(롬 8:29-30)는 복음의 황금 사슬을 말합니다. 나를 아시는 하나님이 나를 정하시고 부르셨는데, 나를 의롭게 하시고 영화롭게 하시는데, 거기에 대해서 누가 무슨 말을 하겠는가 이 말입니다. 하나님이 나를 위하시는데 누가 우리를 대적하겠습니까?

모든 갈등과 고통 가운데서 하나님이 나를 위하십니다. 어떤 상황에서도 나를 영화롭게 하십니다. 그것을 믿는 사람에게는 누구도 대적할 수가 없습니다. 아무리 나를 무시하고 짓밟고 괴롭혀도 누구도 나를 위협할 수 없습니다.

자기 아들을 아끼지 아니하시고 우리 모든 사람을 위하여 내어 주신 이가 어찌 그 아들과 함께 모든 것을 우리에게 은사로 주지 아니하시겠느뇨_롬 8:32

어떤 집사님이 동생이 자식이 없어서 걱정을 하니까 "내가 아들이 다섯이니 너한테 계속 아이가 없으면 한 명 주겠다. 염려 말라."고 약속을 했습니다. 아무리 기다려도 동생에게는 아이가 생기지 않았고, 드디어 집사님이 약속을 지켜야 할 때가 왔습니다.

하지만 막상 주려고 보니까 쉽지가 않았습니다. 맏아들은 장남이라서 못 주겠고, 둘째 아들은 공부를 잘하고 똑똑해서 못 주겠고, 셋째 아들은 외모가 '장동건'이라 못 주겠고, 넷째 아들은 유난히 아프고 약해서 못 주겠고, 막내는 눈에 넣어도 안 아플 막내라서 못 주겠고…. 결국 아무도 줄 수 없었습니다. 그러면서 집사님은 하나님이 외아들을 주신 그 사랑이 이해됐다고 합니다.

아들이 다섯이 아니라 열이라고 해도 어떻게 내 아들을 주겠습니까? 다른 사람 살리려고 자기 자식 죽이는 사람이 있겠습니까? 아무리 마음이 관대하고 넓어도 자식 문제만 나오면 우리는 다 고슴도치가 됩니다. 대놓고 이기적이 됩니다.

그러나 하나님은 독생자 아들을 주셨습니다. 나를 위해, 나를 살리려고 그 아들을 내어 주셨습니다. 이런 절대적인 사랑으로 모든 것을 주셨는데 집을 주신 아버지가 가구는 안 주시겠습니까? 아들까지 주신 창조주가 우리에게 필요한 것을 안 주시겠습니까?

가난을 이기는 힘이 무엇이라고 생각하십니까? 열등감을 이기는 힘이 무엇이라고 생각하십니까? 세상에서 가장 강력한 힘이 무엇이라고 생각하십니까? 재산입니까, 권세입니까, 용모입니까?

우리가 이길 수 있는 힘은 하나님의 절대적인 사랑입니다. 아들이신 예수님을 영접하고 구원을 얻었으면 나머지는 하나님이 다 채워 주십니다. 필요한 능력, 필요한 물질, 필요한 사람 그 모든 것을 하나님이 주십니다. 그 사랑에 안겨서 가는 우리에게는 어떤 상처도, 유혹도 대적이 될 수 없습니다.

나를 대적하고 조종하려는 죄의 세력이 있습니까? 볼 때마다 주눅이 드는 재물과 외모와 학벌이 있습니까? 그 모든 것이 없어도 하나님이 나를 위하시기 때문에, 독생자 예수님까지도 나를 위해 내어 주셨기 때문에 그 누구보다도 당당한 하나님의 자녀로 살아가고 있습니까?

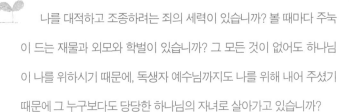

정죄할 자가 없는 승리

누가 능히 하나님의 택하신 자들을 송사하리요 의롭다 하신 이는 하나님이시니 누가 정죄하리요 죽으실 뿐 아니라 다시 살아나신 이는 그리스도 예수시니 그는 하나님 우편에 계신 자요 우리를 위하여 간구하시는 자시니라_롬 8:33~34

우리가 천국 가는 그날까지 세상은 끊임없이 하나님의 택하신 자들을 송사합니다. 하나님이 나를 영화롭게 하시는 과정에 그치지 않는 송사와 정죄가 있습니다.

누가 나를 송사했을 때 불안하다면 왜 그런 걸까요? 송사를 했든지 당했든지 불안함을 느끼는 사람은 뭔가 켕기는 데가 있는 사람입니다. 빚도 못 갚고, 담배도 못 끊고, 술도 못 끊었는데 "네가 그러고도 신앙인이냐, 집사냐, 장로냐, 목사냐?" 하고 송사를 당합니다. 그러면 어느새 '내가 구원 받은 거 맞아?' 이런 마음이 드는 겁니다.

그렇다면 "믿는 사람답게 살지도 못하면서 내가 무슨 구원 받은 자라고 할 수 있겠는가?" 하는 사람이 구원 받은 자일까요? 아니면 "나는 끊지 못하는 죄가 있어도 구원의 확신이 있다!"고 외치는 사람이 구원 받은 자일까요?

끊지 못하는 죄로 인해 우리가 잔뜩 주눅이 들어 있을 때 사단은 이렇게 이야기합니다.

'넌 안 돼. 네가 집사라고 별 수 있어? 네가 아무리 큐티를 하면 뭐하니? 성경에 나와 있다고 그대로 살 수 있는 게 아니야. 너 술 안 마시고 살 수 있어? 그 사람 안 만나고 살 수 있을 것 같아? 넌 그렇게 못해.'

자꾸만 나를 송사합니다. 내 연약함으로 나를 정죄합니다.

그러나 아무리 끊지 못하는 죄가 있어도 하나님은 나를 의롭다고 하십니다! 나를 위하여 죽으시고 다시 살아나신 그리스도 때문에, 그분이 나를 위해 하나님 우편에 앉아서 간구해 주시기 때문에 의롭다 함을 얻은 나입니다. 그 하나님으로 인해 나를 송사하고 정죄할 자가 없습니다. 이것이 복음의 비밀입니다.

끊을 수 없는 사랑의 승리

누가 우리를 그리스도의 사랑에서 끊으리요 환난이나 곤고나 핍박이나 기근이나 적신이나 위험이나 칼이랴_롬 8:35

'환난'을 원어로 보면 '트리볼룸'으로, 로마 시대에 쓰던 타작기를 뜻하는 말입니다. 우리로 말하면 '도리깨'라고 해서 볏단을 늘어놓고는 탁탁 때려서 곡식알이 떨어지도록 하는 도구입니다. '매타작'이라는 표현도 있는데, 이렇게 도리깨로 곡식을 내려치듯이 몰아치는 것이 성도의 환난입니다.

구원을 받은 우리에게도 "환난이나 곤고나 핍박이나 기근이나 적신이나 위험이나 칼"이 있습니다. 욥의 고통처럼 순식간에 재산도 자식도 다 빼앗기는 환난이 있는가 하면 서서히 오는 정신적인 곤고함도 있고, 대인관계에서 오는 노골적인 핍박의 고통도 있고, 못 먹는 기근도 있고, 적신의 수치도 있고, 나를 죽일 것 같은 위험과 찌르는 칼이 있습니다.

하나님을 믿는다고 해서 환난이 끊어지는 것이 아닙니다. 핍박과 기근이 끊어지는 것이 아닙니다. 오직 끊어지지 않는 것은 그리스도의 사랑뿐입니다. 위험과 칼이 나를 위협해도, 누가 나를 죽인다고 해도 끊을 수 없는 것이 그리스도의 사랑입니다.

기록된 바 우리가 종일 주를 위하여 죽임을 당케 되며 도살할 양 같이 여김을 받았나이다 함과 같으니라_롬 8:36

가정 형편 때문에 중학교만 마치고 공장에 취직한 자매가 있었습니다. 자매는 시골의 합판 공장에서 일하면서 하루 3교대 근무를 해야 다닐 수 있는 산업체 고등학교를 어렵게 마쳤습니다. 그렇게 잠도 안 자고 모은 3백만 원은 집안 빚을 갚는 데 다 쓰고, 열아홉 나이에 눈 감으면 코 베어 간다는 서울에서 객지 생활을 시작했습니다.

방을 얻을 돈이 없어서 부동산 중개소 안의 쪽방을 월 5만 원에 얻어 살았습니다. 스프링 공장에도 다니고, 거친 남자들이 우글우글한 용달 회사에서 7년 동안 경리 생활도 했습니다. 난방이 안 되는 쪽방에서 추운 겨울을 날 때면 낮 동안 불을 땐 온기가 조금 남아 있는 중개소 안 소파에서 새우잠을 청하기도 했습니다. 죽도록 고생을 했지만 "나는 착한 사람이다." 하는 자부심 하나로 버텼습니다.

IMF 때 경리로 일하던 용달 공장도 문을 닫고, 밥벌이라도 하기 위해 들어간 봉제 공장에서 한 남자를 만났습니다. 재봉틀 너머로 사랑의 시선을 주고받던 두 사람은 결혼을 하고 귀여운 아들도 낳았습니다.

아이를 낳고 살림을 꾸려 가면서 지출이 늘어 갔습니다. 모르는 사이에 카드 빚이 불어나고, 설상가상으로 남편은 한곳에 정착하지 못하고 툭하면 직장을 그만두곤 했습니다.

빚을 갚기 위해 자매는 세 살배기 아들을 유아원에 맡겨 놓고 택배 회사에서 기사들에게 배송 일감을 나눠 주는 일자리에 들어갔습니다. 그러나 일은 생각만큼 간단치 않았습니다. 기사 위치와 배달지 연결이 매끄럽게 되지 않았고, 그것 때문에 화가 난 기사들의 막말과 닦달에 출근하는 게 무서울 정도였습니다.

눈시울이 벌겋게 짓무르도록 울면서 하루하루를 보냈지만, 그렇게 벌어도 빚을 갚지 못해 신용불량자가 되었고 사면초가의 환난이 그치지 않았습니다. 남들보다 열심히, 착하게 살았는데 왜 이렇게 삶이 꼬이는지 알 수 없었습니다.

그러던 어느 날, 우연히 화장품 가게에 들어갔다가 그곳에서 목장예배를 드리고 있던 우리들교회 전도사님을 만났고 복음을 전해 듣게 됐습니다. 그래서 우리들교회로 인도된 자매는 비로소 말씀이 꽂히는 구원의 은혜를 누리게 되었습니다. 날마다 큐티 말씀을 붙잡고 살아나기 시작했습니다.

 그러나 이 모든 일에 우리를 사랑하시는 이로 말미암아 우리

자매는 사면초가의 환난을 통해 예수님을 만나고 신앙생활을 시작했습니다. 그런데 예수님을 믿었다고 환경이 나아집니까? 여전히 남편은 직장을 그만두고, 여전히 신용불량자로 파산 신청을 할 처지에 있고, 그렇게 환난이 계속되면 자꾸 스스로를 송사하고 정죄하게 됩니다. 구원의 확신이 의심되기도 합니다. 그런 힘든 전쟁을 자매가 어떻게 넉넉히 이겼을까요?

자신의 능력으로는 업무를 감당할 수 없다는 걸 인정하고 택배 회사를 그만두고 나와서 두 주일을 기도로 보냈습니다. 탄식할 것밖에 없는 처지였는데도 직장에 다닐 때와는 달리 쫓기지도 않고 수요예배에 참석할 수 있다는 것이 그렇게 기쁠 수가 없더랍니다. 저만 만나도 눈물 봉지가 톡 터졌다고 합니다.

그렇게 어린아이처럼 순수한 자매에게 두 군데에서 일자리가 들어왔습니다. 하나는 화장품 가게 일이고, 하나는 우유 배달이었습니다. 화장품 가게 일이 수입도 두 배가 보장되는데, 오후 한나절을 돌면 되는 우유 배달과는 달리 주일을 지킬 수 없었습니다.

자매의 형편에 두 배나 되는 수입을 내려놓기가 쉽지 않았지만, 자매는 몇 배인지 환산조차 할 수 없는 주님의 은혜를 생각했습니다. 그래서 예배를 드릴 수 있는 우유 배달 일을, 주님과 동행하는 발걸음을 선택했습니다.

바로 이것이 넉넉히 이기는 싸움입니다. 내 의지와 열심으로 악착같이, 이를 악물고 이기는 싸움이 아니라 하나님의 사랑을 붙잡고 가는 것입니다. 이 자매가 우유 배달을 한다고 무시할 수 있습니까? 아무리 힘들어도 하나님의 자녀로서, 끊을 수 없는 하나님의 사랑을 가진 자로서 누구도 무시할 수가 없습니다. 지금 그 자매는 우리들교회에서 누구보다도 은혜를 끼치며 전 교인의 사랑을 받고 있습니다. 모두가 자매를 존경합니다.

내가 확신하노니 사망이나 생명이나 천사들이나 권세자들이나 현재 일이나 장래 일이나 능력이나 높음이나 깊음이나 다른 아무 피조물이라도 우리를 우리 주 그리스도 예수 안에 있는 하나님의 사랑에서 끊을 수 없으리라_롬 8:38~39

칼이 능력이 아닙니다. 돈이 능력이 아닙니다. 하나님이 능력입니다. 끊을 수 없는 주님의 사랑이 능력입니다. 그 사랑을 확신하는 믿음이 능력입니다.

저는 우리들 모두가 다 잘살았으면 좋겠습니다. 빚도 갚고, 좋은 집도 얻고, 좋은 직장도 얻고, 모두가 건강하게 잘 살았으면 좋겠습니다. 그러기 위해서는 먼저 끊을 수 없는 하나님의 사랑을 확신해야 합니다. 그 사랑을 확신함으로 먼저 세상 것을 내려놓고 "있으면 먹고 없으면 금식하고 죽으면 천국 간다."는 적용을 할 때 주님이 모든 것을 이루어 주십니다.

미국 휴스턴 시 어느 한 교회의 주일예배에 할아버지 한 분이 참석했습니다. 온화하고 맑은 모습의 이 할아버지는 목사님의 간단한 소개를 받고 조용히 앞으로 나와 간증을 시작했습니다.

할아버지가 젊었을 때의 일입니다. 어느 날 아들과 아들의 가장 친한 친구를 데리고 바다에 나갔습니다. 보트를 타고 한참을 갔는데 갑자기 파도에 휩쓸려서 배가 뒤집히고 말았습니다. 간신히 손을 내밀어 구명대를 잡았지만 구명대는 하나뿐이었습니다. 그 구명대를 아들에게 줄 것인가 아들 친구에게 줄 것인가 망설이던 중에 그의 마음에 이런 생각이 들었습니다.

"내 아들은 예수님을 믿고 구원 받았으니 혹시 지금 죽는다고 해도 천국에 갈 것이다. 하지만 아들의 친구는 예수님을 안 믿으니 이대로 죽어서는 안 돼. 그에게는 시간이 필요해."

아버지는 눈물을 머금고 아들을 바라보며 "아들아, 진심으로 너를 사랑한다."고 말한 뒤 아들의 친구에게 구명대를 던졌습니다. 한참 뒤, 아들은 파도에 휩쓸려 보이지 않게 되었습니다. 그때 살아남은 아들의 친구가 그 교회 목사님이었습니다.

죽음마저도 끊을 수 없는 하나님의 사랑을 확신할 때 그분은 아들도 살리고 아들의 친구도 살렸습니다. 그 급박한 순간에 여러분도 그런 생각을 할 수 있겠습니까? 내 자식이냐 아니냐를 떠나서 구원 때문에 그런 사랑을 보여 줄 수 있겠습니까?

사망도, 현재 일도, 장래 일도 우리를 하나님의 사랑에서 끊을 수 없습니다. 그 사랑을 알았다면 이제는 내가 주를 위하여 '환난과 곤고와 핍박과 위협'을 받아야 합니다. 예수님 때문에 포기하고, 손해 보고, 따돌림을 당하는 것을 기쁘게 받아들여야 합니다. 주님 때문에 기쁘게 십자가 지는 사람은 어떤 환난과 유혹이 와도 넉넉히 이길 수 있습니다. 어떤 싸움에서도 결국은 승리합니다.

자살이라도 하고 싶었던 파산과 배신의 사건에서 하나님의 사랑으로 넉넉히 이긴 간증이 있습니까? 하나님의 사랑을 확신하기에 두려움 없이 포기하고 순종한 간증이 있습니까? 나를 해칠 수도 살릴 수도 없는 피조물에 연연해서 패배감에 젖어 살지는 않습니까?

아버지 하나님! 주님이 나를 미리 아시고 정하시고 부르시고 의롭게 하시고 영화롭게 하셨기 때문에, 그 하나님이 나를 위하시기 때문에 나를 대적할 사람이 없다는 것을 알았습니다. 하나님이 나를 의롭다 하셨기 때문에 누구도 나를 송사할 수 없다는 걸 알았습니다. 끊을 수 없는 그리스도의 사랑을 가진 내가 얼마나 대단한 신분인지를 알았습니다.

그러나 아직도 주님 때문에 당하는 환난이 없습니다. 주님 때문에 당하는 곤고가 없습니다. 주님 때문에 기근을 당하지 못합니다. 헐벗지 못합니다. 위험을 당해 보지 못했습니다. 아버지 하나님, 주님을 사랑함으로 말미암아 이제는 주님 때문에 포기하고 내려놓는 인생을 살게 하옵소서. 주님의 사랑을 확신하기에 죽음마저도 두려워하지 않는 하나님의 자녀가 되게 하옵소서.

현재 일이나, 장래 일이나, 높음이나, 깊음이나, 권세나 다른 어떤 것도 그리스도 안에 있는 하나님의 사랑에서 나를 끊을 수 없습니다. 이 끊을 수 없는 사랑에 힘입어 날마다 찾아오는 죄와 유혹을 이기게 하옵소서. 하나님의 사랑으로 승리하는 자가 되게 하옵소서. 그리하여 나뿐만 아니라 내 가족과 이웃에게도 하나님의 사랑을 보여 주고 전하는 자가 되게 하옵소서. 사랑으로 승리하는 가정과 교회와 나라가 되도록 축복하여 주옵소서. 예수님 이름으로 기도하옵나이다. 아멘.